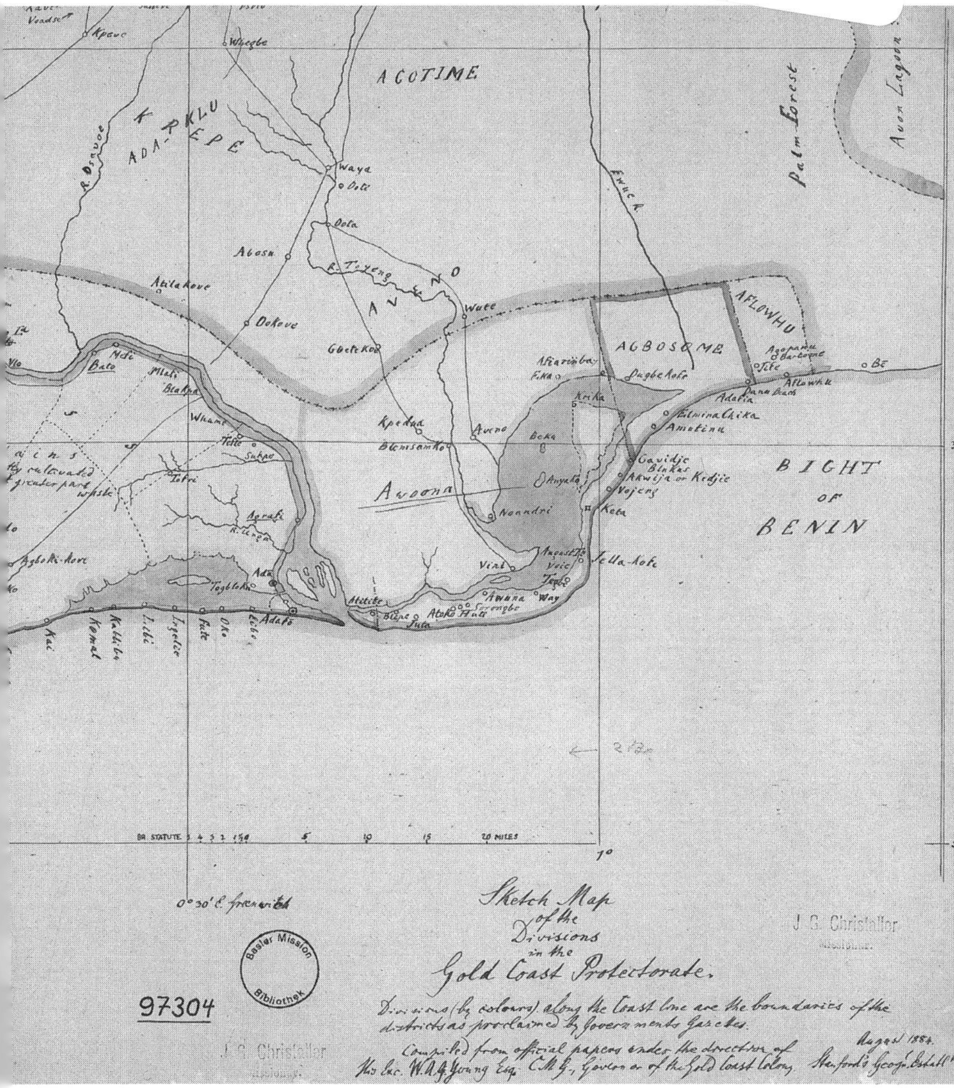

Sketch Map of the Divisions in the Gold Coast Protectorate.

Divisions (by colours) along the Coast line are the boundaries of the districts as proclaimed by Governments Gazettes.

Compiled from official papers under the direction of His Exc. W. A. G. Young Esq. C.M.G., Governor of the Gold Coast Colony. August 1884. Stanford's Geogl. Estabt. Lo.

Eva Nöldeke · Die mit Tränen säen

Eva Nöldeke

Die mit Tränen säen

Das Leben der Missionarsfrau Emilie Christaller

Edition Anker

ABC-team-Bücher erscheinen in folgenden Verlagen:
Aussaat Verlag Neukirchen-Vluyn
R. Brockhaus Verlag Wuppertal und Zürich
Brunnen Verlag Gießen und Basel
Edition Anker/Christliches Verlagshaus Stuttgart
Oncken Verlag Wuppertal und Kassel

Edition Anker – Roman

Die Deutsche Bibliothek – CIP-Einheitsaufnahme:
kann bei der Deutschen Bibliothek angefordert werden.

Wir danken dem Archiv der Basler Mission für die Abdruckgenehmigung des Bildes auf Seite 250 und der Landkarte im Vorsatz. Das Bild der Familie Christaller (Seite 2) stammt aus dem Familienarchiv.

2. Auflage 2002

www.edition-anker.de

Umschlaggestaltung: Dieter Betz, Friolzheim
Satz: WVG Werbe- und Verlags-GmbH, Grevenbroich
Druck: Freiburger Graphische Betriebe
Gesetzt aus der Janson Antiqua 10/12
ISBN 3-7675-1686-1

Inhaltsverzeichnis

Die mit Tränen säen,
werden mit Freuden ernten.
Sie gehen hin und weinen
und tragen edlen Samen
und kommen mit Freuden
und bringen ihre Garben.
Psalm 126, Vers 5–6.

Emilie und Gottlieb Christaller mit den Kindern Martha und Gottreich Erdmann

Dies ist die Lebensgeschichte Emilie Christallers, der Urgroßmutter meines Mannes. Ich lasse sie sprechen, wie sie zu mir gesprochen hat während der langen Monate, in denen wir ihre und ihres Mannes Briefe lasen, viele hauchdünne Seiten, bedeckt mit ihrer schwungvollen und seiner geraden Sütterlinschrift.

Dies ist auch ein kleines Stück Missionsgeschichte, das sich während der kurzen Spanne ihrer Lebenszeit ereignete.

Ihr Leben ist gezeichnet von den harten Ansprüchen der Mission, von Leiden und dem tiefen Glauben an die Wege des Herrn.

Sie hat ihren eigenen und den Weg der Mission stets mit wachen und kritischen Augen betrachtet und sich nicht gescheut, auch die Missstände aufzudecken.

Ich widme dieses Buch ihrem lebendigen Andenken und meinem lieben Mann in tiefem Dank für seine unermüdliche Hilfe.

Kyebi August 1866

Die Sterbende sah sein Gesicht nur noch als mattes helles Oval, es bewegte sich und murmelte Worte, die sie nicht mehr verstand. In der feuchten mörderischen Hitze rann ihr der Schweiß in die Augen, in die Mundwinkel, den Hals hinab auf das nasse Hemd.

Wenn sie doch begreifen würden, dass man das Leben nicht zurückhalten konnte, auch nicht mit der Fleischbrühe, die von ihren kraftlosen Lippen auf das nasse Hemd tropfte.

Es war Sonntag, von draußen hörte man das Singen der Negerkinder, die mit dem Katechisten Asante ihre Andacht hielten.

Emilies Hände tasteten über das Laken, das ihren abgemagerten Leib bedeckte, als suche sie die Melodie festzuhalten, die ihr so vertraut war und doch in Otschi so ganz anders klang. Hier schnatterten sie beim Sprechen so schnell, dass die Worte wie ein Wasserfall über einen hinstürzten, von Gelächter und weiträumigen Gesten begleitet.

„Jesu, geh voran auf der Lebensbahn", das war es, ihr ermattetes Gehirn hielt sich an dem einen Wort fest. „Jesus", murmelten die aufgerissenen Lippen. Sie fühlte, wie jemand ihre unruhigen Hände ergriff, und hörte Schwester Eisenschmids Stimme: „Jesus hilft, du wirst sehen." Emilie konnte nur lächeln und kaum merklich den Kopf verneinend hin und her bewegen. Nein, Jesus konnte ihr nun sicher nicht mehr von dem Sterben helfen, das in den langen Wochen ihres Krankenlagers unaufhaltsam näher gekommen war. Im Juli hatte sie den toten Knaben geboren, ihr sechstes Kind, das hier in der fremden, feindseligen Welt nicht die Augen zum Leben öffnen wollte, dann hatten Schmerzen und Durchfall ihre Eingeweide mit unerbittlicher Wucht und Ausdauer angefallen. Nun

ergriffen die Schmerzen auch den Kopf und durchlöcherten die Bilder, die von allen Seiten herandrängten.

„Sie hat gesprochen", sagte Schwester Eisenschmid zu Gottlieb, der auf Zehenspitzen aus dem Nebenraum hereinkam. Er hätte gar nicht so vorsichtig gehen müssen, seine kleine schmächtige Gestalt verursachte niemals großen Lärm. Er kniete sich an das Lager, und Emilie sah aus der Nähe den grau werdenden Bart und die dunklen Augen, die in religiöser Ergriffenheit oder im Zorn so eindringlich leuchten konnten. Jetzt waren sie rot und verweint, seine heißen trockenen Hände, die sich über den ihren falteten, konnten ihr weder Ruhe noch Geborgenheit geben.

Da war er wieder, zu den Schmerzen des Körpers der Schmerz über die verlorene Zeit und den Verlust der Worte, die sich der Flut der inneren Bilder nicht mehr zuordnen wollten.

Gottlieb betete. Das tat er immer, seit sie ihn kannte, seit sie ihm vor zehn Jahren auf diesem afrikanischen Boden zum ersten Mal begegnet war. Seltsam, wie fern diese erste Begegnung gerückt war, ferner, viel ferner als die Tage in der großen Familie, in der sie aufgewachsen war.

„Mutter", sagte Emilie so laut und deutlich, dass Gottlieb erschrocken den Kopf hob. Für ihn war es unvorstellbar, dass sie in dieser Stunde, in der die Hoffnung auf ihr irdisches Leben so ganz entschwunden war, ihre Mutter rief, und sie nicht gemeinsam zum Heiland beteten.

So war es immer gewesen, sie hatten den Heiland angerufen, ihm ihr Leben in Angst, Schmerz und Freude anheim gegeben. Aber nun in den Stunden des Sterbens erwies sich das Gewicht und der Bodensatz der eigenen Familie als stärker, nun schwamm die Zeit der Ehe wie ein irreales Gebilde davon und nahm zugleich alles Weh um die fernen Kinder mit sich fort.

Gottlieb klammerte sich in den vielen Wochen unbeirrt an die Hoffnung auf Genesung, er trieb sich, die Eisenschmids, den Gehilfen Asante und selbst die Kinder zu fortdauerndem Gebet, er sprach über ihre Rückreise nach Akropong, fort aus diesem unsicheren äußersten Grenzstreifen der Mission. Er wollte sich nicht mit einer Trennung und einem endgültigen Abschied abfinden, obwohl sein Glaube ihr Leben über das Grab hinaus fortdauern sah.

Seine heißen Hände lagen immer noch auf den ihren, sie hatte nicht mehr die Kraft, sich von ihnen zu befreien oder seinen gesenkten Kopf wegzuschieben. Sie musste ihn nun verlassen, auch wenn er sich nicht willig in die Pläne des Lebens fügte, wie sie nun einmal durch Krankheit und Tod entstanden in diesem fremden Land mit seinen fremden Menschen. Sie selber war schon längst auf dem Heimweg, der schweifende Geist führte ihr den Vater vor Augen, ihre Schwester Sophie und den so geliebten Bruder Julius.

Aber die Bilder waren nicht beliebig verfügbar, sie bestimmten ihren Standort selbst und ordneten sich nach eigenem Gutdünken. Erinnerung schuf Zusammenhänge, wie sie früher weder möglich noch zulässig gewesen waren. Was die Vergangenheit ihr anbot, war nicht nur leibhaftige Erfahrung, es war Einsicht, aber nur als nicht mehr erreichbare Fata Morgana.

Waiblingen

Als Kind wusste ich nie, welchen Weg mein Vater nehmen würde, wenn er morgens zu seiner Arbeit im Rathaus aufbrach. Erst zur Mittagszeit oder abends, wenn er mit allen Geschäften fertig war, merkte ich, ob er auf dem Acker gewesen war oder auf der Wiese mit den Obstbäumen. Manchmal im Herbst zog er dann einen Apfel aus seiner Rocktasche, rieb ihn am Ärmel blank und gab ihn mir. Warum ich ihn bekam und nicht meine ältere Schwester Pauline, fand ich erst nach und nach heraus und auch, warum er mir und nicht ihr zulächelte. Mich mochte er lieber, denn Pauline war wie Mutter, deren Zunge schnell dem Zorn nachgab und uns wütend unsere Fehler vorrechnete. Oder ihre Hand fuhr aus zu einer blitzschnellen und scharfen Ohrfeige, die noch lange rote Striemen hinterließ.

Vater war geduldig, auch wenn er streng war, doch er regierte uns mit Worten und Blicken. Nur einmal fuhr seine Hand so schnell aus wie Mutters, das war, als Pauline mich mit Füßen getreten hatte. Da packte er sie beim Kragen, hob sie hoch und stellte sie mit den Worten „Rühr dich nicht!" in die Ecke.

Damals gab es außer Pauline und mir schon Ludwig und Marie, und wir großen Schwestern entbehrten manchmal Mutters Zuwendung. Vaters Zorn war für mich neu, ich hatte ihn immer für unverwundbar gehalten, aber so war es überhaupt nicht. Doch seine Sorgen begriff ich erst nach und nach, als ich schon erwachsen geworden war.

Mit Mutter konnte man schwer reden, denn sie war stets mit Arbeit überhäuft, von der sie uns Kindern, hauptsächlich aber Pauline und mir, schon früh reichlich zuteilte. So war auch der große Garten mit den vielen Obstbäumen für uns mehr zum Arbeiten als zum Spielen da. Auch mussten wir die Kleinen herumtragen, sobald die Kräfte dafür ausreichten. Ich kannte es nicht anders, solange ich denken konnte, wurde Mutters Miene fast jedes Jahr finsterer und ihre Rede schärfer, je mehr ihr Leibesumfang zunahm, bis schließlich die Hebamme mit ihrer großen Tasche ins Haus kam.

Pauline und ich, später auch Marie hockten dann verängstigt in der Küche, oder wir wurden hinausgeschickt, bis das Stöhnen und die Schreie vorbei waren und sich eine neue Stimme in der Familie hören ließ.

Bei meiner Konfirmation waren wir neun Geschwister, ihre Namen leben in verschiedenen Farben in meinem Inneren, Albert und Ludwig sind blass und verschwommen, Bertha drängt sich resolut, aber ohne Lachen herein, Julius habe ich von Anfang an geliebt, nicht aber Pauline und Marie.

Vier der Geschwister trugen die Eltern früh auf den Friedhof, bei aller Trauer und allem Jammer ahnte ich später auch manchmal eine gewisse Erleichterung.

Meinen Vater brachte ich mit den vielen Kindern nicht in Verbindung, nur damit, dass er das Geld für den Haushalt verdiente und wie kein anderer berechtigt war, uns zu erziehen.

Bei Tisch wurde nicht viel gesprochen, Mutter teilte das Essen aus, nachdem Vater das Tischgebet gesprochen hatte. Ich nahm allerdings niemals wahr, dass Jesus unser Gast war, noch wusste ich, wie er uns denn segnen könne, wenn er gar nicht kam, noch konnte ich sagen, was Segen eigentlich bedeutete. Eines wusste ich allerdings genau, so etwas konnte man nicht fragen, auch hätte ich gar nicht gewusst, wie ich das tun sollte.

Sobald ich in die Schule kam, gab es andere und dringlichere Sorgen als den abwesenden Jesus. Mit den eigenen Bemühungen in dieser schwierigen Kunst lernte ich meines Vaters schöne geschwungene Schrift bewundern, die er zuweilen in unsere fehlerhaften Hausaufgaben einfügte oder in Mutters mühsam geführtes Haushaltsbuch. Ich wusste, dass diese Schrift mit seinem Beruf des Ratschreibers zu tun hatte, und diese ferne und für mich erhabene Tätigkeit setzte ihn in meinen Augen weit über andere Menschen. Ich zweifelte niemals an seinen Worten und Geboten, die uns Kindern allerdings strenge Grenzen setzten.

Mit der Schule kam ein ganzer Strom von neuen Dingen auf mich zu, auch die Verlockung von Freiheiten, die andere genossen und die uns Geschwistern nie gestattet wurden. Bei meinem Schuleintritt hatte Pauline dort schon einen Kreis von tuschelnden und kichernden Freundinnen, in den ich nicht zugelassen wurde. Ich merkte schnell, wie Pauline dort regierte und musste oft erleben, dass sie mich einfach stehen ließen, wenn ich wissen wollte, worüber sie lachten. „Das verstehst du doch nicht", sagten sie, hakten sich ein und drehten mir den Rücken zu.

Auch der Lehrer offenbarte mir ein neues Machtgefüge, völlig verschieden von der ruhigen und unangefochtenen Autorität meines Vaters. Er schlug Buben und Mädchen gleichermaßen auf die Finger, aber er lobte den, der seine Aufgaben gut gemacht hatte und alle Sprüche wie am Schnürchen aufsagte. Ich konnte das, mir fiel das Lernen nicht schwer, sodass ich keine Schläge oder Rügen zu erwarten hatte. Was ich allerdings da herunterschnurrte, wenn etwa Luthers Erklärungen zu den zehn Geboten abgefragt wurden, wusste ich ganz und gar nicht. Du sollst und du sollst nicht, nun gut, das kannte ich von zu Hause, aber welche ferne und fremde Macht nun hier in der Schule eine solche Menge Dinge von uns verlangte, blieb mir völlig dunkel.

Ich begriff allerdings sehr genau, dass man den Lehrer mit dem fehlerlosen Hersagen zufrieden stellte und sein Wohlwollen verdiente. Das war leicht, und so ging es mir in der Schule ganz gut, denn auch die zweite Lektion begriff ich schnell. Man stellte keine Fragen, sondern antwortete nur auf die des Lehrers.

Meine Schrift war schön und sauber, darüber freute sich Vater, und das war viel besser als das Lob des Lehrers.

Paulines Liebe dagegen konnte ich mir nie erwerben. Sie war neidisch und zänkisch, lernte nicht gut und missgönnte mir jedes Lob.

Da sie es zu Hause nicht durfte, drangsalierte sie mich auf dem Schulweg, und oft genug versuchte ich vergeblich, ihr und ihren Freundinnen zu entkommen. Sie wurden zwar niemals handgreiflich, aber ihre spitzen Reden taten mir weh, auch wenn ich oft nicht verstand, was sie meinten. Ich spürte nur dunkel, dass es Bereiche gab, in die ich nicht vorgedrungen war, und dass ihr Gelächter mit verbotenen Dingen zu tun hatte.

So kam es, dass ich mich auch später von Marie, Ludwig und Albert fern hielt, weil ich von ihnen das gleiche befürchtete wie von Pauline. August war mir immer fern, auch später, als er sich mit seinem Seifensiedergeschäft in Stuttgart niedergelassen hatte, konnte ich nichts mit ihm anfangen. Er war schon als Kind behäbig und praktisch, schmeichelte um die Mutter herum und suchte sich vor aller Arbeit zu drücken. Ich ließ ihn einfach in Ruhe.

Die Gesichter kommen und gehen, am Ende der Straße sehe ich Edith auf mich zukommen, meine Freundin, die ich vom ersten Schultag an liebte. Edith hatte keine Geschwister, sie hatte feinere Kleider als wir und war die Tochter des Apothekers. Oft erzählte sie mir von ihrem Puppenhaus, von den vielen Bilderbüchern und den Leckereien, die ihre Großmutter ihr schenkte. Trotzdem sagte sie fast jeden Tag: „Ich hätte so gerne Brüder und Schwestern wie du." Natürlich wusste sie gar nicht, was sie da sagte. Ihre Mutter blieb immer schlank und zierlich, war niemals schlecht gestimmt und lachte fröhlich mit ihrer Tochter.

Edith brachte mich auf Gedanken, die man in meiner Familie nicht hatte. Der Apotheker und seine Frau gingen mit Edith jeden Sonntag in die Kirche, und sie erzählte mir von den wunderbaren Festen, von dem Gesang und den mächtigen Klängen der Orgel. Und einmal flüsterte sie mir ins Ohr, wie sie in der Kirche mit dem Heiland rede. Da dachte ich an meines Vaters Tischgebete und wollte sehr gerne wissen, wie das zuginge. Ich fragte Edith, ob der Heiland wohl auch mit mir reden würde, da lachte sie und sagte: „Sicher, du musst ihm nur dein Herz öffnen." Aber das hatte mich niemand gelehrt, so schwieg ich denn und sang zum Trost für diesen Mangel die Lieder, die wir in der Schule lernten, oder machte mir eigene Melodien zu allen Sprüchen, die ich wusste.

Nicht alle Sommer lassen sich rufen, wohl aber jener bittere Winter vor meinem zehnten Geburtstag, der zuerst mit Dunst und Nebel, dann aber im Januar mit eisigem Ostwind kam, das Wasser in den Schüsseln gefrieren ließ und die Fenster mit dicken Eisblumen überzog. Die Küche mit dem großen Herd, in dem Tag und Nacht das Feuer brannte, war unser einziger warmer Zufluchtsort. Da hockten wir Kinder und schubsten uns um die wärmsten Plätze. Selbst Mutter blieb manchmal untätig bei uns sitzen und knetete stöhnend ihre von Frostbeulen übersäten Hände. Vater war der Einzige, der sich aus dem Haus traute, denn auch die Schule blieb geschlossen, kein kleiner Kanonenofen kam gegen diese Kälte an.

Mutter saß nicht nur wegen ihrer Hände bei uns, ihr Leib war wieder unförmig angeschwollen, bald sollte sie ihr zehntes Kind zur Welt bringen. Trotz der Kälte und Dunkelheit, trotz der eisigen Nächte, in denen wir auch im Bett kaum jemals richtig warm wurden, gingen für mich in diesem Winter zwei Lichter auf, die mich erwärmten. Einmal, als Mutter mich über den Küchentisch ganz gegen ihre Gewohnheit freundlich anlächelte, wagte ich eine Frage, die mich schon lange bewegt hatte.

„Mutter", sagte ich, „die Sprüche, die wir lernen und die Geschichten in der Bibel von Abraham und Isaak und von

Jesus, woher kommen die eigentlich?" Mutters Lächeln verschwand.

„Die Bibel ist Gottes Wort", gab sie mir zur Antwort, „und wir sollen so werden wie die Leute darin."

„Wir, wie die in der Bibel?"

Ich war ganz erschrocken, aber darauf bekam ich keine Antwort mehr. Mutter stand mühsam auf und machte sich am Herd zu schaffen. Eines wusste ich genau, niemand, den ich kannte, war so wie die Leute in der Bibel, es gab bestimmt keinen, der einen Sohn opferte, große Wunder tat oder Predigten auf freiem Feld hielt. Gottes Wort, das war seltsam für mich, ich wusste nicht, wie und wo er sprach. Doch wusste ich immer genau, dass mir nicht wohl war, wenn ich etwas Unrechtes getan hatte.

Aber es blieb mir in diesem Winter als beharrliches Licht die Hoffnung, dass der Heiland, der irgendwie bei dem Gott der Bibel war, mir eines Tages antworten würde.

Das zweite und noch hellere Licht war Julius. Er wurde am 4. Februar geboren, einem dunklen und immer noch eisig kalten Tag. Ich weiß nicht, wie es kam, aber Mutter überließ mir von Anfang an seine Pflege, und so wurde mir und nicht ihr sein erstes Lächeln zuteil. Vielleicht war er in gewisser Weise eine Antwort auf alle meine Fragen nach Gott.

Sie vergaßen meinen Geburtstag wenige Tage nach seiner Geburt, aber mir machte das gar nichts aus, ich war so glücklich, wenn ich ihn im Arm hatte.

Schade war nur, dass ich Edith den kleinen Bruder nicht zeigen konnte, aber Vater gestattete nicht, dass wir aus dem Haus gingen außer auf dem Weg zur Schule.

Im Sommer war Mutter schon wieder schwanger. Ich reimte mir das aus ihrer finsteren Miene und ihrer kurz angebundenen Rede zusammen. Das waren bisher immer Anzeichen für ein neues Kind gewesen.

Einmal erzählte ich Pauline, dass Edith auch so gern eine Schwester hätte, worauf Pauline sehr gedehnt sagte: „Ja – unser Vater …"

„Was hat denn Vater damit zu tun?“

Da prustete Pauline los, streckte mir die Zunge raus und sagte: „Mein Gott, bist du dumm!“

Ich vergaß es wieder, wie so viele andere Plänkeleien mit der Schwester.

Wenig später bekam ich Erlaubnis, ab und zu mit Edith und ihren Eltern den Gottesdienst zu besuchen, weil ich so dringlich darum gebeten hatte. Da konnte ich nun selber die Orgel hören und sang so laut und begeistert, dass sich viele Leute nach mir umdrehten. Das Schönste und Merkwürdigste in diesem Sommer war ein Missionsfest. Da sprach ein eben aus Afrika gekommener Missionar über die zerstreuten Stationen, über die schwarzen Menschen, aber vor allem über die vielen Kinder, die noch nie in eine Schule gegangen waren. Das kam mir seltsam, aber auch sehr beneidenswert vor. Der Missionar allerdings machte zu seiner Rede ein ganz trauriges Gesicht, als er schilderte, wie diese armen unwissenden Kinder noch niemals etwas von Jesus gehört hätten und dass sie desbalb nicht in den Himmel kommen könnten. Man müsse also hingehen und sie nicht nur lesen und schreiben, sondern vor allem die Geschichten aus der Bibel lehren. Er schilderte mit glühender Begeisterung, wie viele Menschen dort auf das Heil des Christentums warteten.

Ich war empfänglich für diese Begeisterung und beschloss in der gleichen Stunde, später Missionar zu werden.

Wie das allerdings zugehen sollte, wusste ich nicht so genau, aber alle meine Fantasien und Träume waren voll von einer heldenhaften Emilie, die in Männerkleidern, ein Buschmesser in der Hand, in der anderen die Bibel, durch die afrikanische Einöde drang, überall jubelnd begrüßt von niedlichen kleinen Negerkindern.

Lange Zeit hatte ich einen immer wiederkehrenden Traum, in dem Jesus mir auf einer Blumenwiese begegnete, hell, freundlich und leuchtend. Der Glanz strahlte in meine Tage hinein bis zu dem Morgen, als ich in meiner Freude

Mutter und den Geschwistern davon erzählte. Was darauf folgte, zerstörte nicht nur das schöne Traumbild, sondern machte mich für lange Zeit störrisch und aufsässig. Sie lachten, selbst Mutter zog spöttisch die Augenbrauen hoch. Oft war mir später, als hätten Wut und Trauer, die ich mit mir herumtrug, Mutter und die kleine Schwester verhext, die ein Jahr nach Julius geboren wurde.

Mutter ging es lange nicht gut, und das kleine Wesen war so kümmerlich, dass wir es wenige Wochen nach seiner Geburt wieder begraben mussten. Ich war finster und verschlossen in dieser Zeit, weil sich ein dumpfes Gefühl von Schuld nicht vertreiben ließ und auch der Heiland mich nicht mehr im Traum besuchte.

Eine andere, schlimmere Heimsuchung kam durch Pauline, aber das war viel später, als ich schon fast den Kinderschuhen entwachsen war. Mochte Pauline auch in der Schule kein großes Licht sein, so las sie doch mit heißen Wangen Bücher, die sorgfältig vor den Eltern verborgen wurden. Ich überraschte sie zufällig in unserer Kammer bei solcher Lektüre, und da wollte sie gleich mit Schlägen über mich herfallen. Doch dann besann sie sich, hielt mir das Buch hin und sagte: „Da, das kannst du lesen, nur lass es unser Geheimnis bleiben." Das war neu, Pauline als Komplizin zu haben. Sie aber wusste genau, mit welchem süßen Gift sie mich impfte und mein Schweigen erkaufte.

Die Bücher waren Liebesgeschichten voll von werbenden jungen Männern, schönen Mädchen, Küssen und noch größeren Freiheiten. Es war schön und schrecklich, mir war, als würde meine ganze wohlgeordnete Welt in Stücke gesprengt, dennoch konnte ich nicht von der Lektüre loskommen. Bald hatte ich keine Zweifel mehr darüber, was Vater mit Mutters Zuständen zu tun hatte. Es war furchtbar, ihm zu begegnen und unbefangen mit ihm zu sprechen oder mein häufiges Erröten irgendwie zu erklären. Nur Pauline grinste befriedigt, sie hatte mich gründlich in der Hand und bürdete mir viele zusätzliche Arbeiten auf.

So wurde die ganze Zeit bis zu meiner Konfirmation, auf die ich mich so gefreut hatte, befleckt und verdorben von dem bitteren und stückweisen Verlust der kindlichen Unschuld. Ihren sanften Geschmack hatte ich später nie wieder im Mund, und das Vollkommene war nur noch Stückwerk.

Die dumpfen Schläge ihres Herzens waren wie damals, als sie nichts begriff außer der Last dieses Verlustes und der Last der Arbeit, die ihr im Hause aufgebürdet wurde. Gottlieb kniete noch immer an ihrem Bett oder schon wieder, sie wusste es nicht. Gottlieb – Gottlieb Münzenmeier, so hieß ihre erste große Liebe. Namen und Zeiten flossen zusammen, sie bedeuteten nichts mehr.

Er kam zu uns ins Haus oder wir sahen uns bei den Veranstaltungen des Reisepredigers Werner, der nach Waiblingen kam, als ich siebzehn war. Seine glühenden Reden über Buße, Reue und innere Einkehr beflügelten mich, und auch Münzenmeier war von diesem Funken entflammt. Sein sehnlichster Wunsch war es, Missionar zu werden, und in dieser gemeinsamen Begeisterung kamen wir uns sehr nahe. Aber was wussten wir schon von Liebe. Es war nichts wie in Paulines Büchern, nichts löste sich zu einem glücklichen Ende auf. Bei jeder unserer Berührungen zuckten wir erschrocken zusammen, und auch die Blicke wurden schnell und voll Angst zurückgezogen, wenn ich seinen hellen Augen begegnete.

Ich war weit davon entfernt, so sicher zu sein wie mein Freund, der alle seine Ruhe und Geborgenheit in Gott fand. Ich wusste nichts von dieser Geborgenheit und wunderte mich oft, wie er so sicher sein konnte, dass Gott ihn sah, liebte und leitete. Ich wusste in dieser Zeit oft nicht einmal, wie ich seinen Namen aussprechen oder ihn anrufen sollte. Gottlieb spürte viel von meiner Ratlosigkeit, aber er wusste auch nicht, wie er mir helfen sollte.

An einem Abend auf dem Rückweg von einer Predigtversammlung gab er mir sein Neues Testament und sagte: „Ich habe vieles darin angestrichen, vielleicht verstehst du es dann besser.“ Das Büchlein war noch warm von seiner Hand, unsere warmen Atemwolken trafen sich und dann auch für eine Sekunde unsere Münder, kalt und feucht vom Nebel. Mich durchfuhr ein solcher Schock von Freude und Schrecken, dass ich ohne einen Gruß in die Dunkelheit davonrannte.

Von da an wurden unsere Begegnungen schwieriger, jede Berührung unserer Hände brannte wie Feuer. Jetzt überkam mich mit voller Wucht, wie das sein musste zwischen Eheleuten und wie meine Eltern sich liebten oder geliebt hatten.

Für uns wurde nichts gut in dieser Liebe, keine warmen zärtlichen Worte, keine Sättigung des Hungers nacheinander, keine Einigung im Geiste.

Dann im Dezember des Jahres 1847 kam der Abschied schneller und endgültiger, als ich ahnen konnte.

„Ich bin in Basel zur Ausbildung im Missionshaus zugelassen“, sagte Münzenmeier ein paar Tage vor Weihnachten. Wir saßen mit den Eltern im Wohnzimmer, Albert und Ludwig hatten für uns Nüsse geknackt, und Vater hatte eine Geschichte vorgelesen. Selbst Mutter ließ einmal die Hände im Schoß liegen. Und dann dieser Satz, der mit einem Schlag die ganze friedliche Stunde zerbrach. In mir flammten alle Bilder meiner kindlichen Sehnsüchte wieder auf, und ich sah mich schon mit meinem Freund die Negerkinder lehren.

So aber kam es ganz und gar nicht. Beim Abschied an diesem Abend sagte er mir, eine Heirat wäre ihm auf lange Jahre, wenn nicht überhaupt, versagt. Wir sollten unsere Trennung lieber endgültig sein lassen.

So kam der Heilige Abend und ging für mich ohne Glanz vorüber. Ich saß noch lange allein in der weihnachtlich geschmückten Stube, nachdem die anderen schon ins Bett gegangen waren. Die Kerzen waren alle erloschen, und im Dämmern liefen viele Gedanken von Licht und Dunkelheit in mir zusammen, Wortketten und Liedstrophen, einmal gelernt, führten ihr eigenes Leben im Gedächtnis. Etwas von

Nacht und Licht kam darin vor, und wie von allein sprach ich die Verse:

„Dies ist die Nacht, da mir erschienen
des großen Gottes Freundlichkeit,
das Kind, dem alle Engel dienen,
bringt Licht in meine Dunkelheit,
und dieses Welt- und Himmelslicht
weicht hunderttausend Sonnen nicht.

In diesem Lichte kannst du sehen
das Licht der klaren Seligkeit,
wenn Sonne, Mond und Stern' vergehen,
vielleicht noch in gar kurzer Zeit,
wird dieses Licht mit seinem Schein
dein Himmel und dein Alles sein."

Ich saß ganz still mit geschlossenen Augen, um der Wucht des Lichtes standzuhalten, das als glänzender Sturzbach in mich einströmte und alle Sinne mit Duft und Wärme erfüllte. Mir war, als sei die Luft voller Singen, das jeden Hauch von Dunkelheit aus meinem Herzen verscheuchte.

Ich wusste später nie, wie lange das dauerte, aber Sekunden oder Stunden waren gleichviel.

Auch am andern Tag und noch viele Tage hielt die Wärme und Kraft dieser Vision mein Inneres im Gleichgewicht. Ich stritt mich nicht mit Pauline, ich schwieg zu Mutters scharfen Worten und horchte in mir auf den Nachklang des überirdischen Singens.

Wenn auch die so jäh zerrissene Liebe weiter schmerzte, sah ich nun, wie es sein könnte, einmal vielleicht mit dem Heiland zu reden. Wie das geschehen könnte, wusste ich nicht, doch dieses Weihnachtsfest war für mich der Beginn eines neuen inneren Lebens.

Im Alltag aber lernte ich, wie herb es ist, Gott gefällig zu sein, denn seit ich die Schule verlassen hatte, war ich zu Hause weiter nichts als eine Magd. So wurde die Familie jahrelang mir beides, Schutz und Fessel.

Basel 1850

Im Anfang des Jahres 1850 wurde ich in das Geflecht der Fäden einbezogen, die zwischen dem Basler Missionshaus und unserer heimatlichen Gemeinde schon lange gesponnen waren.

Der Basler Inspektor Hoffmann brauchte ein Kindermädchen. Seine Frau war gestorben, kurz nach der Geburt des kleinen Mädchens, das ich nun betreuen sollte. Im Februar begann die lange, beschwerliche Reise, die erste von vielen, die länger und schlimmer waren.

Ich sehe die Abendnebel über der Stuttgarter Poststation, den weißen Atem vor den Nüstern der Pferde, die vor den Omnibus gespannt wurden. Da stand ich neben meinem Vater und klammerte mich beim Abschied einen Augenblick fest an ihn in der unsinnigen Hoffnung, ich müsse nun nicht so allein und bei Nacht fortgehen. Er aber war ganz gelassen, half mir in den Wagen, hob grüßend die Hand und war schon in der Dunkelheit verschwunden. Die Pferde zogen an, der Wagen ruckelte und stieß, nirgends konnte man die Füße ausstrecken, denn manche der Reisenden hatten Taschen und Körbe einfach vor sich auf den Boden gestellt. Die meisten schliefen bald ein, stöhnten und schnarchten, murmelten oder fluchten bei einem besonders harten Stoß der Räder. Ich konnte nicht schlafen, sondern saß still und gerade, die Hände um den Beutel mit den kostbaren Gulden geklammert, die mein Vater mir gegeben hatte. Ich starrte in die Dunkelheit, auf die vorüberhuschenden Baumgruppen, auf die Lichter oder den halben Mond, der ab und zu hinter den Wolken hervorkam. Mir gegenüber hatte noch jemand die Augen offen und starrte mich unverwandt an. Nach und nach erkannte ich die Züge eines älteren Mannes, und ich fand es schrecklich, so schutzlos fremden Blicken ausgeliefert zu sein.

Aber nicht nur die Blicke suchten Kontakt, bald fühlte ich mich bei einem Ruck des Wagens auch von seinen Knien berührt und konnte keinen Zweifel mehr haben, dass das mit Absicht geschah. Um dem zu entkommen, drehte ich mich seitwärts und weckte dabei die neben mir sitzende Frau. Aber die schnarchte bald weiter, von drüben jedoch tastete nun eine Hand nach meinem Knie und wollte dort liegen bleiben. Zum Glück wich meine Angst einer richtig schönen Wut, und ich sagte ganz laut:

„Lassen Sie das, oder ich schreie.“ Da wurden Hand und Knie schnell zurückgezogen.

Allmählich wurde mir von dem Geruckel des Wagens furchtbar übel. Endlich, um Mitternacht hielt der Omnibus in Vaihingen, und ich drängte mich ohne Rücksicht auf Füße und Körbe zur Tür, atmete tief die kalte Nachtluft ein und erbrach mich in den Graben neben der Gasse. Ich aß einen Apfelring, suchte mir einen andern Platz und schlief, bis der Omnibus morgens um fünf in Pforzheim ankam. Auch in dem neuen Omnibus bis Karlsruhe war mir furchtbar schlecht, und ich war froh, dass wir den Zug nach Basel knapp verpasst hatten.

Auf der Fahrt nach Süden leuchtete die Landschaft in Sonne und Schnee, zur Linken kamen die Berge zum Vorschein, zur Rechten die weithin glänzende Ebene.

Vor diesem Neuen in seiner unbekannten Schönheit verschwand die Angst und der Kummer des Abschieds.

In meine Gedanken hinein hörte ich von jenseits des Ganges eine Stimme:

„Na, Fräulein, zum ersten Mal allein auf Reisen?“ Ich erkannte die Frau, die im Omnibus bis Pforzheim neben mir gesessen hatte.

„Ja", sagte ich, „und es tut mir leid, wenn ich Sie gestört habe."

„Macht nichts, hat der alte Kerl Sie belästigt?"

Ich fühlte, wie mir das Blut zu Kopf stieg und nickte.

„Ja, ja, die können ihre Finger nicht davon lassen, die alten Dreckskerle."

Ich war ganz erschrocken über diese grobe Ausdrucksweise, zu der die Frau auch noch behaglich lachte. Da wurde mir mit Urgewalt eine völlig neue Erkenntnis zuteil über die Beziehungen zwischen Männern und Frauen.

Ich sah verlegen und verwirrt zum Fenster hinaus, weil ich dazu gar nichts zu sagen wusste, bis mir ein schöner rotbackiger Apfel hingehalten wurde.

„Machen Sie sich nichts draus, Fräulein, es ist ganz gut, wenn man zeitig genug lernt, wie es in der Welt zugeht."

Aber ich wollte davon lieber gar nicht so viel wissen, mir wäre es lieber gewesen, alle Männer so einzuschätzen wie meinen Vater.

Ich war froh, als die Frau mit ihrem Korb und ihren guten Ratschlägen in Freiburg den Zug verließ.

Es war zehn Uhr und stockfinster, als der Zug schließlich Basel erreichte, und neue Angst überkam mich, ob jemand mich abholen würde. Aber ein Knecht mit einer Karre hatte geduldig gewartet, lud mein Gepäck darauf, und so begann der nächtliche Weg durch die Stadt, die ich später einmal lieben und hassen sollte.

Das Missionshaus lag still und dunkel mitten in dem verschneiten Garten.

In dieser Nacht träumte ich nicht, sondern schlief tief und fest, und ich ahnte nicht, dass keine hundert Schritte von mir entfernt in einem andern Teil des Hauses der Mann wach lag und betete, dem ich erst nach Jahren und an einem ganz, ganz anderen Ort begegnen würde.

Eines wurde mir ganz klar in diesen wenigen Monaten, die ich in Basel verbrachte, dass ich gar nichts wusste und dass unser Leben in Waiblingen von dem im Hause des Inspektors so verschieden war wie der Tag von der Nacht. In der Distanz von der Heimat drängten sich mir mit Macht die Vergleiche auf, auch die in der Frömmigkeit, die hier ein so ganz anderes Gesicht hatte. Alle, denen ich hier begegnete, an erster Stelle der Herr Inspektor, sprachen darüber und fragten auch mich nach meinen Gebeten. Ich wusste gar nicht, ob mir das behagte, auch wenn ich mich in meinem Elternhaus oft genug danach gesehnt hatte.

Es war ein merkwürdiges und stilles Haus mit vielen Bedienten für so wenige Menschen, dass ich mich oft fragte, was ich eigentlich da sollte. Das Kindermädchen für Paul, das Stubenmädchen, die Köchin und schließlich ich, die für die kleine Sophie sorgen sollte. Mich bewegte es sonderbar, wie vornehm das Haus des Inspektors war, selbst mein Zimmer, in dem auch der Säugling schlief, war voller weicher Teppiche, es gab grüne Tapeten und Vorhänge und eine Reihe von gold gerahmten Bildern. Ich hatte Sehnsucht nach meiner einfachen Kammer zu Hause, nach der Runde der lärmenden Brüder am Küchentisch und nach kleinen Kindern, die schrien und Lärm machten. Hier war es still, denn die kleine Sophie schrie nicht, sondern sah mich und ihre Umgebung mit großen Augen an, die aus einer anderen Welt zu kommen schienen.

Die große Stadt Basel lehrte mich, dass Fremde etwas ganz anderes ist als die Entfernung von der Heimat. Ich werde nie den Tag vergessen, an dem ich mich heillos verirrte und, statt zum Haus des Inspektors zurückzufinden, mich mitten auf der großen Rheinbrücke fand und in den mächtigen Strom hinuntersah. Viele Menschen waren an diesem Sonntag unterwegs, und ich traute mich nicht, jemanden um Auskunft zu fragen, weil mir der Dialekt so fremd und oft gar nicht verständlich in den Ohren klang. So flüchtete ich schließlich auf einen Fußweg nahe am Wasser und blieb unter einer hängenden Weide sitzen, gebannt vom reißenden Sog und Strudel zu meinen Füßen.

Ich hatte Heimweh und sah auf einmal meine Mutter vor mir unter der Last der Arbeit, umringt von den vielen Kindern, und in diesem Augenblick war sie nicht mehr nur der Widerpart, an dem ich mich ständig gerieben hatte, sondern eine Frau wie ich selber. Mein inneres Auge war erfüllt von all den hässlichen Auftritten zwischen uns, ich hörte meine lieblosen Antworten oder sah mich in verbohrtem Schweigen am Tisch sitzen. Oh Gott, war dies die christliche Seele, die ich zu sein glaubte? Tiefe Reue stahl sich durch die Ritzen meiner Selbstgerechtigkeit und brachte eine sehr kalte Ernüchterung.

Schon im April war mein Dienstverhältnis wieder beendet. Der Inspektor zog von Basel weg, und irgendwie passte ich nicht mehr in den neuen Rahmen seiner Verhältnisse.

Die Heimkehr war trotz aller Vorfreude nicht so schön, wie ich sie mir gedacht hatte, nur dass inzwischen Frühling war und die Welt nicht mehr so dunkel wie bei meiner Abreise.

Aber ich kam nicht in das gleiche Zuhause, aus dem ich fortgegangen war. Ich fand den Vater schweigsam und sorgenvoll, er hatte mit Geld spekuliert, das ihm nicht gehörte, und musste um sein Amt bangen. Ganz sachte und fast unmerklich hatten sich die Verhältnisse im Hause verschoben, Marie war an meine Stelle gerückt, und ich fand in diesem Gefüge keinen rechten Platz mehr.

Meine Träume, Gottlieb Münzenmeier in das verlockende Feld der Mission zu folgen, hatte ich lange begraben, nur eines war sicher, zu Hause konnte und wollte ich nicht bleiben.

Draußen war das Singen der Negerkinder verstummt, nur das laute, eintönige Schrillen der Zikaden zerteilte die Stille. Die Sonne stand im Zenit und ließ vor ihrer unbarmherzigen Gewalt alle Kreaturen in den Schatten flüchten. Emilie lag reglos mit geschlossenen Augen, ihr Atem ging ein wenig leichter. Gottlieb war auf seinem Stuhl neben ihrem Lager eingeschlafen. Aber sie schlief nicht, immer neu getrieben von der Suche nach den schier verlorenen Kettengliedern ihres Lebens. So vieles war zu Staub und Asche geworden, und sie sah die leuchtenden Ziele ihrer Jugend verschlungen von kalter Notwendigkeit. Sie ging noch einmal den langen Weg der Geduld, sah den Faden ihres Tuns sich zu einem unentwirrbaren Knäuel zusammenrollen. Da seufzte sie und weckte ihren Mann, der sogleich ihr Gesicht mit kühlen Tüchern netzte und immer wieder ihren Namen murmelte. Bald würde auch dieses Murmeln für sie verstummt sein.

Stuttgart 1850-1856

Es war ein Ausweg, auch wenn ich ihn nicht gern ging. Meines Vaters alte Tante Rauser in Stuttgart brauchte Hilfe und Pflege, und im Rat der Familie wurde mir zugeschoben, was keiner gerne tun wollte. Denn die Tante war halb kindisch, von Schmerzen geplagt und gänzlich unberechenbar.

Der Geruch des blank gebohnerten Treppenhauses, das ich an einem schönen Maitag hinaufstieg, bleibt immer in meiner Nase und meiner Erinnerung. Das Hausmädchen öffnete ängstlich bemüht, keinen Lärm zu machen, um ja keinen Sturm im Haushalt heraufzubeschwören, wie ihn die Tante offenbar gern entfesselte. Dieses Jahr bei ihr war verbunden mit dem Ächzen und Stöhnen über ihre schmerzenden und geschwollenen Füße, die ich gleich am ersten Tag zu sehen bekam, kaum hatte ich Mantel und Tasche abgelegt. Dreimal musste ich ihr erklären, wer ich war, während ich neben ihrem Ohrenstuhl kniete und diese armen Füße rieb und knetete.

Ich hatte mir ihre Gesellschaft nicht so schlimm vorgestellt, noch dieses zermürbende unaufhörliche Jammern über ihre Leiden. Niemand konnte es ihr recht machen, und die ersten Tage weinte ich in bitterer Hilflosigkeit. Hier zum ersten Mal in meinem Leben lernte ich, welch ein Ausmaß das Wort Geduld hat, wenn man sie selber üben muss, und mich traf die unerbittliche Härte aller jener Worte ins Herz, mit denen Jesus die schier unerschöpfliche Menge der Vergebung fordert, die wir unseren Mitmenschen gewähren sollen. Ich wusste nicht, wie oft ich weinte, aber ich wusste, wie herb das schmeckte, Gott so zu dienen, wie er es verlangte. Um Trost war mir, wie es in den Psalmen steht, oft sehr bange. Ich bekam ihn weder durch meine Gebete, die ungehört auf mich zurückfielen, noch von meiner Familie, die nur die praktische Seite meines Lebens sah, aber nicht meine inneren Nöte.

Hätte es nicht die endlose Geschichte der Schuhe gegeben, wäre mir ein Trost wohl kaum zuteil geworden. Ungefähr alle vier Wochen wurde ich zum Schuhmacher geschickt, nach den Maßen der alten ein Paar neue Schuhe machen zu lassen. Immer drückten sie, weil die Füße nicht abschwellen wollten, aber Schuld daran war Meister Knöller nach der unverrückbaren Meinung der Tante. Ich ging gerne dort in die Königstraße, wo er seine Werkstatt hatte, denn jede Gelegenheit, dem bedrückenden Haushalt zu entfliehen, war mir recht. Die zweite Freiheit, die ich mir nahm, war der sonntägliche Gang in die Stiftskirche, wo ich mit steigender Spannung den Predigten des Prälaten Kapf zuhörte. Von da kam mir ein sachtes Echo, das mir aus meinem Elternhaus überhaupt nicht zuteil wurde. Ich hätte wenigstens so gern meine Mutter auf einen anderen Weg gezogen, den ich bei ihr ganz und gar nicht sehen konnte.

„Mutter“, schrieb ich einmal, „ich wünsche so sehr, dass Du ein neues Leben anfängst, dass eine gründliche Veränderung mit Dir vorgeht und Du eine gewisse Hoffnung des ewigen Lebens gewinnst.“

Darauf gab es niemals eine Antwort. Meine Bedrückung wurde an einer ganz anderen Stelle wahrgenommen.

Der Schuhmacher hatte seine Werkstatt in einem Kellergeschoss, und ich ging die drei Stufen von der Straße zu ihm hinunter, wo es nach Leder roch und die Werkzeuge auf dem Tisch unter der Schusterkugel lagen. Vor allem diese Kugel hatte es mir angetan, die so freundlich und doch geheimnisvoll das Licht sammelte und wieder verteilte.

Noch ehe Meister Knöller mir zum ersten Mal ins Gesicht gesehen hatte, wusste er schon, dass ich nicht aus Stuttgart war. Er sah nämlich von seinem Schemel aus immer zuerst oder nur die Füße der Menschen, die auf der Straße vorübergingen. Ehe jemand zu ihm herunterkam, hatte er sich mit geübtem Blick schon ein Bild von Gang und Schuhwerk gemacht und im Laufe der Zeit eine wunderbare Fähigkeit entwickelt, daraus das Wesen der Menschen zu erkennen. Ob einer zögernd, behende oder schlürfend ging, ob seine Schuhe glänzten oder staubig waren, ob das Leder Risse hatte vom langen Tragen oder gar die Hacken schief getreten waren, das alles ordnete er blitzschnell im Hinsehen zusammen. Und er täuschte sich fast nie.

Sein freundliches Lächeln nahm mir gleich bei unserer ersten Begegnung alle Scheu und Angst. Zuerst sprachen wir über die Schuhe, dann über die Tante, die dem Meister von ihren Bestellungen wohl bekannt war, und schließlich sprachen wir von mir. Er hatte so eine gelassene und doch ganz und gar gesammelte Art, einen anzusehen, dass mir in seiner Nähe sehr wohl zu Mute war.

Es dauerte nicht lange, bis ich wusste, aus welcher Quelle ihm diese Gelassenheit und Kraft kam. Er hatte Freunde, mit denen er betete, die Bibel las und über das Gelesene sprach. Sie waren wohl das, was man oft so verächtlich Stundenbrüder nannte, aber ich lernte bald, dass sie diese Verachtung ganz und gar nicht verdienten.

Bald durfte ich zum ersten Mal an ihrer Versammlung teilnehmen.

Sie trafen sich am Abend in der Werkstatt im Schein der Schusterkugel, die nicht nur ein freundliches Licht, sondern auch freundliche Gedanken verbreitete. Ich hätte nie gedacht, dass es so schön unter Menschen zugehen könnte, während ich saß und ganz still ihren Gesprächen lauschte.

Es war nicht so, dass sie sofort mit ihren Gebeten oder ihrem Lesen anfingen. Sie sprachen ganz einfach miteinander, vier Frauen und drei Männer waren gekommen, junge und ältere, die alle meine Gegenwart ohne Frage hinnahmen. Sie erzählten sich ihre Kümmernisse und Freuden, sagten ganz einfach Dank für Gutes, das sie erfahren hatten oder waren bereit, an der Trauer eines älteren Mannes teilzunehmen. Erst ganz allmählich fanden sie sich zu einem Gebet zusammen und sangen ein Lied, das zu ihrer Bitte passte.

Für mich war diese Art miteinander umzugehen so neu und wunderbar, dass ich gar nicht merkte, wie schnell die Stunden vergingen und dass ich die ganze Zeit kein einziges Wort gesagt hatte. Niemand drängte mich, und doch ging ich mit einem Schatz nach Hause, der mir das Nörgeln der Tante und die tägliche Arbeit leicht erscheinen ließen.

Diese Freunde, denen ich erst nach und nach von meinen Nöten erzählte, lehrten mich, Mitleid zu haben und die Schwachheiten und Gebrechen der Tante mit Liebe zu tragen. Von ihnen ging ich immer ganz mutig fort und kam gestärkt in meine Schule zurück, um die Lektionen zu lernen, die mir aufgetragen wurden.

Immer als Kind hatte ich das Ziel vor Augen gehabt, Schule und das Lernen hätten einmal ein Ende, aber in den Stuttgarter Jahren wurde ich eines anderen belehrt. Mir war, als könne ich dem Lernen nie entkommen, und ein unsichtbarer Lehrer sei fortwährend am Werk.

Wenn ich manchmal sonntags meine Familie in Waiblingen besuchte, kam es mir wie ein Ausflug in eine fremde Welt vor. Wie schnell die Fäden sich lockerten, merkte ich auch daran, dass die Briefe knapp und kärglich ausfielen und ich von den Geschwistern nicht mehr viel wusste.

Als nach einem Jahr die Tante starb, blieb ich in Stuttgart und fand eine Anstellung als Ladenjungfer. Das Geschäft war in der Königstraße nicht weit von Meister Knöllers Werkstatt, und dort wurden Knöpfe, Hauben, Tücher, Bänder und Strümpfe verkauft.

Ich hatte mich nach dieser Arbeit nicht gesehnt und konnte meinen Widerwillen dagegen in all den Jahren niemals ablegen. Es widersprach mir ganz einfach, mich öffentlich zur Schau zu stellen und wildfremden Menschen gefällig zu sein. Denn die Damen der feinen Gesellschaft, die in Herrn Fendts Laden kauften, liebten es, uns Mädchen mit einem Fingerschnippen hin und her zu schicken und an allem ihre hochnäsige Kritik zu üben.

Für mich war es ein Segen, dass ich durch Meister Knöller auch Freundinnen in Korntal gefunden hatte, die mich lehrten, was es bedeutet, von einer christlichen Gemeinschaft umfangen und getragen zu sein.

Ein Dorn allerdings blieb aus dieser Zeit beharrlich in meinem Gemüt, die Willkür meines Arbeitsgebers. Meistens duldete er stillschweigend, dass ich sonntags nach Korntal wanderte, oft aber, wenn ihn gerade die Laune ankam, verbot er mir wegzugehen. Und dann bekam ich Dinge zu hören, die den Stachel sehr empfindlich in meine Seele trieben. Unter dem Vorwand, auch sonntags könnten Kunden in den Laden kommen, wurde ich festgehalten, und während er mir meine Aufgaben zuwies, stürzte eine Wortkaskade auf mich nieder: Korntal sei ein Pietistennest voller Kopfhänger, und er könne alle, die dort hingingen, nicht leiden. Er behauptete, alle jungen Leute bekämen dort eine ganz schiefe Richtung in Hinsicht auf die Religion. Und wenn er ganz schlecht gestimmt war, schoss er auf mich auch noch seinen stärksten Pfeil ab, dass er nämlich lieber eine ganz schlechte Person zur Frau haben möchte als eine Stundenläuferin. Zum Glück hatte er eine gute Frau, die sehr nett zu uns Ladenjungfern war, und ich ließ seine Vergleiche durch Schweigen lieber ins Leere laufen.

Immer im Frühling dachte ich mit Sehnsucht an den Garten in Waiblingen, aber wenn ich nach Hause kam, wurden die meisten Erwartungen enttäuscht. Von Mutter bekam ich ein paar nüchterne Ratschläge wegen meiner Kleidung, und mein Vater tadelte mich, wenn ich ihm vom Elend und der Armut vieler Menschen in Stuttgart erzählte. Ich gab, was ich entbehren konnte, wenn Prälat Kapf uns aufrief, die Hungernden nicht zu vergessen. Vater dagegen meinte, ich solle doch nicht so in den Tag hineinleben und lieber an meine Zukunft denken. Er sagte allerdings nicht, wie er selbst sich diese Zukunft vorstellte. Ich dagegen hatte längst begriffen, dass Träume und Wirklichkeit aneinander angeglichen werden müssen, wenn man nicht untergehen will. Mein Vater irrte, wenn er glaubte, ich verschwendete an meine Zukunft keinen Gedanken. Mein Sparpfennig und meine Kasse für Notleidende hingen eng miteinander zusammen, und ich lebte immer in dem Bewusstsein, dass Geben gut sei für die unsterbliche Seele in der Zeit dieses Erdenlebens.

So viel verschwimmt im Dunst dieser Jahre, wie meine Brüder Albert und Ludwig nacheinander nach Amerika auswanderten, wie Pauline ihrem Mann davonlief und mit ihrem Kind bei den Eltern unterschlüpfte. Bertha und Sophie wuchsen heran, und als mein dritter und vierter Geburtstag in Stuttgart sich wiederholte, bekam ich manchmal eine nagende Angst vor der Gleichförmigkeit der Jahre und wegen der langsam entschwindenden Jugend.

Im Frühjahr 1856 bewegte sich vieles, was für mich bis zum Sommer noch unsichtbar blieb. Zwischen der Missionsstation Akropong an der Goldküste und Basel gingen Briefe hin und her, die mich betrafen, wenn auch anfangs nur indirekt. Dem Missionar und Sprachforscher Johann Gottlieb Christaller, der schon seit 1853 in Afrika wirkte, war die Erlaubnis zu heiraten erteilt worden, und über den Basler Inspektor Josenhans und Christallers Schwestern in Gmünd suchte er eine Frau. Seinen Namen hatte ich schon gehört, während er von mir gar nichts wusste. Emilie Ziegler war ihm ebenso fremd wie er mir, auch wusste ich damals nicht, dass er eigentlich eine ganz andere haben wollte.

Spät und unerbittlich wurden meine Träume von der Mission auf den Boden der Wirklichkeit gezogen, jetzt sollte das christliche Werk in die Tat umgesetzt werden, das ich immer begehrt hatte.

Mein Vater schrieb mir von dem Antrag des Missionars, und an einem heißen Sonntag im Juli saß ein schwarz gekleideter, streng blickender Mann bei uns im Wohnzimmer. Ich hörte mit einer Mischung aus Spannung, Erwartung und

Unbehagen der mit viel Räuspern und Pausen durchsetzten Rede des Fremden zu. Meine Eltern saßen beide sehr still am Tisch, meine Mutter hielt den Kopf auf ihre gefalteten Hände gesenkt. Der fremde Herr sprach präzise und langsam, formte jedes Wort mit seinen Lippen und ließ seine Hände ausdrucksvolle Bewegungen dazu machen. Erst am Ende des Besuches begriff ich, warum das so war, er arbeitete als Lehrer für taubstumme Kinder und konnte auch hörenden Menschen gegenüber kaum seine Gewohnheiten ändern. Das war Gustav Rapp.

„Meine Frau Johanna und meine Schwägerin Gottliebin Merkle schicken mich", sagte er und richtete seine dunklen Augen auf mich, „sie sind die Schwestern Johann Gottlieb Christallers."

Ich fühlte mich in das Netz der Fäden gezogen, die schon lange mit den Missionsfesten über Winnenden, Waiblingen und Gmünd liefen. Josenhans, die Schwestern, der Missionar, der eine Frau begehrte, und nun dieser fremde Herr, der sagte: „ . . . und nun ist die Anfrage, ob Emilie als seine Braut nach Afrika reisen will."

Ich sah die Staubkörnchen in einem Sonnenstreifen tanzen, der schräg durch das Fenster fiel, ich hörte das Dröhnen einer Hummel an der offenen Fensterscheibe und von draußen eine unbekannte Frauenstimme, die mit meinen Schwestern sprach.

Jetzt musste ich antworten, ob ich wollte oder nicht, jetzt war die Zeit des Träumens und der Ungewissheit zu Ende. Ich wusste, dass mein Vater mir die Entscheidung überlassen würde, aber ich wusste auch, dass er froh über diesen Antrag und meine künftige Versorgung war.

Ich hatte kein Geld, ich hatte nicht viel gelernt, was blieb mir anderes als eine Heirat, und nun endlich bekam ich den Missionar, den ich mir immer gewünscht hatte.

Es war sehr still im Zimmer, solange ich mit der Antwort zögerte. Ein fremder Mann mit allen Rechten, schoss es mir durch den Kopf, dann sagte ich laut: „Ich nehme den Antrag an“, obgleich mir bei diesen Worten gar nicht besonders wohl war.

Herr Rapp stand auf, reichte mir die Hand, und zum ersten Mal ging ein Lächeln über dieses dunkle, abweisende Gesicht.

Zu meinem Schrecken und meiner Unsicherheit hatte ich doch noch eine Freude an diesem Tag. Die ich draußen hatte sprechen hören, war Gottliebin Merkle, die Schwester und innige Vertraute des Mannes, den ich zu heiraten versprochen hatte.

Da stand eine große, magere Frau, das Gesicht unter den glatt gescheitelten Haaren war schmal und gar nicht hübsch, aber ihre Augen ließen mich alles andere vergessen. Sie ist gut, dachte ich, tausendmal besser als ich. Wir sahen uns einen Augenblick an und dann umarmten wir uns, es konnte gar nicht anders sein.

„Pilger“, flüsterte Emilie, „wir wandern …“ und tastete nach der Hand neben ihrem Bett. Aber es war nicht Gottliebs Hand, eine andere, stärkere und größere umschloss ihre feuchten Finger. Bruder Eisenschmid, der nun bei ihr wachte, sah, dass auch ihr Geist wanderte, schon fast losgelöst von der schnell verfallenden körperlichen Hülle.

„Wir wandern zu Gott“, sagte er und hoffte, sie möge ihn hören in ihren letzten Ängsten, die noch beladen waren mit irdischem Ballast.

Goldküste 1856-1858

Von dem Tag an nahm das Wandern kein Ende. Ich weiß nicht, wie ich das alles so schnell machte. Ich kaufte die Aussteuer für Afrika, ließ sie in Kisten packen und begann, alle jene Fäden zu zerschneiden, die mich in der Heimat festhielten. Abschied und immer wieder Abschied, schmerzlich und ausdauernd, ich hatte seit langer Zeit nicht mehr so viel geweint.

Im September fand ich mich zum zweiten Mal in Basel inmitten der Missionare, mit denen ich zuerst nach London und dann nach Afrika reisen sollte. Die Brüder Schall und Haas sehe ich noch vor mir und vor allen anderen Jakob Heck, der auf der ganzen langen Reise mein Freund und Beschützer wurde.

So groß die Stadt London war und so wenig ich auch von ihr sah, ehe wir uns einschiffen konnten, sie gefiel mir über die Maßen gut. Jene Septembertage waren blau, windig, voller Möwengeschrei und dem Geschmack und Geruch des salzigen Wassers. Oft genug bat ich Bruder Heck, mich zum Hafen und den Docks an der Themse zu begleiten, wo die Stauer mit Kisten hantierten und das für mich unverständliche Stimmengewirr sich mischte mit dem Ächzen der Takelage abgehender oder ankommender Schiffe. Ich sah, wie Ebbe und Flut das Leben und Tun all dieser Menschen bestimmten, ich bekam den Fischgeruch in die Nase, wenn die Weiber kreischend ihre noch zappelnde Ware feilboten. Und immer war Bruder Heck neben mir, bereit, mir seinen Arm zu bieten, meine Einkäufe zu tragen oder mit mir zu reden. Ich weiß nicht, warum ich zu diesem großen, dunklen Mann so viel Zutrauen hatte, da doch die anderen ihn eher mieden als seine Gesellschaft suchten, denn er war jüdischer Herkunft.

Am Tage vor unserer Einschiffung verdunkelte sich der Himmel, Wind kam auf, der an allen Kleidern riss, sobald man ins Freie kam. Der nächste Morgen war noch dunkler, tiefe graue Wolkenfetzen fegten von der See her über unsere Köpfe, und ich verstand nicht, warum wir bei einem solchen Wetter in See stechen sollten. Mit der Ebbe liefen wir aus der Themse, vorläufig noch ohne Segel, nur gezogen von der mächtigen Kraft des Wassers. Aber kaum hatte die „Ida" vor der Mündung die Segel gesetzt, erlebten wir in Angst und Ohnmacht, wie das Schiff von der Gewalt des Herbststurmes ergriffen und auf die Felsen der Kanalküste getrieben wurde. Vergebens versuchte der Kapitän mit gerefften Segeln von der Küste wegzukommen, aber die tückisch umspringenden Böen zerbrachen schließlich das Ruder und drückten den Segler mitschiffs gegen die Klippen.

Anfangs hatte ich noch versucht zu schlafen in der engen Kajüte, die ich mit zwei englischen Damen teilte, aber bald wurde mir noch viel übler als auf meiner ersten Reise nach Basel. Ich tastete mich über den schwankenden Aufgang an Deck, aber dort war es wahrhaftig noch schlimmer als unten. Mir war, als sei ich in einen bösen Hexenkessel geraten, der Sturm heulte, die Takelage quietschte und knarrte, dann riss mit einem Knall eines der Segel, und noch darüber tönte das Schreien der Matrosen. Ich musste mich heftig erbrechen und wurde von den vorbeihastenden Füßen auf das glitschige Deck geworfen. Jeder neue Brecher erschütterte den Rumpf des Schiffes, dass das Holz krachte. Ein Wasserschwall drückte mich gegen eine harte Taurolle, an der ich mich festzuklammern suchte, gefasst auf mein Ende im schwarzen Wasser des Kanals. Irgendwann packte mich eine Hand und zog mich hinab in den Bauch des Schiffes. Eine Decke wurde mir um die Schultern gelegt, und ich hörte Bruder Hecks Stimme:

„Ich glaube, wir sollten lieber hier unten bleiben, bis Hilfe kommt." Nach und nach erkannte ich um uns die Gesichter der anderen Passagiere, die sich aneinander klammerten.

„Hilfe", flüsterte ich, „du glaubst, uns ist noch zu helfen?"

„Hilfe gibt es immer", sagte Bruder Heck nah an meinem Ohr, „wenn nicht hier, dann in einer anderen Welt."

Ich aber wollte sehr gerne noch leben und nicht in diesem höllischen Chaos untergehen.

Ein neuer Stoß erschütterte das Schiff, es war inzwischen dunkel geworden, aber wir durften keine Lichter anzünden.

Obgleich es um uns herum so laut war, hörten wir über uns doch den Schuss und sahen hellen Schein durch eines der Bullaugen.

„Sie schießen Leuchtraketen ab", sagte jemand, „vielleicht können wir gerettet werden."

Aber auf dem schwarzen aufgewühlten Wasser des Kanals zeigte sich kein Licht noch an der Küste. Die wenigen Leuchtraketen stürzten nach kurzer Zeit unbemerkt ins Meer.

Wir alle versuchten in diesen äußeren und inneren Erschütterungen die Angst von uns abzuhalten, und Bruder Christoph Zimmermann stimmte in all dem Getöse einen Choral an, in den aber niemand so recht einfallen mochte.

So hockten wir die Nacht über, ich inmitten der fünf Missionare, die mit stillen oder lauten Gebeten unsere Lage zu lindern suchten. Meine Gebete waren tief im Innern verschlossen, ich konnte keine Worte finden. Diesmal half mir nicht das Licht, vielmehr fühlte ich mich im Dunkeln von einer großen, warmen Hand umschlossen, die alles Unheil von mir abhielt.

Bei jedem Aufheulen des Sturmes brach das Wasser über den Aufgang nach unten, und bald mussten wir die Füße auf Bänke und Stühle hochziehen. Gegen Morgen, als der Tag grau und trübe heraufkam, nahm das Heulen des Sturmes zu und trieb so viel Wasser ins Schiff, dass wir uns gegen seine Gewalt ans Deck retten mussten, um nicht zu ertrinken.

Da sahen wir die Felsen, auf denen wir festsaßen, und den Strand, an dem sich im Morgengrauen eine Menge Leute versammelten. Dieser Strand war nicht weit entfernt, aber mit Rettungsbooten konnte man ganz und gar nicht hingelangen wegen der Gewalt der Brecher.

Unsere Not mochte schlimm sein, und doch jammerten mich die hilflosen Tiere, die man als lebendigen Vorrat an Bord mitführte und die nun frei oder in Käfigen herumschwammen. Schafe, Schweine, Enten, Gänse und Hühner blökten, schrien und gackerten, das hörte sich fast schlimmer an als menschliche Schreie.

Nach vielen Stunden, die wir, uns irgendwo anklammernd, in Kälte und Angst zubringen mussten, wurden wir schließlich auf sehr seltsame Weise gerettet. Die Männer am Strand bedeuteten den Matrosen, sie möchten mit einer Rakete ein Seil ans Land schießen, mit dem alle Schiffbrüchigen hinüber gebracht werden könnten. Die englischen Damen waren die ersten. Sie wurden nacheinander in eine Schlaufe gehängt und an Land gezogen. Nicht immer blieb ihr Kopf über Wasser, manchmal verschwand die ganze Gestalt unter einem Brecher.

Ich kam schneller an die Reihe, als mir lieb war. Kaum war ich in die Schlinge eingehängt, sauste der Flaschenzug los, und in der Panik dieses Sturzes ins Bodenlose griff ich nach dem laufenden Seil, das mir den rechten Daumen bis auf die Knochen durchrieb. Die Männerarme, die mich am Strand packten und vom Seil losmachten, spürte ich kaum noch, ehe ich bewusstlos in den Sand fiel.

Das alles geschah nicht weit von Dover bei dem kleinen Hafen New Romney. Ich erwachte im Hause des Geistlichen, dessen liebevolle, runde Frau mich pflegte, bis ich zu den anderen nach London zurückkehren konnte.

‚Mitten wir im Leben sind von dem Tod umfangen‘, noch nie waren mir diese Worte so nahe gerückt, und die Errettung in ein neues Leben schien mit leuchtenden Farben durchsetzt.

Der lange Brief, den ich nach Hause schrieb, war ein mühsames Unterfangen mit der linken Hand, aber trotz der Schmerzen verließ mich in diesen Londoner Tagen niemals eine wunderbare Heiterkeit der Seele, die auch meinen Körper leicht machte.

„Ich habe Schiffbruch gelitten“, schrieb ich, „aber nicht am Glauben, der steht fest wie der Fels im Meer, der sich durch die Wucht unseres Schiffes nicht vom Platz bringen ließ.“

Dann begann die Wanderschaft aufs Neue, von London nach Plymouth auf den Postdampfer „Etiope“.

Inzwischen war es November, ich stellte mir ein Weihnachtsfest mit meinem unbekannten Bräutigam vor, aber das wollte mir nicht gelingen. Sein Gesicht ließ sich nicht herbeirufen, und ich betete, seine Augen möchten so gut sein wie die seiner Schwester.

Inzwischen machte ich mühsam Konversation mit den englischen Damen in meiner Kajüte, anderen als auf der „Ida“. Die eine hatte einen Mann in Gambia, die andere wollte mit ihrem Vater in Madeira das Schiff verlassen.

Zuerst aber musste ich drei Tage untertauchen in das elende Tal der Seekrankheit, sobald die „Etiope“ den Hafen verließ. Ich konnte in dieser Zeit nur mit Mühe den Kopf heben, um mich in den Eimer neben meinem Bett zu erbrechen. Ein bisschen Heiterkeit und meine Genesung brachte das Wasser, das am vierten Tag plötzlich unsere Kabine überschwemmte und uns an einen Untergang des Schiffes denken ließ. Diesmal kamen wir mit Lachen davon, denn es waren nur die Matrosen, die beim Schrubben des Decks zu viel Wasser ausgegossen hatten.

Eine seltsame Reise war das, ich erfuhr, wie der Körper unaufhaltsam fortgetragen wurde, der Geist und das Gemüt aber dort haften blieben, woher sie kamen. Meine äußeren und meine inneren Augen sahen verschiedene Dinge, die einen schweiften über die weite See, die anderen wanderten durch heimatliche Orte und verweilten an allen vertrauten Stellen meiner Kindheit.

Dabei war die Wirklichkeit des Meeres so wunderschön, wenn die großen Seemöwen sich ohne Flügelschlag vom Strom des Windes tragen ließen. Ich sah sie kopfüber ins Wasser schießen und mit einem Fisch wieder emportauchen, ich folgte mit den Augen der lang gezogenen Dünung und dem sachte sich auf und ab neigenden Horizont. Eine betörende Ruhe ging von diesem Anblick aus, ich tauchte nur allzu gern darin unter, denn ich sehnte das Ende dieser Reise überhaupt noch nicht herbei.

Fast täglich wurde der Wind wärmer, wir sahen die glänzenden Leiber einer Gruppe von Delfinen aus dem Wasser emporschnellen und wieder verschwinden, wir sahen die Glut der Sonnenuntergänge, die Wasser und Horizont in flüssiges Feuer verwandelten.

Ich weiß nicht, ob ich auf dieser Reise betete, ich weiß nur, dass Worte vor den Wundern der Schöpfung verstummten.

Am 30. November feierte ich mit den Brüdern den ersten Advent, geschützt in einem Winkel hinter der Kommandobrücke, während die anderen Passagiere in der Sonne auf dem Deck promenierten. Manche lachten über uns oder machten spöttische Bemerkungen, als unsere Adventslieder durch die sommerliche Wärme klangen. Ich war froh, dass ich nicht verstand, was die Matrosen untereinander sprachen, denn ihr Gelächter ließ keinen Zweifel über die Art ihrer Witze.

Zwei Tage später nach einer Woche auf hoher See ertönte vom Mastkorb der Ruf: „Land in Sicht!“

Wer ein Fernglas hatte, richtete es nach Südosten, wo allmählich aus dem Dunst des Horizontes kahle Berge und Felsen auftauchten. Wir näherten uns Madeira.

Die „Etiope“ warf in der Bucht vor Funchal Anker, nicht weit von einem anderen Postschiff, das eben von Afrika kam und hier auf der Rückreise nach London auf Briefe wartete.

Wie eine Meute gieriger Hunde umlagerte eine Menge kleiner Boote das Schiff, ihre zerlumpten Besitzer überschrien sich gegenseitig mit Angeboten, uns an Land zu bringen. Wir alle wollten gerne wenigstens für ein paar

Stunden festen Boden unter den Füßen haben, und ich war gleich bereit, mit den Missionsbrüdern überzusetzen. Ich bewunderte Bruder Zimmermann, wie er mit sicherem Blick eines der Boote heraussuchte, die anderen abwies und den Ruderer energisch antrieb.

An Land wurden wir sofort umringt von schnatternden, schreienden und gestikulierenden Fremdenführern, von denen allerdings nur wenige ein paar Brocken Englisch konnten, um sich mit uns zu verständigen. Auch jetzt war Bruder Zimmermann unser energischer Beschützer und Herold, der die schmutzigen und stinkenden Gestalten von uns abwehrte, sodass wir ungestört den Ort betrachten konnten. Ich war erschrocken über so viel Elend, über die verfallenen Gassen und die vielen bettelnden und zudringlich kreischenden Menschen. Ich atmete erleichtert auf, als endlich ein schmaler Weg nach oben führte und uns auf eine freie Anhöhe brachte.

So schnell konnte man von der Hölle ins Paradies versetzt werden, von hier ging der Blick unbegrenzt über das Meer, wir sahen über Orangen-, Zitronen- und Bananenbäume, es duftete fremd und wunderbar.

Auf dem Rückweg nahmen die Männer mich in die Mitte und bahnten sich mit Püffen und Worten einen Weg zu unserem wartenden Boot.

Zwei Tage später tauchte an Backbord der schneebedeckte Pik von Teneriffa auf. Schnee vor Afrikas Küste, das war für mich eine seltsame und befremdende Begegnung, die so gar nicht in die Ordnung meiner bisherigen Gedanken passte. Wieder einige Tage später erreichte uns der heiße staubige Wind der unsichtbaren Sahara. Seemöwen und Raubvögel ließen sich von ihm tragen und begleiteten uns lange Zeit mit ihren Schreien.

Wie seltsam die Erde war, für fast alles bekam ich neue Begriffe, oder vielleicht auch füllte sich zum ersten Mal in meinem Leben Herz und Verstand mit Wissen, von dem ich früher nichts geahnt hatte. So ging es mir am Nikolaustag, den wir Kinder früher trotz blauer Nasen und kalter Füße immer so herbeigesehnt hatten, wenn wir da noch im Hemd mit nackten Füßen durch den Türspalt guckten, ob schon Nüsse oder Äpfel in den Schuhen waren. Winter und die Nähe von Weihnachten schickten uns kalte und wonnige Schauer über den Rücken, und hier auf dem Schiff war es so heiß an diesem Tag, dass wir uns nur unter aufgespannten Sonnensegeln auf dem Deck bewegen konnten. Ich war braun geworden, und ich dachte mit stillem Vergnügen an manche Leute in der Heimat, die sich darüber entsetzt hätten. Jeder Tag dieser Reise war ein Intervall der Freiheit, vieles war nicht mehr und das meiste, was kommen sollte, war noch nicht.

Dann kam der zweite Advent, und wie aus einer anderen Welt klangen mir die Worte des Prälaten Kapf, dessen Predigten ich in Stuttgart aufgeschrieben hatte und die ich nun gemeinsam mit den Brüdern las.

Wie seltsam doch die Erde war, die fernen Predigten unter der tropischen Sonne, die heimlich spottenden und lachenden Passagiere, und ich selbst weitab von allem auf einer ruhigen und gar nicht angreifbaren inneren Insel, auf der ich das Lob Gottes sang. Später war mir oft, als hätte ich in dieser Zeit einen großen Schatz gesammelt, von dem ich noch lange zehren musste. Aber dieser Vorrat war nicht unerschöpflich.

Am nächsten Tag sah ich zum ersten Mal in meinem Leben schwarze Menschen, die von einer Insel auf unser Schiff übersetzten. Vier der Negerinnen trugen in einem weißen Tuch Kinder auf dem Rücken, und ich bekam nun wirklich die niedlichen Negerkinder zu sehen, die ich mir immer erträumt hatte. Ganz unbefangen sahen große schwarze Augen in die Welt, die schwarzen Köpfe mit dem Kraushaar stachen wie gemalt von den weißen Tüchern ab.

So weit war es ganz gut, nur die Mütter gefielen mir weniger, die breiten Nasen und die wulstigen Lippen, die unaufhörlich schwatzten und lachten, bereiteten mir genauso viel

Unbehagen wie der strenge und scharfe Geruch, der von ihnen ausging.

Mit solchen Menschen wirst du leben müssen, sagte ich zu mir, solche Menschen lehrt der Mann, den du in wenigen Wochen heiratest.

Nachts wickelten sich alle in ihre Tücher wie Mumien und schliefen unbekümmert auf den nackten Planken des Decks.

Jetzt waren wir schon weit vor der ausladenden und sich rundenden Küste Afrikas, auch wenn wir das Festland nicht sahen, sondern nur einige verstreute Inseln. Vor der Mündung des Flusses Gambia lief das Schiff zuerst auf versteckte Klippen, dann auf eine Schlickbank, von der die Maschinen uns nur mit Mühe wieder flottmachen konnten. Zum zweiten Mal also erlebte ich einen Alarm und das Getrappel der Mannschaft, die alle Passagiere unter Deck schickte. Wir hörten die Rufe des Matrosen, der das Senkblei warf, um die Untiefen jede Minute auszuloten. Endlich kam ein Lotse an Bord, und am Vormittag warf das Schiff Anker.

Wie meistens saß ich mit den Brüdern zusammen, jeder erzählte etwas aus seiner Heimat, und oft genug hörte ich die Schmerzen heraus, die der Abschied zugefügt hatte. Vor allem der sonst so stille blonde Bruder Haas ließ, wenn es dämmerte, seine Gedanken zu Mutter und Schwester laufen, dass sein Mund davon überging. Ich sah, dass er die Sorgen für beide auch hierher mit sich trug und dass er fast zerrissen wurde von dem glühenden Begehren seines Missionsauftrages und dem Heimweh. Nur Bruder Heck schwieg, in seine eigenen unergründlichen Gedanken versunken, während Bruder Zimmermann freudig von seinen landwirtschaftlichen Plänen berichtete. Mich fragten sie nicht nach meinem früheren Leben, und ich war froh, dass ich ihnen nicht die Gründe für meine Heirat auseinandersetzen musste.

Ebenso froh war ich, dass die zweite englische Dame aus meiner Kajüte hier das Schiff verließ. Wir hatten so eng zusammen gelebt und waren doch so fern voneinander geblieben, und daran war nicht nur die Sprache schuld. Schön, kühl und abweisend, so war sie mir vorgekommen, aber ich hatte auch niemals versucht, hinter diese Fassade vorzudringen.

Wir lagen vor der englischen Stadt Bathurst, und an diesem Tag bekam ich eine neue Lektion über meine schwarzen Mitmenschen. In den Booten, die zu unserem Schiff herüber ruderten, saßen etliche halb nackte Männer, die vor unseren Augen recht roh miteinander umgingen.

Die Engländerin wurde mit ihrem Gepäck in eines der Boote gesetzt und fuhr ab, ohne uns noch eines Blickes zu würdigen. Auch die anderen beiden Boote legten ab, ohne auf zwei ihrer Gefährten zu warten, die eifrig auf dem Schiff mit Früchten zu handeln suchten. Sie schrien in ihrer Angst, bei uns zurückgelassen zu werden, und konnten nur durch zwei kräftige Matrosen daran gehindert werden, einfach über Bord zu springen. Ich wusste nicht, ob es hier Haie oder andere gefährliche Tiere im Meer gab, ich sah nur, wie die Neger in den Booten schadenfroh lachten und unbekümmert davon ruderten. Selten habe ich so böse und wutverzerrte Gesichter gesehen wie die der beiden Zurückbleibenden. Was sie riefen, konnten wir zum Glück nicht verstehen, wenn es Flüche waren, hätten sie damit das Meer austrocknen können.

Mittags kamen zwei englische Missionare der Wesleyaner an Bord, milde, bedächtige Männer auf der Suche nach Brüdern, denen sie ihre Schule zeigen konnten. Alle meine Mitbrüder ließen sich gern überreden, an Land zu gehen und baten mich inständig sie zu begleiten. Ich wäre lieber an Bord geblieben, denn vielleicht war dies die letzte Gelegenheit, noch einmal ganz allein zu sein vor der Begegnung mit Bruder Christaller.

Es ist wahr, ich hatte die Gedanken an ihn eher zurückgedrängt, als mich näher mit ihnen einzulassen. Bis wir übersetzen konnten, stand ich an der Reling und sah in die Unendlichkeit des Meeres hinaus, immer neu überwältigt von der eigenen Kleinheit in diesem riesigen Raum von Himmel und Wasser. In Gedanken ist die Erde lange nicht so groß wie in der Wirklichkeit, dem eigenen Tun und Begehren wurden immerfort neue Maßstäbe und Bedeutungen angelegt. Nun war mehr als die Hälfte der Reise vorbei, und das Ziel rückte mir nicht näher, sondern wurde eher zugedeckt von allen neuen Erfahrungen.

Manchmal, wenn einer der Brüder mir körperlich nahe kam, wenn Bruder Heck mich einhakte oder Bruder Zimmermann mir im Eifer der Rede die Hand auf die Schulter legte, suchte ich mir eine noch größere Nähe zu meinem unbekannten Bräutigam vorzustellen, es wollte mir niemals gelingen. Ich suchte mich damit zu beruhigen, dass er mein geistlicher Bruder sein würde wie die anderen auch, aber eine andere Stimme in mir machte dem stets sehr schnell ein Ende. So sehnte ich den Augenblick unserer ersten Begegnung genauso herbei, wie ich ihn fürchtete.

Aus diesen Gedanken riss Missionar Meadows mich heraus.

„Möchtest du nicht den Besuch an Land mit uns wagen?"

Er sprach sein Englisch langsam und sorgfältig, damit ich ohne Mühe alles verstehen könne. Es ist merkwürdig, wieviele Strahlen der Sanftmut und Liebe von einem Menschen ausgehen können, von dem Ton seiner Stimme und der Sprache seiner Hände. Er war nicht mehr jung, sein rostrotes Haar zeigte graue Streifen, aber davon wussten seine blauen Augen nichts, voll von einer inneren Freude, der ich mich nicht entziehen konnte. Ich verstand bald, warum er uns so gern die Schule, das Missionshaus und die Kapelle zeigen wollte. Sie barg etwas, worauf wir nicht gefasst sein konnten.

Wir gingen durch breite, gerade Straßen, auf denen die Füße im tiefen, heißen Sand versanken, auf dem abgestorbene Blätter unter unseren Tritten knisterten. Das Schulhaus hatte offenbar die gerade Ordnung dieser Straßen nachgeahmt, und auch innen saßen die Negerkinder aufgereiht auf geraden Bänken.

Sie lasen im Chor aus einem Buch, bei unserem Eintritt aber sprangen sie auf und riefen im Chor: „Welcome to our school!“

Das klang sehr lieb und gar nicht gezwungen, denn auf mein freundliches Nicken klatschten alle begeistert in die Hände.

Die nächste Stunde, die wir in der Kapelle verbrachten, werde ich nicht vergessen, solange ich lebe. Schön war es dort und heimelig mit der hölzernen Decke, die sich über uns wölbte und mit den bunten Glasfenstern, die dem Raum einen geheimnisvollen Schimmer gaben.

Nach einem gemeinsamen Gebet kamen auf leisen Sohlen viele große und kleine Negerkinder herein und fingen an, für uns zu singen, sachte und unauffällig von einem jungen Bruder dirigiert. Nur einmal in Stuttgart hatte ich solchen Figuralgesang gehört, aber diese Stimmen hier waren unvergleichlich viel schöner, Soprane so rein wie Wasser, Altstimmen, die die Farbe ihrer Sänger angenommen hatten, dunkel und warm. Sie hatten nicht die geringste Mühe mit dem kunstvollen Geflecht der Musik, und ihre Gesichter glänzten vor Freude, die gleichsam ihre dunkle Haut aufhellte.

Erst lange nachdem der Gesang verstummt war und die Kinder leise die Kapelle verlassen hatten, kam ich in die Gegenwart zurück. Ich fühlte, wie Bruder Meadows sachte seine kühle Hand auf meine legte und merkte erst jetzt, dass mein Gesicht nass von Tränen war.

Das staubige, gerade Bathurst auf der Ebene am Fluss Gambia wurde für mich zu dem Ort, an dem ein paar Abgesandte der himmlischen Heerscharen vom Goldstaub ihrer Gewänder zurückgelassen hatten.

Dann schließlich am 12. Dezember erreichten wir Sierra Leone, später als der Kapitän errechnet hatte, und für alle waren in der schon angebrochenen Nacht die Lichter des Leuchtturms ein willkommener Trost. Sobald wir im Hafen geankert hatten, strömten mit Booten viele Leute an Bord, solche, die nach Bekannten suchten, aber auch solche, die sich offenbar nur zum Stehlen aufgemacht hatten. Das war, wie man uns sagte, bei den bunt gewürfelten Bewohnern des Hafens schon eine lange Tradition, wogegen Kapitäne und Mannschaften immer radikaler vorgehen mussten. So wurden auch auf unserem Schiff zwei kräftige Matrosen zu beiden Seiten des Aufgangs postiert, um solche unliebsamen Besucher abzuwehren.

Ich schlief in dieser Nacht so ruhig wie schon lange nicht mehr. Kein fremder Mensch atmete in meiner Kajüte, während ich von den sanften Wellen des Hafens geschaukelt wurde.

Am nächsten Morgen erreichte uns eine Botschaft von Bruder Christaller, drei Monate alt und sicherlich nicht an mich gerichtet. Er war hier gewesen, zur Erholung wie ich hörte, und hatte damals an die deutschen nach Afrika reisenden Brüder einen Brief mit allerlei praktischen Ratschlägen hinterlassen. Zum ersten Mal sah ich seine schöne gestochene Schrift, zum ersten Mal aber begegnete mir auch seine ausführliche und umständliche Art, Sachverhalte auseinanderzusetzen oder andere Menschen anzureden. Alle sahen mich an, als dieser Brief besprochen wurde, alle erwarteten anscheinend von mir eine Äußerung dazu. Ich aber schwieg, betroffen von der so handgreiflich gewordenen Realität.

Dennoch erlebte ich in den nächsten Tagen eine sehr vergnügte Zeit, angefüllt mit Neuem und losgelöst von allen Beschwernissen.

Wir konnten etliche Tage an Land gehen, und der gleiche Neger, der uns Bruder Christallers Brief gebracht hatte, führte uns in das wenige Meilen entfernte Missionshaus. Ich hatte das Gefühl, ein ganz anderer Geist sei hier zu Hause als in Basel. Dort sprach man über die Mission, hier war sie und das in einer für mich ganz überraschenden Gestalt. Man hatte mir gesagt, Bruder Jones sei Amerikaner, aber ich hatte nie und nimmer erwartet, einen Schwarzen vor mir zu sehen, einen großen, breitschultrigen Mann, der bei unserem Kommen über das ganze Gesicht strahlte.

Er musste wohl meine Verwunderung gesehen haben, was aber sein Wohlwollen und seine Freundlichkeit nicht im geringsten änderte. Vielleicht hielt er weiße Menschen für eine genauso sonderbare Spezies wie ich bisher die Schwarzen. Er lud uns als Gäste in sein Haus auf einem Hügel, jenseits von Freetown, eine ziemliche Strecke vom Missionshaus entfernt. Die Brüder fuhren mit einem Boot an der Küste entlang, ich wurde als besonderer Ehrengast von Bruder Jones in einen Wagen gehoben, den er selbst kutschierte, meistens nur mit einer Hand, während seine andere mich auf das rege Leben zu beiden Seiten des Weges hinwies. Sein Englisch war ganz anders, als ich es in Deutschland gelernt hatte, und ich verstand nur sehr wenig. Aber worauf er mit Worten und Gesten hindeutete, verstand ich sehr wohl, als wir auf dem Hauptweg durch Freetown fuhren. Läden sollten das sein, diese armseligen Löcher in den Häuserwänden, in denen Tücher hingen oder eine Art Kochgeschirr aufgestellt war. Esswaren konnte man kaufen, die einfach auf dem Boden ausgebreitet lagen, umgeben von großen und kleinen Negern, als würden die auch zum Verkauf feilgeboten. Aber Bruder Jones machte mir klar, dies sei der Verkäufer mit seiner ganzen Familie. Ich dachte an die Königstraße, deren Läden jetzt zur Adventszeit festlich geschmückt waren, wo die Kinder ihre kalten Nasen an der Scheibe platt drückten vor den köstlichen Puppenhäusern, Pferdchen und Trommeln. Mir lief der Schweiß trotz meines großen Hutes in Strömen herunter, während die Neger zu beiden Seiten des Weges halb nackt herumliefen und viele der Kinder gar nichts anhatten.

Am Ende der Straße waren wir unversehens im Busch, aus dem nach einer Weile ein Dorf auftauchte, wenn man so etwas überhaupt ein Dorf nennen konnte. Es war vielmehr eine Ansammlung von so niedrigen Hütten, dass die Bewohner nur kriechend hineingelangen konnten.

„Mohammedaner", sagte Bruder Jones und ich hörte einen verächtlichen Unterton in seiner Stimme: „Trash." Was das Wort bedeutete, lernte ich erst viel später.

Es war ein großes Haus auf der Anhöhe, eingerichtet für Besucher, in der einen Hälfte wohnte Bruder Jones, in der anderen Bischof Wenk. Ein etwas kühlerer Wind wehte hier oben, der den Duft unbekannter Blumen mit sich trug. Das Haus hielt noch eine Überraschung für mich: Bruder Jones' Frau war weiß. Sie kam uns geschäftig auf der Veranda entgegen mit ausgestreckten Händen zum Willkommensgruß.

„Gott segne deinen Eingang, Schwester Emilie", sagte sie im schönsten Hochdeutsch, das ich je gehört hatte. Sie war aus Bremen und über die dortige Mission nach Afrika gekommen. Am Abend, als ich unter einem Moskitonetz schlaflos auf meinem Bett lag, ging ich in Gedanken den seltsamen Wegen der Menschen nach. Ich hätte mir früher nie träumen lassen, dass sie so kreuz und quer über die Welt verstreut wurden, sich an an einem fremden Ort trafen, um dort ein neues Werk zu beginnen. Wie würden die Kinder dieses Paares aussehen, wenn sie dann welche hätten, oder ob es überhaupt möglich war, dass sie welche bekämen. Später sah ich sie, solche Kinder von unseren eigenen Missionaren, braune Menschlein, die in keine Welt richtig gehörten.

Vier Tage konnte ich in diesem freundlichen Haus bleiben, während die Brüder abends ins Missionshaus zurückkehrten. Die Fröhlichkeit ging nicht nur von Schwester Jones aus, außer ihr lebte hier schon seit fünfzehn Jahren Schwester Frey, die seit ihrer Ankunft in Afrika nie wieder in ihrer Heimatstadt Bern gewesen war. Sie war es, die uns neben so vielen praktischen Ratschlägen dauernd zum Lachen brachte, denn sie hatte eine umwerfende Art, Leute zu karikieren, ohne jemals gehässig zu werden.

Hier aß ich zum ersten Mal eine Speise, die mir zuerst ganz gut schmeckte, die mir aber später in Akropong und Kyebi furchtbar zum Überdruss werden sollte. Jams nannten sie das

Gericht, eine Wurzel, die den Geschmack von Kartoffeln hatte.

Der Abschied von den Frauen fiel mir schwer, ihre ungeteilte Zuwendung, Liebe und Anteilnahme hüllte mich in eine Geborgenheit, wie ich sie kaum jemals erlebte hatte. Von Bruder Jones dagegen schied ich gern, denn ich konnte eine tiefe Verlegenheit ihm gegenüber weder ablegen noch verbergen, dazu war ich ganz sicher, dass er dies sehr wohl bemerkte.

Das Jahr ging zu Ende, die Reise ging zu Ende, am 18. Dezember landeten wir an der Küste Liberias in der Nähe der Stadt Monrovia, und dann zwei Tage vor Weihnachten hatten wir Cape Coast an der Goldküste erreicht.

Neger zu sehen war nun schon gar nichts Neues mehr für mich, hier allerdings erlebte ich zum ersten Mal, wie sie im Schutz der Küste mit ausgehöhlten Einbäumen herumfuhren, umschlugen, wieder auftauchten und lachend ihre spärlich bekleideten Leiber trockneten. Bruder Heck stand neben mir beim Betrachten dieses Schauspiels, das mich zugleich erheiterte und abstieß. Er allerdings sah so finster und abweisend aus, dass es mich doch verwunderte, zugleich schämte ich mich meines eigenen Lachens. Mir dämmerte, welchen unliebsamen Realitäten die Missionare sich zu stellen hatten, wenn sie ihre eigenen Grundsätze und Überzeugungen in ein so ganz anders geartetes Land trugen.

„Heiden", murmelte er, „so viele Heiden, wie sollen wir mit allen fertig werden."

„Vielleicht nicht mit allen", sagte ich, aber das war für Bruder Heck sicher kein Trost, ich spürte in diesem Augenblick zu gut den ungeheuren Anspruch unseres Unternehmens, vor allem, weil ich von meiner eigenen zukünftigen Tätigkeit nicht die geringste Vorstellung hatte.

Damals wusste ich nicht, dass in all dieser Zeit unserer Reise, auf der die ganze Welt in mich einfiel, Gottlieb in Erwartung unseres Schiffes unruhig hin und her reiste. Er kam von Akropong an die Küste, hörte von Schiffbruch und

Errettung, wusste noch nicht, außer meinem Namen, welche Braut ihm da entgegenkommen würde. Ich dagegen wusste nicht, wie kostbar Zeit für ihn war, wie er immerfort in dem Bewusstsein lebte, man dürfe sie nicht ungenutzt verstreichen lassen. Unrast ist das Wort, das ich später dafür fand, seine Art, stets von Anspruch und eigenem Ungenügen getrieben zu sein.

Als sich unsere Ankunft verzögerte, reiste er ins Landesinnere nach Abokobi und Tutu, besuchte kranke Brüder, wurde wie so oft vom Fieber heimgesucht und kam schließlich matt und zerschlagen kurz vor unserer Ankunft in Christiansburg an.

Am 22. Dezember rasselten zum letzten Mal auf dieser Reise die Ankerketten hinab, wir lagen vor British Accra und sahen zu dem Strand hinüber, an dem das Missionshaus lag und die Brüder uns erwarteten.

Wieder einmal war mir furchtbar übel, jetzt vor nicht zu unterdrückender Aufregung. Wir hörten den Salutschuss eines englischen Schiffes, und fast gleichzeitig legte ein Boot vom Ufer ab und steuerte auf uns zu. Neben mir hörte ich Bruder Haas ein „Gelobt sei Gott" murmeln, auf der andern Seite aber flüsterte Bruder Heck nahe an meinem Ohr: „Ich werde dich vermissen." Zum ersten Mal schmeckte dieses Du nicht mehr brüderlich, sondern ganz, ganz anders. Ich konnte darauf weder antworten noch ihn ansehen, auch er war mir vertraut und lieb geworden, und dieser Abschied traf mich nun ganz unvorbereitet.

Das Boot war inzwischen nahe herangekommen, die Neger darin waren nicht etwa halb nackt, sondern nach europäischer Mode gekleidet, sehr unpraktisch für eine Bootsfahrt, wie ich sehen konnte.

Sie brachten einen Brief von Bruder Locher, der die Missionsstation in Christiansburg leitete. Wir seien so sehr willkommen, schrieb er, und Bruder Christaller warte schon seit einigen Tagen.

Mein Herzklopfen war schlimm und schmerzhaft, am

liebsten hätte ich den Bug des Schiffes wieder in Richtung Heimat gekehrt oder mich unsichtbar gemacht, denn alle sahen mich an, als erwarteten sie einen freudigen Ausruf. Aber ich war stumm, mein zugeschnürter Hals erlaubte mir kein einziges Wort. Wollten wir landen, mussten wir mit dem kleinen Surfboot durch die Brandung, deren große Brecher wie zornige, schaumbedeckte Tiere übereinander stürzten. Auch unser großes Dampfschiff wurde vom Sog und Zug der Wellen erfasst und lag ganz und gar nicht ruhig im Wasser, sondern neigte sich beängstigend schräg einmal nach der einen, dann wieder nach der anderen Seite. Unsere auf dem Deck aufgestapelten Gepäckstücke rutschten hin und her und mussten in fliegender Eile vertäut werden.

Wollte man aber von der Schiffstreppe auf das kleine Boot hinüber, so blieb nur ein Sprung über das braune, unruhige Wasser. Ich hätte meine Röcke wahrhaftig weit hinaufziehen müssen, um das fertigzubringen. Aber unser forscher und tatkräftiger Kapitän ersparte mir das. Er umschlang mich fest mit einem Arm und machte mit mir einen großen Satz auf das Boot hinüber. Zwei der Neger fingen mich auf und setzten mich auf eine Bank, dann sprangen nacheinander die Brüder herüber, während der Kapitän längst zurück war und ich ihm gar nicht mehr danken konnte. Wieder spürte ich die unbändige Kraft des Wassers, das uns mit der Brandung an den Strand spülte.

Und da standen sie alle außer dem einen, den ich zu sehen erwartet hatte. In den Minuten, ehe ich den Fuß ans Land setzen konnte, gerieten meine Gedanken heillos durcheinander, ich suchte, welcher von den Männern mein Bräutigam sei, aber der mich dann mit einem Schwung aus dem Boot hob und in die Arme schloss, war Bruder Locher, ein Mann mit hoher Stirn und schwarzem Bart.

„Willkommen in deiner neuen Heimat, Schwester Emilie“, rief er so voll Freude, dass ich meine eigene Angst beinahe vergaß. Aber nicht für lange, denn er nahm mich bei der Hand, führte mich in seine Wohnung, wo ein Zimmer für mich bereitet war.

„Hier“, sagte Bruder Locher, „kannst du dich ausruhen, in einer halben Stunde schicke ich dir Bruder Christaller“, und ging. Ich kämmte mein Haar, wusch mein Gesicht, dann saß ich mit gefalteten Händen auf dem weißen Bett und wartete.

Das Warten auf den Tod kam in Wellen, zuweilen rückte er nahe heran, dann entfernte er sich wieder, bevor die letzte Nacht ihres Lebens anbrach. In der schnell wachsenden Dunkelheit suchten die Vögel mit Geschrei ihre Schlafplätze, die Zikaden vereinigten sich zu einem großen Crescendo, ehe sie urplötzlich verstummten. Emilie fühlte Gottliebs Hände, die ihr das verklebte Haar aus der Stirn strichen, diese Hände, die so oft in drängender Begierde ihren Körper berührt hatten und jetzt nur noch hilflose und angstvolle Gebärden kannten. Sie wollte den Kopf heben, aber die Kraft reichte nur dazu, die Augen zu öffnen und seinem nahen forschenden Blick zu begegnen.

„Du darfst nicht sterben“, flüsterte er, „ich brauche dich, denk an die Kinder.“

Sie wusste kaum noch, dass sie Kinder hatte, ihre Namen und Gesichter waren irgendwo im Dunkeln verschwunden, nur eine Stimme hatte sie in den letzten Tagen zuweilen gehört, die sagte: „Adieu, Mama.“ Das war Gottreich, der älteste Sohn, der hatte diese Worte vor Äonen gesprochen, in einer ganz anderen Welt.

Sie mochte Gottliebs Blick nicht standhalten, er machte ihr den Abschied so schwer.

„Durst“, murmelte sie, damit er weggehe und ihr zu trinken hole.

Schwester Eisenschmid kam herein, faltete die Hände und betete, was sie so oft zusammen gebetet hatten:

„Wenn ich einmal soll scheiden,
so scheide nicht von mir;
wenn ich den Tod soll leiden,
so tritt du dann herfür,
wenn mir am allerbängsten
wird um das Herze sein,

so reiß mich aus den Ängsten
kraft deiner Angst und Pein.“

Emilie lächelte, aus der Angst gerissen werden, oh ja, das war schön, aus der Angst dieses Lebens, nicht aus der vor dem Tod.

Als es leise an der Tür klopfte, stand ich auf, langsam und mit eiskalten Händen, und es dauerte etliche Sekunden, bis ich „Herein“ sagen konnte. Da kam er, mein Bräutigam, schloss umständlich und leise die Tür hinter sich, ehe er meine Hände in seine nahm.

„Willkommen im Namen des Herrn“, sagte er mit einer leisen, angenehmen Stimme. Ich zwang mich, ihm in die Augen zu sehen, die fast auf gleicher Höhe mit meinen eigenen waren. Braun und milde sahen sie mich an aus einem stillen, gesammelten Gesicht, ich hatte das Gefühl, er wolle mich auf keine Weise erschrecken. Ein schönes, aber kein heiteres Gesicht unter dunklen Locken, mit hoher Stirn und einem breiten, beweglichen Mund, der jetzt zaghaft zu lächeln versuchte.

„Grüß Gott“, sagte ich leise nach schwäbischer Art, da wurde sein Lächeln hell und freundlich, und auf einmal war er mir gar nicht mehr fremd.

„Ich habe deine Schwester Gottliebin in Waiblingen gesehen“, sagte ich, um den dünnen Faden zwischen uns schnell enger zu knüpfen, und es schien, als hätte ich nichts Besseres sagen können.

„Oh ja“, sagte er, „sie schrieb mir davon“, und dann war es auf einmal ganz leicht, über gemeinsame Bekannte in der Heimat zu sprechen und denselben heimatlichen Grund zu spüren, von dem wir beide kamen.

Wir blieben nicht lange allein. Gottlieb nahm mich bei der Hand und führte mich zurück in den Kreis der Brüder, die mit mir gereist waren, die mich einer nach dem anderen umarmten und mir Glück und Segen wünschten.

Wir feierten Weihnachten in Christiansburg mit allen Brüdern, denn Akropong hätten wir vor dem Fest nicht mehr erreicht, dorthin wären wir zwei Tage unterwegs gewesen. Doch der Aufbruch verschob sich länger, als wir wollten, Gottlieb bekam Fieber und ich den Vorgeschmack dessen, was auch ich früher oder später würde erleiden müssen. Es erschreckte mich, ihn so zu sehen, schweißgebadet und mit glasigen Augen. Ich durfte ihn mit Schwester Locher zusammen pflegen, ihm nasse Tücher auflegen und den Kopf beim Trinken stützen.

Dennoch war Weihnachten ein fröhliches Fest, wenn ich auch gleich mitten in eine sehr traurige und bedrückende afrikanische Wirklichkeit hinein geriet.

Christiansburg hatte ein großes Missionshaus, sonst hätten wir gar nicht alle unterkommen können. Fest und breit stand es, umgeben von Negerhütten, und dort mochte wohl einmal blühendes und lautes Leben gewesen sein. Als ich dieses Dorf sah, herrschte darin Grabesstille, denn die Hütten waren nur noch Ruinen. Ragende Wände, eingedrückte Dächer, zerfetzte Bäume, Tierskelette und ein ausgetrockneter Brunnen, mehr war nicht übrig.

„Wie ist das gekommen?" fragte ich Gottlieb, „wo sind die Menschen?"

„Das waren die Engländer", antwortete er, „vor zwei Jahren haben sie vom Fort aus das Dorf beschossen, weil die Neger die Steuern nicht mehr bezahlen wollten. Dies hier ist englisches Protektorat, aber davon verstehen die Neger so gut wie gar nichts, sie finden die weißen Menschen eher lästig."

„Die Missionare auch?", fragte ich schnell. „Und warum bauen sie das Dorf nicht wieder auf?"

„Oh ja", sagte er langsam und mit einer gewissen Verlegenheit, „uns finden sie manches Mal auch lästig. Das Dorf bauen sie deshalb nicht wieder auf, weil sie glauben, die Geister der Verstorbenen schwebten darüber hin und her. Sie fürchten sich."

„Sind viele umgekommen, und die übrigen, wo sind sie?“

„Ja“, sagte Gottlieb, „es sind viele umgekommen, die Überlebenden sind nach Norden gezogen zu den Asantestämmen. Seitdem machen uns die Fetischpriester wieder mehr zu schaffen.“

Fetischpriester, das hörte ich nun zum ersten Mal, aber später geriet ich mit ihnen sehr eng und unheimlich in Berührung.

Einen Tag ehe wir aufbrechen wollten, erreichte uns eine traurige Nachricht. Im Postdampfer von Amerika war ein Brief an die Missionsbrüder, der den Tod Gottlieb Münzenmeiers anzeigte.

Mir war es seltsam und schmerzlich, wie sich so aus der Ferne unsere Wege noch einmal kreuzten, sein Ende und mein Anfang im Missionarsleben.

Jetzt stellte sich heraus, dass auch Gottlieb ihn gekannt und geschätzt hatte, und wir beteten zusammen für den Toten.

Am Montag nach dem Christfest machten wir uns morgens um fünf Uhr auf den Weg nach Akropong. Was für eine Reise, es war meine Einweihung und Feuertaufe für Afrika. Wir gingen als Weiße nicht zu Fuß, es war zu heiß. Der schmale Pfad, wenn es denn einen gab, führte durch Busch, Heide, Wald und Wasser. Die Neger gingen barfuß, Gottlieb und ich wurden in Hängematten getragen, das Gepäck schleppten andere auf dem Rücken.

Ein Tuch an Stangen befestigt, hinter dem Kopf ein Kissen, da schaukelten wir über den Boden wie in einer Wiege oder auf einer Bahre, nur dass es nicht immer sanft und gemessen zuging. Hätte ich nicht Übung im Seegang gehabt, wäre mir sicher wieder furchtbar übel geworden. Trotz ihrer Last redeten die Neger schnell und viel oder lachten, für mich klang es nicht anders als das Geräusch von Wasser oder die undefinierbaren Laute einer Herde Tiere. Ich bewunderte Gottlieb, wenn er in ihrer Sprache etwas zu ihnen sagte, wenn sie ihn verstanden oder er ihre Antworten richtig deutete. Ich war sicher, ich würde diese Sprache niemals begreifen.

Aber auf dieser meiner ersten Reise durch den Busch hatte ich wahrhaftig andere Schwierigkeiten. Wenn der Pfad abschüssig oder steil war, hätten meine Träger mich mehr als einmal fast ausgekippt, und wenn ich „Vorsicht!" rief oder „Nicht so schnell!", so verstanden sie mich nicht und grinsten nur mit weißen Zähnen.

Ich war froh, als wir am Vormittag ein Dorf erreichten, in dem die Träger rasten und essen sollten. Uns stellten sie mitten auf dem Dorfplatz ab, und schon kamen von allen Seiten die Einwohner herbei, um mich zu betrachten, denn eine weiße Frau war hier eine Seltenheit. Vor allem die Frauen zogen einen engen Kreis um mich, berührten mein Kleid und gaben mir die Hand. Gottlieb sprach mit ihnen, und viele schienen ihn zu kennen. Meine Not aber wuchs, denn seit wir am frühen Morgen aufgebrochen waren, hatte ich keine Gelegenheit gehabt, an einem verschwiegenen Ort zu verschwinden, auch genierte ich mich vor meinem Bräutigam, und mochte ihn nicht fragen.

Waren diese schwarzen Frauen auch noch so laut, neugierig und zudringlich, so hatten sie doch eine Gabe, die ich später noch oft bewundern konnte, sie verstanden nämlich die Sprache meines Körpers sehr wohl. Lachend nahmen zwei mich bei der Hand und zogen mich zu einem geschützten Platz hinter ein paar dichten Büschen. Da sie aber Anstalten machten, mir bei dem, was ich tun musste, zuzusehen, scheuchte ich sie mit beiden Händen fort, wie man es mit Hühnern und Gänsen macht.

Gottlieb errötete verlegen, als ich wieder zum Vorschein kam, sagte aber nichts. Dies war der erste Akt in einer Schule der Annäherung, die uns später noch viele andere Dinge auferlegte.

In Abokobi, wo wir gegen Mittag anlangten, lernte ich Bruder Steinhauser kennen. Seltsam war das, diese Kette der Missionare, die mich immer tiefer in das Land hineinführte und an der man sich gleichsam festhalten konnte in Form von gastlicher Aufnahme und gemeinsamen Gebeten. Wir brachen erst nach der größten Mittagshitze wieder auf.

Und auf diesem Weg, der im wahrsten Sinne über Stock und Stein ging, bekam ich meine dritte Lektion über meine schwarzen Mitmenschen. Der Weg ging jetzt steil bergauf, und kaum waren wir eine kurze Strecke vorwärts gekommen, setzten meine beiden Träger mich unsanft auf den Boden und bedeuteten mir, auszusteigen und zu Fuß zu gehen. Obgleich mir sechs Träger zugeteilt waren, die abwechselnd meine Hängematte trugen, mochten sie nun lieber ohne Bürde gehen und machten sich gar nichts daraus, mich in meinem Kleid mit dem langen weiten Rock mir selbst zu überlassen. Ich war allein mit den Negern, denn Gottlieb war in seinem schaukelnden Behältnis ein ziemlich weites Stück hinter uns. Ich mühte mich unbeholfen und schwitzend ab, ohne recht vorwärts zu kommen, als ich zu meiner ungeheuren Erleichterung Gottlieb mit seinen Trägern herannahen hörte. Jetzt lernte ich einen anderen Mann kennen als den, der mir am ersten Tag gegenüber getreten war. Alle Milde verschwand blitzartig aus seinem Gesicht beim Anblick meiner Mühsal. Er bedeutete seinen Trägern, ihn abzusetzen und herrschte in rollendem Otschi die an, die mich hätten tragen sollen. Ich verstand zwar kein Wort, aber die Bedeutung seiner Rede war auch ohne das nur zu deutlich. Das Lachen und Schwatzen verstummte ganz und gar vor Gottliebs sprühenden Augen.

„Es tut mir leid, meine Liebe“, sagte er zu mir in einem ganz anderen Ton, „sie sind oft eine träges und böses Pack, selbst wenn wir ihnen eine Menge Geld bezahlen.“

Ich schwieg beschämt, dass ich mir nicht selber hatte helfen können. Von da an setzten sie mich nicht mehr ab, sondern trotteten wortlos den Berg hinauf und wieder hinab. Hier hätte ich auch um alles nicht zu Fuß gehen wollen, denn zuerst kamen wir an einen Sumpf, der zwischen verworrenem Strauchwerk brodelte und Blasen warf, dann mussten wir wieder aufwärts an einem Wasserfall entlang ohne Weg und Steg.

Später gab es einen engen Pfad, kaum zu durchdringen, sodass mir fortwährend die Zweige ins Gesicht schlugen und ich genug zu tun hatte, meine Augen zu schützen und mich bei all dem Geschaukel festzuhalten. Mir kam es unwillkürlich in den Sinn, wie dieser Weg dem Leben des Christen glich mit Dornen, Steinen und Felsenklüften über Berg und Tal. Und doch musste ich wieder lachen über mich selbst, dass ich so geneigt war, nur die Schwierigkeiten zu sehen statt des vielen Schönen, das ich bis hierher erlebt hatte.

Es war schon ein gigantischer Sturz in eine andere Welt, so wohl geordnete Wohnstätten wie Stuttgart, Basel oder gar das kleine Waiblingen schienen fast nicht mehr wirklich oder denkbar.

Abends um fünf langten wir schließlich in Abude an, einer ganz kleinen Missionsstation inmitten eines Negerdorfes. Ich war so zerschlagen, als hätten große Hände mich den ganzen Tag durch eine Walkmühle gedreht. Meine Träger aber paradierten durch das Dorf, als hätten sie aus eigener Kraft einen kostbaren Schatz gefunden. In dieser Nacht schlief ich fast gar nicht, denn das Missionshaus war nicht mehr als eine größere Hütte auf Pfählen, in der ich als einzige Frau ein Lager hinter einem Vorhang bekam.

Bis in die Morgenstunden tönten von draußen die Trommeln und das Singen, dass schließlich mein Kopf im Rhythmus der dumpfen Schläge hämmerte. Ich sehnte das Ende der Reise herbei und hätte gern so praktische lockere Gewänder gehabt wie die Negerfrauen, die von keiner Hitze beschwert schienen.

Dann endlich am anderen Tag kam die letzte und leichtere Wegstrecke nach Akropong. Ich hatte bisher auf der Reise nicht viel mit Gottlieb gesprochen, nur manchmal seine Blicke aufgefangen, die meine Stimmung oder mein Befinden abzuschätzen suchten, die aber von ihm selber so gar nichts preisgaben. Einen Fortschritt hatte er allerdings gemacht, bei jeder Rast oder jedem Aufenthalt sorgte er zuerst direkt oder indirekt für meine Bedürfnisse, und das erweckte in mir den ersten Strahl der Liebe für diesen sonst so unbekannten und fremden Mann.

Der letzte Abschnitt des Weges vor Akropong glich einem Triumphzug, denn nicht nur der Katechet von Abude begleitete uns mit seiner ganzen Familie, auch zwei Brüder, die dort übernachtet hatten. Dazu schlossen sich immer mehr Neger dem Zug an, sodass wir schließlich eine Gruppe von mindestens vierzig waren.

Die Trommeln in der Nacht mussten noch eine andere Aufgabe erfüllt haben, denn weit vor Akropong fanden wir einige schwarze Zöglinge, die uns ein deutsches Lied entgegensangen, und etliche der Geschwister, die uns auf einer Anhöhe erwarteten. Wieder kam Leben in meine Träger, die nun wie Tänzer in die Mitte des Dorfes sprangen, wo sie mich absetzten. Gottlieb stieg aus seiner Hängematte, fasste mich an der Hand und zog mich zu den Brüdern und Schwestern dieser großen Missionsstation. Mader und Zimmermann, der Bruder dessen, der mit mir gereist war, alle mit ihren Frauen – ich geriet in einen wahren Schwall von Umarmungen, Willkommensgrüßen und Liedern, die von den Negerkindern gesungen wurden, dass ich selber gar keine Worte fand. Da war ich nun am Ziel meiner ersten großen Pilgerreise, an einem fremden Ort, den ich fortan meine Heimat nennen sollte, wie lange, wusste ich wahrhaftig nicht.

Und während alle so durcheinander sprachen, fragten und mich betrachteten, musste ich plözlich an das Ende unserer irdischen Pilgerfahrt denken, an die Ruhe und den Glanz, der uns dann umgeben würde. Ich weiß nicht, warum dieser Gedanke mich gerade jetzt so mit Gewalt überfiel an einem Tag, an dem alles erst anfing und nicht endete.

Bis zu unserer Hochzeit, die am Ende des Monats gefeiert werden sollte, kam ich in die Obhut der Frauen, und wieder kreuzten sich erst hier in der Fremde die Wege, die in der Heimat so nahe beieinander gelaufen waren.

Alle kamen sie aus meiner Heimat, aus Winnenden und Korntal, und die vertraute Mundart klang mir lieb in den Ohren.

Vor allem Schwester Mohr, beredt, freundlich, seit vielen Jahren mit afrikanischen Verhältnissen vertraut, nahm mich energisch und ganz selbstverständlich in ihre Fürsorge und Leitung.

Die ersten Tage in Akropong verwirrten mich. Ich kam in ein geordnetes Gemeinwesen, in dem jeder seine Aufgabe hatte, nur ich nicht. In Mohrs Familie kam es mir anfangs fast vor wie zu Hause mit den vier Kindern am Tisch. Doch ich war weder ihre Schwester noch ihre Tante, sie musterten mich mit großen Augen, selbst während des Gebetes vor dem Essen stahlen sich die Blicke unter den niedergeschlagenen Wimpern hervor. Dann aber zerstreute sich der Haushalt, Bruder Mohr schritt mit ernster Miene zum Unterricht seiner Zöglinge, Schwester Mohr verschwand in die Nähschule, wo zwanzig oder mehr Mädchen auf sie warteten. Gottlieb war in wiederholter Konferenz mit Dieterle und Mader, und ich bekam ihn in diesen Tagen erst nach der Mittagsmahlzeit zu Gesicht. Dann ging er mit mir in der Allee, die an den Häusern der Station entlangführt, ein Stück spazieren, bot mir auch recht unbeholfen seinen Arm und erzählte mir von seiner Arbeit. Außer dieser festgesetzten Stunde hatte ich Zeit genug, ziellos zwischen den Häusern herumzuschlendern, bis an den Rand der Station, wo dichtes, dorniges Strauchwerk wuchs.

Vielleicht war mir diese Begrenzung ganz heilsam, sonst hätten sich meine Wege leicht in Gegenden verloren, vor denen nicht nur Gottlieb mich gewarnt hatte. Ebenso wie meine Schritte wanderten meine Gedanken bei diesen Gängen, es wanderten meine Augen und saugten das Fremde auf, dessen Sinn ich oft noch gar nicht verstand. Ich verstand es so wenig wie die Sprache, die mich von allen Seiten umgab und in der Gottlieb sich so selbstverständlich bewegte wie in seiner eigenen. Auch Schwester Mohr redete mit den schwarzen

Mädchen, zu denen sie mich am dritten oder vierten Tag mitnahm, als wäre gar nichts Besonderes dabei. Ich konnte noch nicht einmal die vielen Gesichter unterscheiden, die für mich alle gleich aussahen. Sie lachten und kicherten, während wir durch ihre Reihen gingen, bis wir bei einer stehen blieben, die eine so ungeschickte und krumme Naht gemacht hatte, dass ich es nicht ansehen konnte. Schnell hatte ich die schlechte Arbeit aufgetrennt und reparierte mit feinen, exakten Stichen den Schaden. Als meine rechte Hand müde wurde, weil ich zuweilen noch Schmerzen an dem verletzten Daumen hatte, nahm ich die Nadel in die linke und nähte weiter. Das hatte ich von jeher gekonnt, und so verstand ich gar nicht die Entzückensschreie der Mädchen.

„Bravo", hörte ich Schwester Mohr ausrufen, „besser hättest du dir hier keinen Respekt verschaffen können. Sie werden dir in Zukunft aufs Wort gehorchen."

Ich hatte wahrhaftig nichts dergleichen im Sinne gehabt und gab schweigend dem Mädchen die Arbeit zurück. Mir wurde allerdings klar, was hier in der Zeit meines Aufenthaltes von mir erwartet wurde, und ich kann nicht sagen, dass es mir besonders gefiel. Ich trug nur meine Geschicklichkeit von einem Land in das andere und ohne dass ich den Nutzen davon einsah, aber vielleicht kam das später.

Mit Gottliebs oder der missionarischen Tätigkeit der Brüder hatte es jedenfalls wenig zu tun, und irgendwie fühlte ich meinen christlichen Eifer entleert und betrogen.

Meine Gesundheit war gut im Gegensatz zu manchen Brüdern, die bei ihrer Ankunft sofort vom Fieber überfallen wurden und sich nie mehr richtig erholten.

Eine Woche vor unserer Hochzeit überkamen mich die üblichen Bauchschmerzen völlig außer der Reihe. Schwester Mohr tröstete mich, das käme vom ungewohnten Klima und hätte weiter nichts zu bedeuten. Das mochte ja sein, ich hoffte nur innig und dringlich, an unserem Hochzeitstag möge alles vorbei sein, wenn ich auch nicht so genau wusste, was da auf mich zukam.

An dem gleichen Tag hatte ich noch eine weitere Prüfung zu bestehen.

„Wir müssen den König Akuro besuchen, bevor wir heiraten“, sagte Gottlieb am Morgen zu mir, „er ist zugleich der große Fetischpriester dieser Gegend. Es ist besser, er hat von Anfang an eine freundliche Beziehung zu dir.“

„König?“, fragte ich verwundert. „Ist er mächtig, hat er die Herrschaft über dieses Gebiet?“

„König ist vielleicht etwas übertrieben“, sagte Gottlieb, „es gibt hier und weiter nach Norden viele verschiedene Stämme der Asante, deren Häuptlinge sich alle Könige nennen. Wie mächtig dieser hier ist, wissen wir selbst nicht so genau, jedenfalls tut man gut daran, vorsichtig zu sein, wenn es Unruhen unter den Stämmen gibt. Aber du brauchst keine Angst zu haben, ich habe unseren Besuch angekündigt, und er wird sehr freundlich zu dir sein.“

Angst, nein, Angst hatte ich nicht, nur hundert Fragen, die ich aber nicht mehr stellen konnte, da Gottlieb zum Aufbruch drängte. Es war nur ungefähr eine halbe Stunde zu Fuß über einen ganz gut gebahnten Weg, bis wir zum Haus dieses Königs gelangten. Kurz zuvor aber sahen wir eine schöne glatte Lichtung und mitten darin einen großen einzelnen Baum, darunter eine Art Hütte. Die war nach drei Seiten offen und diente, soviel ich das sehen konnte, als Dach und Schutz für einen großen eisernen Kessel.

„Das ist der Fetischbaum“, sagte Gottlieb leise, „und aus dem Kessel ziehen sie ihre Prophezeiungen.“

Ehe ich noch etwas fragen konnte, kamen zwei Frauen auf uns zu, gerade und stolz in wunderbar farbigen Gewändern, die eine trug auf dem Kopf einen Krug, die andere hatte einen Becher in der Hand.

„Er tut dir große Ehre an“, flüsterte Gottlieb, „das sind zwei seiner Frauen, die er uns mit einem Trunk entgegenschickt.“

„Hat er denn mehrere?“, fragte ich zurück.

„Natürlich hat er mehrere?“, sagte Gottlieb schnell, „aber sei still jetzt und trink, was sie dir reichen.“

Ich tat, wie er mir befahl. Es schmeckte nach säuerlichen Früchten, leicht gegoren und prickelnd, aber gar nicht schlecht.

Achtung vor den Boten einer fremden Macht, schoss es mir durch den Kopf, und ich fragte mich, da ich es laut nicht durfte, wie weit das Ausmaß der gegenseitigen Toleranz und Freundlichkeit ging. Ich wusste, dass sie gegen die Fetischpriester predigten in den Dörfern, und ich wusste auch, dass Gottlieb diese Art der Religion für ganz und gar schlecht, verwerflich und nutzlos hielt.

Der König empfing uns stehend in einem großen Raum seines Hauses, auch er angetan mit einem farbenfrohen, wallenden Gewand. Sie sprachen in Otschi miteinander, auch Gottlieb verfiel in diesen schnellen, singenden Fluss der Rede, ohne zu stocken, ich dagegen neigte nur schweigend den Kopf zur Begrüßung. Zu meinem größten Erstaunen wurde ich zu einem Plüschsofa geführt, das aus dem Vorrat einer reichen Familie in der Heimat hätte stammen können, und es standen noch mehrere solche Stühle an den Wänden.

Akuro und die Frauen hatten meine Blicke aufgefangen, aber Gottlieb sagte mit zusammengezogenen Brauen schnell und leise: „Lach bloß nicht, er ist sehr stolz auf seine europäischen Errungenschaften.“ Ich lachte nicht, sondern strich sachte mit der Hand über den Plüsch, was die Frauen mit beifälligem Lachen und Nicken beantworteten.

Zum Glück blieben wir nicht lange, und zu meinem noch größeren Glück wurde uns nichts zu essen angeboten. Mein Magen ließ sich so schnell in Unordnung bringen, wie ich inzwischen wusste, vielleicht hatte ich auch zu abenteuerliche Vorstellungen von den Essgewohnheiten der Schwarzen.

Auf dem Rückweg wollte ich Gottlieb all die Fragen stellen, die mir auf dem Hinweg nicht mehr gestattet waren. Aber es schien, mein Bräutigam hielt nicht viel von meiner Wissbegier über Fetischbäume und die fremde Welt der schwarzen Könige.

„Das wirst du mit der Zeit schon noch lernen“, sagte er

einfach und stimmte im Gehen den Choral an, den er als Leitfaden für unsere Hochzeit ausgesucht hatte: „Jesu, geh voran auf der Lebensbahn." Was blieb mir übrig, als in den Gesang einzustimmen und meine Gedanken auf das Fest zu richten.

Viel mehr als meine Gedanken musste ich gar nicht darauf anwenden, denn Schwester Mohr nahm alles andere ganz selbstverständlich in die Hand, mir überließ sie, herumzugehen und alle hiesigen Geschwister einzuladen. Das geschah am Nachmittag vor unserer Hochzeit, und als der Abend anbrach, war ich zwar frei von meinen Bauchschmerzen, dafür aber tauschte ich eine Aufregung ein, wie sie mich noch nie in meinem Leben überfallen hatte. Ich konnte am Abend nicht das Geringste essen, auch Worte wollten sich ganz und gar nicht mehr formen lassen. Schließlich stand Gottlieb auf, nahm mich bei der Hand und sagte: „Komm mit."

Er führte mich in das Zimmer, das wir gemeinsam bewohnen sollten und das ich bisher noch nicht gesehen hatte. Wohn- und Schlafbereich waren durch einen Vorhang getrennt, auf der einen Seite die schmalen Betten, eine Kommode, eine Waschschüssel und ein Spiegel, auf der anderen Bank, Tisch und Pult, auf dem schon allerlei Papiere lagen. Gottlieb kniete sich in die Mitte des kleinen Wohnraumes, zog mich zu sich herab und sagte: „Wir wollen beten."

Auf Trost und Ratschläge hatte ich gehofft, auf eine liebevolle Umarmung oder einen ersten zaghaften Kuss, so aber schob er unseren gemeinsamen Beginn auf eine ganz andere Ebene, auf der persönliche Sorgen keinen Platz hatten oder haben sollten.

„Jesus ist der erste und der dritte in unserem Bunde", fing er an, „auf ihn wollen wir alles werfen und ihm die Führung unseres Lebens überlassen. Sprich du auch, was dich bedrängt, so wirst du in Jesus Trost finden." Zuerst schwieg ich, da mein Atem so schnell und beklemmend ging und auch weil ich mich noch nie so schonungslos im Gebet vor anderen offenbart hatte, schon gar nicht vor dem Mann, mit dem ich morgen hier schlafen und leben sollte.

„Was ist", hörte ich Gottlieb neben mir, „hast du gar nichts zu sagen?"

Da sprach ich, weil mir nichts anderes einfiel:

„Jesu, geh voran
auf der Lebensbahn,
und wir wollen nicht verweilen,
dir getreulich nachzueilen,
führ uns an der Hand
bis ins Vaterland."

Dann fing ich an zu weinen und streckte blindlings die Hand nach ihm aus.

Da endlich rutschte er zu mir heran und legte die Arme um mich. So hockten wir eine lange Weile schweigend nebeneinander, bis Gottlieb schließlich flüsterte: „Du musst dich doch nicht fürchten."

Am nächsten Tag trug ich das einzige weiße Kleid, das ich mir zu diesem Zweck in der Heimat genäht hatte. Später habe ich es nie mehr angezogen, weil verheiratete Frauen auch in Afrika in Schwarz gingen, weil sich das einfach so gehörte und das Klima nur eine lästige Nebensache im Kampf um die Seelen war.

An einen Myrtenkranz hatte ich nicht gedacht, aber morgens kam Schwester Mader und setzte mir ihren seit der eigenen Hochzeit sorgsam gehüteten Kranz ins Haar.

Hauptsächlich schwarze Gesichter drehten sich in dem kleinen Kirchlein nach uns um, aber auch alle weißen Brüder und Schwestern aus Akropong und der Umgebung gaben uns die Ehre.

Bruder Widmann vollzog die Trauung, zu der Gottlieb den Text ausgesucht hatte: „Befiehl dem Herrn deine Wege und hoffe auf ihn." Mich hatte er ganz beiläufig gefragt, ob mir das recht sei, und ich konnte mir keine bessere Verheißung wünschen in diesem Land, in dem es für mich kaum eine andere Sicherheit gab als das Vertrauen auf den Herrn.

Bruder Widmann war lieb, wohlmeinend und fromm, aber ein großer Redner war er nicht. Ich spürte, wie seine stockenden Sätze die Geduld des Mannes neben mir auf eine harte Probe stellten. Nach und nach lernte ich, wie er selber so etwas als von Gott geschickte Prüfung ansah, dazu gemacht, seine mangelnde Geduld und sein aufbrausendes Temperament zu zügeln. An unserem Hochzeitstag wusste ich das noch nicht.

Die Nacht kam schnell. Kaum waren die Zikaden verstummt, bedeckte Finsternis das Land. Schwester Eisenschmid hatte ein Nachtlicht angezündet, darin war Emilies Gesicht ein heller Fleck. Gottlieb erschrak, denn über dieses Gesicht ging ein Lächeln, so ruhig und entrückt, dass beide dachten, Emilies letzte Stunde sei gekommen. Aber sie hatte noch lange zu wandern, noch einmal in den Morgen und den Mittag.

Sie wussten nicht, dass ihre Gedanken um die Hochzeit kreisten, um diesen einzigen Tag des weißen Kleides, das sie so gerne noch einmal und zum letzten Mal angezogen hätte. Aber jetzt, da alle Unschuld geschwunden war, ging das wohl nicht mehr, denn selbst der Körper wollte keine Unschuld und Reinlichkeit mehr bewahren, alle Säfte flossen aus ihm hinaus. Nur die vereinten Kräfte der Pfleger reichten aus, Emilie zu waschen und neu zu betten. Zuweilen spürte sie die Hände, die sie hochhoben und umkleideten. Sie allein wusste, woher das Leuchten und Lächeln auf ihrem Gesicht kam, sie war von der einen Hochzeit fortgeschritten zu einer anderen, deren Glanz kaum zu ertragen war.

„Das Lamm", flüsterte sie, „bete vom Lamm", und sie meinte die Hochzeit des Lammes, zu der sie gehen wollte in weißer Leinwand und wollte sein wie die, zu denen Er spricht: ‚Selig sind, die zum Abendmahl des Lammes berufen sind.'

Gottlieb aber konnte die Worte nicht finden, er weinte vor Erschöpfung und legte seinen Kopf auf die gefalteten Hände in hilfloser Trauer und Ergebenheit.

Das wurde noch eine lustige Hochzeit, auch wenn ich diese Art von Heiterkeit nicht mochte. Sie hatten Gedichte auf uns gemacht, in denen von Flügeln die Rede war, auf denen wir hoch hinaus fliegen würden, ehe wir wieder den Boden der Wirklichkeit erreichten. Es schien, als seien Gottlieb und ich die Einzigen, die nicht von dem allgemeinen Lachen angesteckt wurden. Wir waren wohl beide noch nicht mit unseren Gefühlen vom Boden losgekommen, er aus angeborenem Ernst, ich aus Angst und Unsicherheit.

Während wir das von Schwester Mohr angerichtete Essen verzehrten, feierten die Schwarzen draußen im Hof unter den Bäumen an langen aus Brettern und Klötzen aufgerichteten Tischen. Immer wieder schlug der Schwall ihrer lauten Reden und ihres Gelächters zu uns herein, und ich hatte das Gefühl, ich müsse einmal hinausgehen und mich allein mitten in diese schwarze Woge stürzen, um Abstand und Vorbehalte niederzureißen. Ich tat es nicht, an dem Tag und auch später nicht.

Nach dem Essen ging ich hinauf in unser Zimmer, legte den Kranz ab und wartete auf Gottlieb. Aber er kam nicht. Durch das Fenster sah ich ihn mit Bruder Mader auf und ab gehen, vertieft in ein von heftigen Gesten begleitetes Gespräch. Jetzt waren sie wieder bei ihren sprachlichen Streitpunkten zum Matthäus-Evangelium. Soviel hatte ich in der kurzen Zeit schon verstanden, dass Gottlieb sein besseres Verständnis und seine geistige Überlegenheit nicht einem anderen unterordnen mochte, wenn es um diese ihm so vordringliche Arbeit ging. Und ich wusste in diesem Augenblick auch, dass er erst am Abend, wenn es Zeit zum Schlafen war, seine Aufmerksamkeit auf mich richten würde.

Aufmerksamkeit, das ist wohl nicht das richtige Wort, ich bekam nach seiner ersten zaghaften Annäherung im dunklen Zimmer einen Sturzbach der Leidenschaft zu spüren, bei dem alle Dämme der Zurückhaltung brachen und mich verwirrt, zerschlagen und endlich wissend zurückließen.

Ich kann nicht sagen, dass es mir sonderlich gefiel, was sich da zwischen Mann und Frau abspielte, und ich begriff in dieser Stunde, warum meine Mutter nie mit uns darüber gesprochen hatte. Es war offenbar jeder Frau vorbehalten, diese Erfahrung selbst zu machen und dann ihrerseits darüber zu schweigen. Diese ersten Tage unserer Ehe lehrten mich noch etwas anderes. Sobald der Tag anbrach, verwandelte sich der Mann neben mir in ein anderes Wesen, angefangen vom ersten Morgengebet, nachdem wir uns gewaschen und angezogen hatten, allerdings nie einer in der Gegenwart des anderen. Wenn auch unsere Wohnung sehr begrenzt war, brachten wir das irgendwie fertig, und das war der zweite große Schritt der gegenseitigen Anpassung.

Einen Liebesdienst tat Gottlieb mir allerdings jeden Morgen, er schüttelte sorgsam das Kleid aus, das ich anziehen wollte, damit kein Ungeziefer mehr darin verborgen bliebe. Ich ekelte mich vor diesen kleinen Biestern, die es hier in großer Zahl gab und deren Namen ich nicht annähernd wusste.

Schon am ersten Morgen bekam ich eine lachende Lektion von Bruder Mohr über die Ameisen im Zucker und im Kaffee. Er löffelte unbekümmert beides, Zucker und Ameisen, in seine Tasse und fischte dann seelenruhig die oben schwimmenden Tiere heraus. Mein entsetztes Gesicht amüsierte ihn offenbar sehr, als er mich aufforderte, es ebenso zu machen. Von dem Tag an trank ich meinen Kaffee lieber ohne Zucker. Auch mit den anderen Tieren, die verborgen und offen in unserem Zimmer hausten, konnte ich mich nie abfinden, Gottlieb dagegen setzte sich gleichmütig darüber hinweg. Solche Dinge waren ihm einfach nicht wichtig, außer wenn die Papiere aufgefressen wurden, an denen er gerade arbeitete. Vornehmlich die Amseisen fraßen des Nachts, was sie kriegen konnten, Bücher, Kleider, Decken oder Schuhe. Sie kamen aus den Ritzen des Fußbodens und der Wände, und nur, was in stabilen Blechkisten verwahrt wurde, war vor ihnen sicher.

In mir wuchs sehr schnell die Erkenntnis, dass ich hier

keine echte Aufgabe hatte, außer die Gefährtin der Nacht zu sein, deren Gottlieb offenbar so dringend bedurfte. Worte konnten darüber zu niemandem verloren werden. So mühte ich mich, meine Umgebung zu erkunden und trug Schwester Mohr schüchtern und ohne große Hoffnung meine Hilfe in der Kinderschule und der Nähschule an, denn einen eigenen Haushalt hatte ich nicht zu versorgen. Kochen, Waschen und Putzen wurde von Schwarzen erledigt, wenn mich auch oft schauderte, wie das geschah.

„Oh ja“, sagte Schwester Mohr, „natürlich kannst du mir helfen, in der Kinderschule wird es allerdings schwierig sein. Wie willst du dich mit den Kindern verständigen?“ Da hatte ich es, meine Unwissenheit in der Landessprache machte mich untauglich, warum hatte ich nicht früher daran gedacht, aber früher, wann hätte das sein sollen?

„Gottlieb“, sagte ich bei einem Abendspaziergang, den er mir manchmal nach seiner Arbeit gönnte, „kannst du mich bitte in Otschi unterrichten, ich stehe hier hilflos den einfachsten Aufgaben gegenüber.“

Ich hatte gedacht, er würde freudig darauf eingehen. Stattdessen schwieg er länger als mir lieb war, dann sagte er: „Liebes Kind, ich bin eben so mit Arbeit überhäuft, Sammeln, Übersetzen, Diktieren, die Stunden mit David Asante, der mir hilft. Mach es wie Schwester Mohr, die hat sich nach und nach das Nötigste angeeignet, sie ist darin und in anderen Dingen für dich die geeignete Lehrmeisterin.“

Ich schluckte meine Enttäuschung hinunter und schwieg, denn ich war um etwas gebracht worden, was ich mir sehr gewünscht hatte, die geistige Gemeinsamkeit mit meinem Mann, und das nicht nur in den Gebeten und Andachten.

So rückte eins nach dem anderen an seinen alltäglichen Platz. Zu Gottlieb gab es zwei Punkte der Nähe, die körperliche des Nachts, die mir zwar nicht sein Wesen erschloss, sondern nur die Natur des Mannes, und die Nähe im Gebet, das wir täglich übten. Da ich nicht an seiner Arbeit teilhaben konnte, die vordringlich und hauptsächlich seine Tage ausfüllte, ging ich brav zu Schwester Mohr in die Nähschule, wo ungefähr dreißig Mädchen Kleider und Schürzen für sich und zum Verkauf anfertigten. Wenn ich über den Hof kam und den nach zwei Seiten offenen Raum betrat, grinsten sie freundlich und kicherten und fuhren dann in ihrer Arbeit fort. Ihre Gesichter verschwammen für mich zu einem großen schwarzen Reigen, angefangen von den jüngeren, die ungefähr zwölf sein mochten, bis zu den älteren, die ihre üppigen Formen nun in europäische Kleider zwängen mussten. Wie ich schnell begriff, war das ein Teil der Erziehung, jede Art von Nacktheit zu vermeiden und keinen Anreiz für die Versuchungen des Fleisches zu geben. Wie diese Versuchung und das nur für Eheleute Erlaubte aussah, wusste ich nun.

Sie machten es mir nicht schwer, und auch Schwester Mohr teilte mir gerne das zu, was ich besser konnte als sie. Sie überließ mir an einem großen Tisch das Zuschneiden, eine Arbeit, die bisher hauptsächlich ein schwarzer Schneider schlecht und ungenau gemacht hatte. So brachte ich die erste Woche des Februar damit zu, ein paar Worte zu lernen und ein paar Gesichter von den anderen zu unterscheiden.

Anyama fiel mir zuerst auf. Sie war zierlich, freundlich, aber furchtbar ungeschickt. Oft suchte sie meine Nähe am Zuschneidetisch und ließ nur zu gern die eigene, von Schweiß verklebte Arbeit an ihrem Platz liegen. Schwester Mohr ließ sie meistens gewähren, denn sie sah schon, dass auch ich Hilfe brauchte, mich unter den Gesichtern zurechtzufinden. Ich hatte es allerdings nicht so gerne, wenn Anyama eine der großen Scheren nahm und mich damit spielerisch nachzuahmen suchte. „Nein!“, oder „Lass das!“ waren die ersten Worte, die ich in ihrer Sprache lernte, aber es nützte nichts. Gerade an meinem Geburtstag schnitt sie sich tief in den linken Daumen und heulte laut vor Schreck und Schmerz, als das helle Blut den Tisch besudelte.

„Schnell zu Bruder Christaller“, sagte Schwester Mohr, wickelte einen sauberen Stoffrest um Anyamas Daumen und schubste uns beide in den Hof hinaus. Ich konnte gar nicht so schnell begreifen, was wir bei meinem Mann sollten, aber Anyama wusste es offenbar. Sie fasste meine Hand und zog mich zum Wohnhaus, wo ich Gottlieb in Maders Studierstube wusste, die neuerdings als Missionsbibliothek diente.

Das Mädchen stieß ohne zu klopfen die Tür auf und hielt ihre blutige Hand hoch. Jetzt lernte ich einen neuen Gottlieb kennen, von dem ich bis jetzt noch nichts gewusst hatte. Ohne Worte zog er einen Blechkasten hervor, nahm Verbandszeug heraus und versorgte Anaymas Daumen schnell und sachkundig. Erst als der Daumen sauber und fest verbunden war, fragte er: „Wie ist das geschehen?"

„Mit einer großen Schere am Zuschneidetisch", sagte ich.

„Du solltest besser aufpassen", ermahnte er mich, „denk immer daran, dass du die Verantwortung hast." Dann setzte er sich wieder an den Tisch und war in der nächsten Minute tief in seine Arbeit versunken.

Ich schluckte eine mögliche Antwort hinunter und zog Anyama auf die Galerie vor unserem Wohnzimmer. Dort begann ich mit ihr eine mühsame wechselseitige Sprachlehre, die ich jeden Tag fortzusetzen gedachte. Ich sah schon, es hatte keinen Zweck, sich in diesem Land auf die Hilfe anderer zu verlassen.

Anyama war zwölf, wie ich nach und nach aus ihr herausbrachte, als unsere gegenseitige Verständigung sich ein bisschen erweitert hatte. Vor ein paar Jahren schon hatte Bruder Mohr sie ihren Verwandten abgekauft, da sie sonst einem reichen Herrn als Sklavin hätte dienen müssen. So war das hier. Nicht nur die Weißen verschleppten und verkauften die Menschen dieses Landes, auch die Eingeborenen selbst betrieben ein ausgedehntes System von Verkauf und Versklavung. Schulden trieb man nicht in bar ein, sondern beanspruchte die Arbeit dessen, der die Schulden hatte. Wenn er starb, erbten die Nachkommen Schuld und Sklaverei.

Gottlieb lächelte nachsichtig, als ich ihm nach einiger Zeit meinen neuen Wortschatz vorsichtig offenbarte, verbesserte aber geduldig meine Aussprache, die mit Singsang und Tonfall den Sinn der Worte, mehr als durch eine feste Grammatik, bestimmte.

Aber auch seine Kritik war nicht fern, leider, wie er überhaupt durch seine oft unverblümt geäußerte Meinung seine Brüder vor den Kopf stieß.

„Binde das Mädchen nicht zu sehr an dich", sagte er, „sie soll nicht auf Menschen, sondern auf Gott und den Heiland vertrauen."

Was für ein Land, in dem menschliche Liebe und Zuneigung in den Augen der Missionare so wenig zählte. Aber vielleicht wussten sie besser als ich, wie unsicher das Leben hier war, wie wenig man auf Dauer und Gesundheit bauen konnte. Ich sah es selbst nach den ersten Wochen meines Aufenthaltes. Der März war inzwischen angebrochen, kein lieblicher Vorfrühling wie in der Heimat, sondern heiß und feucht.

Zum zweiten Mal, seit wir uns kannten, wurde Gottlieb vom Fieber überfallen, schlimmer als das erste Mal. Schon in der Nacht stöhnte er in schweren Träumen und erschreckte mich mit wirren Reden. Sein Bett wurde ganz durchtränkt von Schweiß, und morgens war er so matt, dass er kaum sprechen konnte. So ließ ich die Nähschule sein und sorgte für ihn mit frischer Wäsche, kühlen Tüchern und leisem Zuspruch, der ein seltenes Lächeln auf sein Gesicht zauberte. Auch essen wollte ich lieber bei und mit ihm. Schwester Mohr nahm die Mitteilung ganz gelassen auf, Fieber gehörte für sie seit Jahren zu den Alltäglichkeiten, ihre Miene bedeutete mir, dass ich es schon noch lernen würde.

„Geh zur Kochhütte und sag Jaki, er soll euch leichte Kost zubereiten", sagte sie. Wie auf jeder Station wurde auch hier in einer gesonderten Hütte gekocht, Rauch und Geruch wären sonst zu lästig geworden.

Bis jetzt hatte ich diese Hütte nur von außen gesehen, und dabei hätte ich es besser gelassen. Alle Vorstellungen von Küche musste ich blitzschnell vergessen, hier gab es nichts als zwei Feuer, einen Dreifuß, darauf ein Gefäß, worin etwas brodelte. Kahle Wände, darüber ein oben offenes Strohdach, das war alles. Jaki hockte vor dem Feuer und würdigte mich keines Blickes. Wie um alles in der Welt sollte ich ihm begreiflich machen, dass ich Fleischbrühe wünschte und von dem Fladenbrot, das mir ganz gut schmeckte. So guckte ich einfach in den Tiegel, sah, dass ein Huhn darin schwamm und bedeutete Jaki mit Zeichensprache, was ich wünschte. Da endlich grinste er und füllte mir einen kleinen Eimer mit Brühe.

Später sind wir ganz gute Freunde geworden, so ähnlich war es auch mit Kofi, dem Hühnerjungen. Doch der kam erst ein wenig später zu uns.

Allmählich brachte ich eine gewisse Ordnung in meinen Tag. Gottlieb verlangte das nicht von mir, ihm war es genug, wenn er mich bei den Mahlzeiten sah oder wenn er auf einem abendlichen Gang über die Probleme der Station und der Übersetzungen mit mir sprach. Diese gewöhnlichen Dinge verbanden uns mehr als das Außergewöhnliche, das auch geschah.

Jeden Vormittag saß ich in der Nähschule, fügte mich geduldig Schwester Mohrs Weisungen und merkte mir zwei oder drei Gesichter und die Namen, die dazu gehörten. Ich wusste, sie beobachteten mich, meistens wie beiläufig, doch entging ihnen nichts von meinen Worten und dem, was ich tat.

Die einfachsten Dinge konnte ich dank Anyamas Hilfe nach einiger Zeit ausdrücken, sehr zu Schwester Mohrs Verwunderung. Ich lernte, warum diese Nähschule betrieben wurde, damit nämlich die Mädchen unabhängig von Sklavenarbeit und Armut sein konnten. Ich lernte, dass Schwester Mohr allerlei verschiedene Gesichter hatte und mit verschiedenen Zungen sprach. Sie liebte es nicht, sich unterzuordnen, und sie hatte gern die Fäden dieser und jener kleinen Intrige in der Hand, von der auch Gottlieb nicht ausgeschlossen war. Es waren sehr feine Fäden, über die ich erst zwei- oder dreimal stolpern musste, ehe ich sie bemerkte.

Bei einer Predigt auf dem Platz des Dorfes, das nur wenige

hundert Meter von unserer Station entfernt lag, brach Bruder Zimmermann in einer plötzlichen Ohnmacht zusammen. Gottlieb hatte mich mitgenommen, weil auch er dort predigen wollte und weil er meinte, ich sollte doch versuchen, einige Frauen anzusprechen. Zuerst begriff ich gar nicht, wie groß das Lob war, das er mir zuteil werden ließ. So traute er meinem Wortschatz schon mehr zu als ich selber.

Bruder Zimmermann wurde in eine der Hütten getragen, und wir folgten betreten und erschrocken, denn zugleich mit uns kam ein schwarzer Mann herein, der eine unheimliche, aber starke Ausstrahlung verbreitete. Ich sah, dass auch Gottlieb sich diesen Blicken kaum entziehen konnte. Zimmermann kam langsam wieder zu sich und stöhnte, auf irgendeine Weise musste er große Schmerzen haben.

„Geh hinaus", sagte Gottlieb zu mir, „dies ist ein Fetischpriester, dem wir nicht nachgeben dürfen." Aber dieses eine Mal folgte ich den Anweisungen meines Mannes nicht, sondern kniete mich neben Bruder Zimmermann, rief nach Wasser und fragte leise nach dem Ort seiner Schmerzen.

„Der Wurm in meinem Bein", flüsterte er und wollte schon die Augen verdrehen in einem neuen Schwächeanfall. Aber ich schlug ihm leicht auf beide Backen und bespritzte ihn mit dem Wasser, das eine der schwarzen Frauen brachte. Gottlieb hatte indessen ohne Rücksicht auf mich das Bein entblößt, und ich erschrak bei dem scheußlichen Anblick des Parasiten, der dort eingedrungen war und eine Spur von Zerstörung und Entzündung verursacht hatte. Hinter uns hörten wir einen beschwörenden Singsang, und dann wurde Gottlieb einfach beiseite geschoben. In lähmendem Schrecken sah ich ein tödlich scharf geschliffenes Messer in der Hand des Priesters, sah die braune Hand einen schnellen, geübten Schnitt machen und einen langen Wurm aus dem Fleisch hervorziehen. Ich umklammerte Zimmermanns Kopf und Schultern, als er sich in seinem Schmerz aufbäumen wollte. Hinter mir hörte ich Gottlieb beten. Das alles ging so schnell, dass ich erst später Zeit hatte zu zittern. Gottlieb betete nicht lange, er sprach zu dem Priester, der ganz freundlich nickte und zwei der schwarzen Männer veranlasste, Bruder Zimmermann nach Hause zu tragen. Gottliebs Predigt hörte ich an diesem Tag nicht mehr, denn wir gingen beide neben der hölzernen Trage und hielten jeder an einer Seite die Hände des Kranken.

Die Frau schrie, als sie uns kommen sah. Aber Gottlieb drängte sie beiseite, schickte einen Jungen das Verbandszeug zu holen und entblößte zum zweiten Mal das arme, entstellte Bein. Ich half ihm beim Verbinden, ich hatte oft genug meine Brüder versorgt, wenn sie sich bei Spielen Schürfwunden zugezogen hatten. Dieses hier war allerdings weit schlimmer, aber ich konnte ohne zu zögern Gottlieb die nötigen Handreichungen leisten. Erst als das Bein fertig verbunden war, drehte Gottlieb sich nach der Frau um. Die hockte zusammengekrümmt in einer Ecke und stöhnte. „Versuch das Fieber zu senken, er muss viel trinken“, sagte Gottlieb zu ihr. Aber sie stöhnte nur und wiegte sich hin und her.

„Es ist vorbei, beruhige dich,“ sagte Gottlieb mit einer Spur Ungeduld. Ich wunderte mich, warum er so ausführlich mit einer Schwarzen über Bruder Zimmermann sprach. Er fing meinen fragenden Blick auf und sagte sehr barsch: „Sie ist seine Frau.“ Dann drehte er sich um und ließ mich stehen. Ich ging zu ihr und berührte sie sanft an der Schulter. Da erst sah ich, dass ihr Gesicht schweißnass war und dass sie vor Schmerzen stöhnte.

„Das Kind“, murmelte sie, „ich werde das Kind verlieren.“

In diesem Moment kam Schwester Mohr herein, nahm Zimmermanns Frau in den Arm und bedeutete mir hinauszugehen, doch ich fragte in der Tür, ob ich nicht bleiben und helfen könne.

„Nein“, sage Schwester Mohr, „das ist nicht deine Sache, ich kümmere mich schon darum.“ Ich ging schweigend in die Nähschule, um die Mädchen anzuweisen.

Am Abend bei unserem Spaziergang erzählte Gottlieb mir, dass Zimmermanns nun keinen Elternfreuden entgegensehen könnten. So drückte er sich aus. Elternfreuden – schwarze Babys, ich konnte mir nicht denken, dass ein Missionar viel Freude an seinem dunkel gemischten Blut haben könnte. Ich überlegte mir, was er zu mir sagen könnte, wenn ich schwanger würde. Da Gottlieb fast jede Nacht seine ehelichen Rechte in Anspruch nahm, musste das in absehbarer Zeit geschehen. Ich selber wusste gar nicht, ob ich mich darauf freuen sollte, genauso wenig, wie Gottlieb sich zu eigenen Kindern verhalten würde.

Derweilen ging ich sorgsam den von Schwester Mohr gehüteten Vorrechten aus dem Wege und kümmerte mich um unseren kleinen Garten und um unsere Hühner. Wenn mich das Heimweh überfiel, schrieb ich lange Briefe an die Eltern, wohl wissend, dass die nächste Antwort darauf erst in acht Wochen kommen konnte.

Ebenso wie die Nachrichten aus der Heimat sehnte ich oft frischen Salat, saftige Äpfel oder ein duftendes Roggenbrot herbei. Hier buken sie das Brot aus Mais, das zwar den Hunger stillte, aber auf die Dauer recht fad war. Ich hätte gerne Samen aus der Heimat gehabt, Bohnen oder Dill und Majoran. Jams war mir zum Überdruss, dann gab es die Pfeilwurzeln oder grüne Kürbisse, die gekocht wurden und nicht nach viel schmeckten.

Hühner wollte ich halten, weil das Schaf- und Ziegenfleisch streng schmeckte, und wenn die Eingeborenen Wildschweine brachten, drehte sich mir der Magen um. Entweder trugen sie es von weit her, oder sie ließen es liegen, bis es anfing, faulig zu riechen, weil sie selber diesen Geschmack recht gern hatten. Selbst wenn man es in Essig einlegte, hielt es sich bei der Hitze nicht lange.

So kam Kofi zu uns. Er war einer der jungen Männer, die bei Gottlieb und Bruder Mader Katechismusunterricht erhielten und getauft werden wollten.

Gottlieb schickte ihn eines Nachmittags nach dem Unterricht zu mir, er hatte dem Jungen schon erklärt, was ich mir wünschte.

So blieb uns nur, im Negerdorf die Hühner zu kaufen und hierher bringen zu lassen. Ich hatte keinerlei Bedenken, allein mit ihm dorthin zu gehen, denn alle Schwarzen waren mir bis jetzt freundlich und gefällig begegnet. Nun gut, sie drückten sich vor der Arbeit, wo und wann sie konnten, aber auch das begann ich in dieser Hitze zu verstehen. Im Dorf drängten sich viele Neugierige herbei, zwischen denen Kofi sich als Herr und Meister fühlte, da er als Käufer und dazu noch mit einer weißen Frau auftrat, auch wenn ich das Geld in der Tasche hatte. Ich wollte Hühner, die Eier legten oder geschlachtet werden konnten, um unseren Speisezettel zu bereichern.

Kofi war ein seltsamer Mensch, er hatte eine für mich unheimliche Begabung, mit Tieren umzugehen, und damit meine ich nicht nur die Hühner. Die braunen und bunt gefiederten Tiere liefen in einem großen Gehege, und jedesmal, wenn ich auf eines deutete, das mir gefiel, lockte Kofi es mit ein paar singenden Kehllauten herbei, und es ließ sich ohne Scheu von ihm anfassen.

Mit stolz erhobenem Kopf ging er auf dem Rückweg vor mir und den beiden Jungen her, die zwei Käfige mit je drei Hühnern trugen. Der Handel hatte sich hingezogen mit langem, lautem Palaver, von dem ich keine Silbe verstand und das alle Beteiligten sehr zu genießen schienen.

Ich war derweil von mehreren Frauen umringt, die immer wieder mit fragenden Gebärden auf meinen Bauch deuteten und dabei das Geschrei von kleinen Kindern nachahmten. Ich lachte und schüttelte den Kopf, da stimmten sie einen beschwörenden Singsang an, und eine brachte mir ein streng schmeckendes Gebräu, von dem ich nur nippte. Als ich in ihrer Sprache „Danke“ sagte, lachten sie und sangen wieder.

Wir brauchten für die Hühner kein Gehege, Kofi hatte eine seltsame Art, sie zu zähmen, die mir zwar überhaupt nicht gefiel, die ich aber gar nicht ändern konnte. Zuerst band er die Tiere an verschiedene Sträucher, fütterte sie mit Mais, bis ihr Geschrei sich legte. Man kann ja Hühner nicht gerade gern haben, aber dies hier widerstrebte mir doch. Danach, weil Hühner laufen und picken müssen, band er immer zweien die inneren Beine zusammen und ließ sie frei, und nach zwei oder drei Tagen konnten die Tiere allein herumlaufen. Sie hörten auf den kleinsten Zuruf Kofis, und wenn er mit ihnen redete, legten sie den Kopf schief, als verstünden sie jedes Wort. Ich dachte, der Junge ist gut, und er liebt die Tiere. Aber das war es nicht. Nach und nach, als sie viele wunderschöne braune Eier legten, kauften wir von Zeit zu Zeit noch mehr Hühner. Aber meine Freude wurde doppelt vergällt. Das eine war Kofis ungebändigte Mordlust, wenn es daran ging, eines der Hühner zu schlachten. Er konnte weder die Gier in seinen Augen noch in seinen Händen verbergen, lockte eines der Tiere herbei und schnitt ihm mit Lachen den Hals ab. Ich habe nur ein einziges Mal zugesehen, weil mir der Strom dieser widerstreitenden Kräfte übel bekam und ich nicht so viele Worte wusste, um mit Kofi darüber zu sprechen.

Ich erzählte Gottlieb von meinen Empfindungen und bekam eine Antwort, die an innerer Logik und Einfachheit nicht zu überbieten war. „Du musst beten", sagte er „und den Herrn um Besserung und Läuterung dieser heidnischen Gemüter bitten. Der Heiland wird sie eines Tages erleuchten, wenn wir selber zu dem rechten Gebet finden."

Er war ganz unverrückbar davon überzeugt, dass seine und unsere Gebete um Heiligung, Besserung und Erlösung alle Übel der Welt beheben könnten. Auf der anderen Seite sah und hörte ich sehr wohl, wie er litt unter dem, was er die mangelnde Erlösungsbedürftigkeit der Neger nannte. Ich erinnerte mich gut, wie er sie auf dem Weg hierher böse und träge genannt hatte. Zum anderen wurde meine Freude an den Hühnern verdorben, weil wiederholt gerade die besten Legehennen gestohlen wurden. Die Neger hatten, soweit ich das sehen konnte, nicht die geringsten Skrupel, unser Eigentum zu nehmen, oder sie hatten einfach keine Begriffe von mein und dein. Mit den gestapelten Brettern ging es ebenso.

Bevor man noch mit dem Anbau oder Neubau eines Hauses beginnen konnte, verschwand davon ein großer Teil.

Wir hatten keine Rechte hier außer denen, die wir von Gott erbaten. Die Heimat war weit, die Engländer an der Küste begünstigten die Wesleyaner und ließen uns gewähren, das war alles.

Das Ausmaß dessen, was hier unternommen wurde, kam mir in diesen ersten Wochen langsam zum Bewusstein, zugleich verschob sich das Bild dessen, was etwa meine Aufgabe war.

Immer nachts, wenn Gottlieb bei mir lag und seinen Wünschen freien Lauf ließ, wenn er danach in einen tiefen Schlaf versank, ich dagegen noch lange wach lag, rückte meine Bedeutung in diesem Land in ein von mir so nicht vorhergesehenes Licht. Ich lernte neu und anders zu beten, wenn auch die Worte fast dieselben blieben und Gottlieb den Unterschied nicht bemerkte. Mit einem Wort, ich wurde nüchterner, meine Gedanken gingen ohne Umwege und verloren alle beschönigende Selbsttäuschung.

Im April schon rüsteten die Geschwister Mohr sich zur Heimreise nach Europa, sieben Jahre Afrika hatten an ihren Kräften gezehrt. Ein anderer und wohl noch tieferer Grund für diesen Urlaub waren die Kinder, die im Basler Missionshaus eine Heimat finden sollten. Viele Missionare machten es so, mussten es so machen, da die Kinder sonst verkümmerten oder starben. Auch die Familien in Indien und China legten den halben Erdball zwischen sich und ihre Kinder, bitterer Preis für den Glauben an die Unabdingbarkeit ihres Tuns.

Ich sah Mohrs Vorbereitungen mit Gefühlen, die ich weder mir selber noch gar Gottlieb beschreiben mochte. Ich war schwanger, das stand nun fest, im Dezember würden wir ein Kind haben, und auf die Zeit danach konnte ich kaum einen Gedanken richten.

Gottlieb hatte meine Mitteilung mit gedämpfter Freude aufgenommen, obgleich er darauf hätte gefasst sein müssen.

Für ihn war ein Kind wohl einerseits ein Geschenk Gottes, wie er sich ausdrückte, auf der anderen Seite sah er seine afrikanische Arbeit dadurch beeinträchtigt oder zum Ende gebracht. Da er die Gewohnheit hatte, alle seine Briefe zu einer Art Gemeingut zu machen, so wusste ich, was er meinen Eltern schrieb. Umständlich verschlüsselt, aber gewiss für meine Mutter deutlich und offenkundig, sprach er von Umständen, die unsere Rückkehr möglich machen könnten. Ich selber schrieb den Eltern unverblümt, wie es war, auch hatte ich mit Gottliebs Schwester Gottliebin Merkle einen ausführlichen Briefwechsel angefangen. Das wurde zunehmend ein nüchterner und doch unendlich liebevoller Gegenpart zu meinen Ängsten und Unsicherheiten. Wie die Schwester Hanna hatte auch sie einen Lehrer für Taubstumme zum Mann, und wie es schien, war für sie das Leben nicht lauter Zuckerschlecken. Doch sie hatte ein unerschütterliches und tiefes Gottvertrauen, aus dem sie Trost schöpfte und Trost spendete.

Als im Mai Mohrs aus Akropong abreisten, führte ich mit Schwester Mader die Nähschule weiter, ein für mich ebenso überraschender wie befreiender Wechsel.

Ich wusste, dass zwischen Mader und Gottlieb tief gehende Rivalitäten schwelten im Hinblick auf die sprachliche Arbeit der Bibelübersetzung. Jeden Abend, wenn wir zusammen beteten, brach etwas davon aus ihm heraus, wenn er um brüderliche Liebe, Langmut und Geduld bat.

Zwischen uns Frauen war das ganz anders. Schwester Mader war freundlich, ruhig und offen, und es kam ihr nie in den Sinn, ihre längere Erfahrung in diesem Land gegen mich auszuspielen. Ich war sehr froh darüber, denn im Juli und August häuften sich eigene Beschwerden, die Sorgen um Anyama kamen dazu und die harten Maßnahmen, die Gottlieb gegen seinen Gehilfen Paul ergriff.

An einem frühen Morgen im Juli erwachte ich schweißgebadet, zittrig und fiebernd. Über mir starrte Gottliebs erschrockenes Gesicht auf mich herunter. Ich wollte etwas sagen, aber meine Zähne schlugen so stark aufeinander, dass ich kein Wort herausbrachte.

„Du musst liegen bleiben“, sagte Gottlieb, „ich hole Chinin und Tee.“

Den Tag über lag ich in mattem Dämmerzustand, hörte wie von ferne Gottliebs oder Schwester Maders Stimmen, fühlte feuchte Tücher auf meinem Gesicht. Ich richtete all meine Kräfte auf das Kind in mir, um es in dieser Krankheit nicht zu verlieren.

Am Abend stieg das Fieber, und mein Geist und meine Seele trennten sich in sonderbarer Weise von meinem Körper. Ich sah mich reglos auf dem Bett liegen, im nächsten Augenblick aber fühlte ich mich von kühler Dunkelheit umfangen. Gleichzeitig hörte ich Gottlieb und Schwester Mader beten und eine andere singende Stimme, die aus dieser kühlen Dunkelheit kam. Sie war wohltuend und stark, als schöpfe sie aus den unendlichen Tiefen eines Brunnens.

Am Morgen war das Fieber gewichen und alle Mattigkeit verschwunden. Ich lachte in Gottliebs verängstigtes Gesicht und sagte: „Es ist vorbei.“

„Wir wollen Gott danken“, sagte er, und kniete sich an mein Bett. Ich hörte ihn und versank trotzdem in ganz andere Regionen, deren heilsame Kräfte mir in der Nacht zuteil geworden waren.

„Amen“, hörte ich Gottlieb, „und du, sprichst du nicht?“

„Danke“, sagte ich, „danke für Kraft und Heilung und die Erhaltung unseres Kindes“, und wusste dabei selbst nicht so genau, wem ich dankte.

Dann ging er, und ich wusste, dass all seine Gedanken schon wieder auf die Arbeit gerichtet waren. Ich aber war sehr wohl geneigt, dem nachzugehen, was ich in der Nacht erlebt hatte, mochte das auch unsicheres Terrain sein, das Gottlieb mir sicher verboten hätte. Ich konnte meine Fühler danach allerdings nicht so bald ausstrecken, da ungute und widrige Ereignisse uns beschäftigten, ehe Gottlieb mich Ende Juli zwei Wochen allein ließ.

Sein Gehilfe Paul war Christ, mindestens dem Namen nach, und er trug Gottlieb Geschichten, Sprüche und Ausdrücke seiner Landsleute zu. Dabei war er unermüdlich, den Tonfall seiner Sprache vorzumachen und bei Gottlieb zu verbessern. Er war ein großer, breit gebauter Mann, schwarz wie die Nacht, sodass ich mich anfangs fast vor ihm fürchtete. Gottlieb lachte darüber, auch wenn er selbst mit Paul genug Schwierigkeiten hatte. Der wohnte in einer eigenen Hütte am Rande der Station, dort wo der Weg zum Negerdorf führte, und er war stolzer Besitzer einer jungen Frau, die er erst kurz vor meiner Ankunft nach christlichem Ritus geheiratet hatte. Paul sprach leidliches Englisch, sodass auch ich mich mit ihm ganz gut verständigen konnte.

„Warum sagt er immer, seine Frau gehöre ihm?" fragte ich Schwester Mader so ganz nebenher.

„So ist das hier, er hat sie von ihren Eltern gekauft."

„Und du, findest du das richtig, wenn er doch Christ ist?"

Da sah sie mich nachdenklich und auch ein bisschen mitleidig an.

„Es gibt hier vieles, was uns nicht gefällt", sagte sie, „das musst du doch inzwischen gemerkt haben." Ich nickte.

Aus den Unterredungen mit seinem Gehilfen kam Gottlieb in diesen Wochen oft mit zornig verdunkeltem Gesicht hervor, noch zorniger war er allerdings, wenn Paul diese Unterredungen vergaß und verschlief.

An einem Sonntagmorgen im Juli, an dem Gottlieb die Predigt in unserer Kapelle zu halten hatte, entstand nach dem ersten gemeinsamen Lied Unruhe an der Tür, Pauls Frau Aba kam laut heulend herein, hielt sich den Kopf und stürzte im Gang zwischen den Bänken auf die Knie. Ihr lief das Blut aus der Nase und färbte das spärliche Gewand rot. Die Bewegung der Gemeinde wuchs, als Paul in der Tür erschien und trotz des heiligen Ortes Worte ausstieß, die nur Flüche sein konnten. Noch nie hatte ich Gottlieb so entschlossen, aber auch so zornig gesehen. Er winkte David Asante, der die Frau aufhob und Paul mit einem Schwung zur Tür hinausstieß. Gottlieb kehrte mit schlecht unterdrückter Erregung an den Altar zurück und führte den Gottesdienst fort. Seine Predigt war leise und stockend, auch erwähnte er mit keinem Wort den unschönen Vorfall. Jetzt erinnerte ich mich, dass ich Aba schon ein paar Mal mit verquollenen Augen gesehen hatte. Sie war mir dann ängstlich ausgewichen, und Gottlieb gar hatte meine Fragen recht barsch abgewiesen. „Lass das", sagte er dann, „misch dich nicht ein, das ist meine Sache."

Mehr noch als früher in der Schule lernte ich hier, Fragen für mich zu behalten, die nicht dem Unterricht, der Sprache oder der Gesundheit galten. Auf Pauls Blicke, wenn ich ihm dann bei uns begegnete, hatte ich bisher mit freundlichem Nicken und Lächeln geantwortet, nach diesem Sonntag aber kam von Gottlieb die einfache Anweisung: „Halt dich von ihm fern."

„Warum?" fragte ich, „er hat mir doch nichts getan."

Da maß Gottlieb mich mit einem seltsamen Blick und sagte: „Tu, wie ich dir sage."

Eine Woche später nach einer Konferenz der Brüder war Paul aus der Station verschwunden.

Ich war nicht neugierig, aber mich wurmte, dass Gottlieb mir nicht Rede stehen wollte über die Verfehlungen eines Schwarzen, wenn ich auch ahnte, in welche Richtung sie gingen. Ich konnte fast mit Händen greifen, dass hier viele Strömungen kreuz und quer unter einer glatten Oberfläche liefen.

Meine Gedanken gingen in diesen Tagen oft zu Meister Knöller in die Königstraße und fragten ihn im Stillen um brüderlichen Rat. Aber er wusste nicht, wie es hier war und hatte nicht die Wucht dieser fremdartigen Welt erlebt.

Es verwirrte mich, wie Paul und seine Fehler totgeschwiegen wurden und noch mehr, dass Gottlieb nach kurzer Zeit einen neuen Gehilfen hatte, der Jonathan Palmer hieß, fließend Englisch sprach und nicht ganz so schwarz war wie Paul. Einmal, als ich mit den anderen Frauen zusammensaß und wir über die Kinderschule sprachen, fragte ich unvermittelt in eine Pause hinein: „Was hat Paul eigentlich getan, dass er hier so ganz verschwunden ist?“ Mochten sie nun schweigen oder mir antworten, ich ließ es darauf ankommen, aber sie sprachen anders als Gottlieb ganz offen darüber.

„Er hat seine Frau gequält“, sagte Schwester Dieterle, „aber noch schlimmmer war sein unzähmbarer Drang, auch anderen Frauen nachzustellen und sie in sein Bett zu holen. Vielleicht weißt du nicht, wie sehr wir auf die Nähmädchen aufpassen mussten. Und dann war er so stolz, der Teufel hätte nicht schlimmer sein können.“

„Wo ist er hin mit seiner Frau?“, fragte ich weiter. „Sie waren doch beide getauft und Christen.“

Sie wussten es nicht, er war verschwunden, und ich hatte ein ungutes Gefühl.

Dann ging Gottlieb nach Abokobi, und ich erlebte, wie sehr er mir fehlte und dass ich ihn liebte. Das war langsam gewachsen und hatte sich von nicht viel mehr genährt als von seiner Güte, die er stets gegen mich übte. Inmitten dieser größten Station unserer Mission an der Goldküste war ich zwar nie allein, denn neben denen, die ständig hier arbeiteten, kamen und gingen manche, die bei uns Erholung vom Fieber suchten. Wir genossen in der hoch gelegenen Gegend eine bessere Luft als die Menschen an der Küste in der Ga-Ebene, die mit Hitze, Ungeziefer und Fieber für viele unserer Brüder tödlich wurde.

Allein war ich also nicht, trotzdem ging ich verloren herum und fing nun erst an, mir Sorgen um unser Kind zu machen. Die Negerkinder starben nicht, außer wenn sie von ihren Müttern oder den Priestern getötet wurden. Negerkinder, sie waren so niedlich, wie man es sich nur wünschen konnte, ich sah sie oft genug in den Tüchern auf dem Rücken ihrer Mütter.

Ich sah, wie diese Mütter ihnen ganz ungeniert die prallen Brüste reichten, ohne sich im Geringsten um ihre Umgebung zu kümmern. Ich wusste aber auch, dass eben diese Mütter ohne Skrupel oder Zögern ein solches Kind töteten, wenn es einen körperlichen Makel aufwies. Die kleine Sarah in der Nähschule war so ein Kind, das Bruder Dieterle vor Jahren diesem Schicksal entrissen hatte. Sarah hatte an ihrer linken Hand sechs Finger statt fünf, dafür wäre sie unweigerlich des Todes gewesen. Sie war Anyamas Freundin, in der Nähschule steckten sie fortwährend die Köpfe zusammen.

Sie gehörten beide der Mission, lernten unsere Gebete, unsere Lieder und den Katechismus in Gottliebs schönen Übersetzungen, deren Ton und Kadenz mir immer besser gefielen.

Aber Sarah und Anyama waren schwarz, Afrikas Sonne tat ihnen nicht das Gleiche wie uns. Mein Kind, wie würde das hier leben und vor allem, wie würde es geboren werden.

Schwester Mader war die erste, zu der ich von unserem Kind sprach, bevor man mir etwas ansehen konnte. Mir war erst jetzt bewusst geworden, dass es hier weder einen Arzt noch eine Hebamme gab, die mir etwa hätten beistehen können.

„Wie macht ihr es", fragte ich, „müssen die Frauen hier allein ihre Kinder kriegen?"

Schwester Mader lachte leise, streichelte mir die Wange und sagte: „Nein, nein, Emilie, du brauchst keine Angst zu haben. Wir sind hier, wie du weißt, einige Frauen und wir lassen uns gegenseitig nicht im Stich."

Ich lächelte und nickte, sagte aber nichts, weil meine Ängste ganz und gar nicht behoben waren. Bei mir selbst hatte ich Gedanken, die ich nie und nimmer äußern konnte. Diese Gedanken gingen zu den Negerfrauen, die mir so freundlich ein Kind gewünscht hatten, und die bestimmt sehr gut wussten, wie man ihm auf die Welt hilft. Jetzt hätte ich sogar ein wenig mit ihnen sprechen können.

Hätte – warum hätte? Ich war fest entschlossen, es zu tun, ehe Gottlieb zurückkehrte.

Bevor ich meinen Entschluss bei mir selbst widerrufen konnte, sprach ich mit Kofi.

„Wieviele Hühner haben wir noch?", fragte ich ihn. „Müssen wir neue kaufen?"

Kofi war stets bereit zu solchen Unternehmungen, jede Beschäftigung, die vom Alltag abwich, war ihm recht.

„Ich gehe mit Kofi ins Negerdorf", sagte ich zu Schwester Mader, nachdem es für mich in der Nähschule nichts mehr zu tun gab.

„Geht es dir gut?", fragte sie besorgt. „Mute dir nicht zuviel zu."

Ich lachte und sagte: „Mir geht es gut." So war es, ich wusste nicht, wie unbarmherzig sich das ändern würde.

Diesmal überließ ich Kofi die Wahl der Hühner und setzte mich zu den Negerfrauen, die vor einer der Hütten Mais stampften. Sie brachen in großes Entzücken aus, als ich ein paar Worte in ihrer Sprache sagte. Wieder deuteten einige auf meinen Bauch, und auf mein Nicken wurde ihr Entzücken noch größer. Sie ließen die Mörser liegen und schnatterten so schnell durcheinander, dass ich ihnen lachend Ruhe gebot. Mit ein paar Worten und noch mehr Zeichensprache versuchte ich, ihnen das Kinderkriegen zu verdeutlichen und auch, dass ich wissen wollte, wie sie es machten. Ich wunderte mich, wie schnell sie alles begriffen, offenbar bereit, mir jegliche Hilfe zukommen zu lassen. Ich wusste ja, dass es nicht gehen würde, doch folgte ich ihnen willig in eine der Hütten, in der offenbar eine Hebamme ihre Geräte aufbewahrte. Da sah ich eine Art Stuhl, darüber von der Decke hängende Haltegriffe, und sie machten mir vor, wie sie da hockten und sich mühten, bis das Kind unten aufgefangen wurde. Ich fand das sehr praktisch, wenn auch die ganze Pantomime von vielen realistischen Schreien begleitet wurde. Die Frauen hatten großen Spaß an dieser Demonstration und kamen richtig ins Schwitzen. Über den Grad der Schmerzen wollte ich lieber nicht so viel wissen, wie hätte man das auch erklären können. Schließlich bedeutete ich ihnen, dass es nun genug sei und dass ich Durst hätte. Aber aus einem erfrischenden Getränk wurde nichts. Kaum hatten wir die Gebärhütte verlassen, fand ich mich dem Mann gegenüber, der den Wurm aus Bruder Zimmermanns

Bein gezogen hatte und den Gottlieb einen Fetischpriester genannt hatte.

Das Sonderbare war, dass ich weder erschrak noch mich fürchtete, wenn auch alle anderen schweigend vor uns zurückwichen. Er hatte weder einen wilden Kopfschmuck, noch war er bemalt, das Einzige, was ihn von den anderen Männern abhob, war ein langes Gewand in dunklen und hellen grünen Streifen.

Sein Gesicht war glatt und ebenmäßig, die Nase schmaler und der Mund weniger wulstig als bei den meisten Menschen hier, ein Kopf wie aus edlem dunklen Holz geschnitzt. Wir sprachen nichts, und doch hörte ich seine Stimme, die gleiche, die aus den dunklen Tiefen meine Krankheit geheilt hatte. Ich dankte ihm mit den Augen, und ich war sicher, dass er mich verstand. Und dann sagte er in einem gepflegten sauberen Englisch und mit einem Lächeln:

„Du wirst einen Sohn haben, ich werde dir helfen, wenn er kommt."

Mich überflutete ein Gefühl von Glück und Sicherheit, wie ich es in Afrika noch niemals erlebt hatte. Ich sah flüchtig die ehrfürchtigen Gesichter der Frauen, dann kam Kofi mit den Hühnern, und es war Zeit, nach Hause zu gehen.

Von Gottlieb kamen rührende kleine Briefe, die er mir durch diesen oder jenen zufälligen Boten schickte, Briefe voll lieber und fürsorglicher Worte, die er wohl mündlich nie geäußert hätte. Er schrieb von seiner Reise, von den Arbeitstreffen mit anderen Brüdern, von den kleinen Zufälligkeiten und Unbilden des Weges, und jeder Brief begann und endete mit Gebeten für mich und uns.

Das Dunkel strömte nicht nur mit der Nacht herein. Dieses Land überflutete ihr ganzes Sein mit Schwärze. Starke Kräfte umklammerten sie von allen Seiten. Von draußen tönten die Schreie der Nachtvögel, und Angst legte ihr schwere Gewichte auf die Brust. Der Tod stand greifbar im Raum und füllte erdrückend die Luft.

Sie konnte Gottliebs Gebete nicht hören, unermessliche Räume trennten sie von allem, was sie einmal gekannt hatte. Sie flog weit fort, dennoch hielt eine riesige Schwerkraft sie fest.

Emilie lag so still mit kaum hörbarem Atem, dass Gottlieb wiederum dachte, sie wäre tot. Zum ersten Mal umgab ihn ein seltsamer Friede, der von anderem genährt wurde als von seinen Gebeten.

Alles Zerrissene fiel sanft von ihm ab, für einen Augenblick war er geheilt von allem Übel. Seine Seele folgte Emilie in die Schwärze des Alls. Sie seufzte tief, als ihr die Schwere von der Brust genommen wurde.

Nach der Rückkehr hatte Gottlieb viel zu erzählen. Er war ungewohnt heiter, wenn auch manche der Nachrichten, die er mitbrachte, eher bedrückend waren, andere dagegen voll von Mut und Tatkraft der Brüder Steinhauser und Zimmermann.

Dort in Abokobi gruben sie Brunnen, bauten Straßen und bahnten sich nach Gottliebs Worten auch Wege zu den Herzen der Menschen. So hatte Bruder Zimmermann, der auf dem Schiff voll von seinen Plänen gewesen war, sie dort schon in die Tat umgesetzt. Ich konnte ihn sehen, wie er mit der Arbeit seiner Hände den Utopien seines Geistes Gestalt verlieh.

Abokobi, das war ein Ort, an dem sich damals nach dem Beschuss der Engländer ein paar versprengte Christen des zerstörten Negerdorfes eingefunden hatten, wenige, wie ich hörte. Die meisten blieben verschwunden. Aber es war auch ein Ort, in dem das Fieber mit Macht unter den Weißen wütete. Schon im September starb Bruder Steinhauser dort. Uns erreichte die Nachricht mitten in einer anderen Konferenz.

Zuerst aber beschwerten mich Sorgen, die ich Gottlieb gar nicht oder nur teilweise mitteilen konnte, da er mehr denn je auf ein riesiges Arbeitspensum drängte. Seit der Reise schien ihn doppelte Unrast zu ergreifen. Je mehr mein Zustand ihm sichtbar vor Augen kam, desto eher schien er geneigt, dieses Kind dem Zugriff Afrikas zu entziehen. Vorerst sprachen wir nicht darüber, aber seine Anspielungen waren kaum zu überhören.

Ich schwieg, weil ich wusste, dass das Kind im Dezember hier zur Welt kommen würde, was danach geschah, bekümmerte mich noch nicht.

David Asante arbeitete fast ständig mit Gottlieb zusammen, da seine Kenntnisse in Deutsch und Englisch dazu am besten geeignet waren. Dieser hochgewachsene stolze Sohn eines Häuptlings, intelligent, höflich und geschmeidig, war Gottlieb auf rührende Weise ergeben. Er glühte im Eifer seines jungen Christenglaubens und war mit seinem herrlichen Bass eine Zierde unserer Gottesdienste. Trotzdem mochte ich ihn nicht, ich konnte selbst nicht sagen, warum. Unser mordlustiger Kofi war mir irgendwie viel näher gerückt und auch Jaki, der Koch, der immer bereit war, mir etwas Besonderes zu bereiten. Vielleicht wuchs meine Abneigung gegen David auch deshalb, weil Anyama ihm schöne Augen machte. Es ließ sich nicht vermeiden, dass die beiden sich jeden Tag begegneten, wenn ich mit dem Mädchen auf der Galerie saß und Otschi lernte, während David bei meinem Mann aus- und einging. Die Mädchen hier waren es gewohnt, früh ans Heiraten und an Männer zu denken, nur eines war sicher, David würde keinen Finger rühren, sie zu bekommen. Alle Missionare hier in Akropong kümmerten sich in besonderer Weise um ihn, denn er kam so schön den Idealen eines bekehrten Negers nahe im Gegensatz zu vielen anderen, die nie Herr über ihre Trägheit und die alte Lebensweise wurden.

Mitten im August kam für Gottlieb ein Harmonium aus Europa, auf das er schon lange gewartet hatte. Vom Postdampfer in Christiansburg wurde es mühsam in kleinen Etappen hierher getragen, und seine Ankunft wurde zu einem Fest.

In der großen Wohnung Mohrs, in der wir nun leben

konnten, bekam es seinen Platz, jeden Abend spielte Gottlieb Choräle oder schöne Stücke von Bach und Händel, die ich besonders liebte.

Manchmal musste ich allerdings lachen, wenn sich in das Schrillen der Zikaden eine Choralmelodie mischte, wenn von ferne das Trommeln den Takt einer wohlerzogenen Fuge störte. Je mehr schwarze Menschen ich hier sah, je besser mir Kofis Lebensweise vertraut wurde oder der gelassene Rhythmus der Frauen im Dorf, desto fremder und störender erschien mir das Harmonium in dieser Welt. Zwischen Gottlieb und mir führte das zum ersten Streit in unserer Ehe, weil ich einmal nicht seiner Meinung nachgeben mochte.

Ich versuchte zuweilen, die Lieder, die ich von den Frauen hörte, auf dem Instrument nachzuahmen, vorsichtig mit einem Finger, weil ich es besser nicht konnte. Dann allmählich probierte ich mit der linken Hand den eintönigen und doch so lebendigen Puls der Gesänge in Töne zu fassen, wobei unwillkürlich mein Körper mitschwang.

Eines Abends kam Gottlieb dazu und schlug mir mit einem Knall den Deckel fast auf die Finger. Ich war so erschrocken, dass es mir einen Augenblick schwarz vor den Augen wurde.

„Was tust du mit dem Instrument, das nur dem Lobe Gottes gehört?" Seine Stimme klang wie von fern in meine Ohren. „Musst du es mit dem heidnischen Gedudel profanieren?" Das Wort kannte ich nicht, aber ich konnte mir schon denken, was er meinte.

„Gottlieb", sagte ich leise, „das Harmonium ist ein Ding, und jeder Mensch lobt Gott auf seine Weise."

„Das sollte er aber nicht", kam sofort seine Erwiderung, „nur Jesus Christus kann uns zum Heil führen, nur durch ihn können wir Gott loben."

Ich schwieg, das Kind in meinem Bauch machte vorsichtige Bewegungen.

Erst jetzt sah er, dass ich ganz blass geworden war, und besorgt und reuig führte er mich ins Schlafzimmer. Ich musste mich hinlegen, obwohl ich weder müde noch krank war.

Von da an ließ ich das Harmonium in Ruhe, sang mit Anyama zweistimmig auf der Galerie und lehrte sie Reime und Lieder aus meiner Kinderzeit.

Anyama liebte mich, und ganz langsam nahm in meinem Kopf ein Plan Gestalt an, den ich vorläufig für mich behielt.

Später stellte sich heraus, dass Gottlieb und ich in gewisser Weise dieselben Gedanken hatten, nur dass die sich auf verschiedene Personen richteten.

Immer häufiger fielen von Gottliebs Seite Bemerkungen, die mit den Worten endeten: „... wenn wir wieder in Europa sind."

Und schließlich eines Tages sagte er: „David sollte eine gute Ausbildung in Basel bekommen."

Ich hatte diesen Gedankengang schon lange kommen sehen, und jetzt sagte ich kurz entschlossen: „Wenn wir je nach Europa fahren, nehme ich Anyama mit."

Er starrte mich ungläubig an, aber ich war ganz sicher, dass es sich irgendwie machen ließe.

Der September brachte für mich ein unverhofftes und wunderbares Wiedersehen mit Reverend Meadows. Ich wusste zwar, dass Gottlieb mit ihm korrespondierte und dass auch er vor Jahren auf seiner Reise hierher einen Besuch in Bathurst gemacht hatte. Den Inhalt der Briefe kannte ich nicht, es ging wohl wie fast immer in Gottliebs Korrespondenz um Probleme der Mission.

Am zweiten Sonntag im September nach dem Gottesdienst sagte Gottlieb beim Essen, das wir nun mit Maders einnahmen:

„In der kommenden Woche werden einige Brüder aus Bathurst hierher kommen. Sie wollen geschäftliche Dinge mit ihren Landsleuten in Christiansburg verhandeln und anschließend die Reise hierher unternehmen. Bruder Schrenk wird sie von Abokobi aus begleiten. Können wir für die Männer eine Unterkunft herrichten?"

Schwester Mader nickte.

„Meadows?", fragte ich leise, und Gottlieb sah mich verwundert an. Ich hatte ihm bisher noch nie von der wunderbaren Stunde in der Kirche von Bathurst erzählt.

„Meadows und zwei junge Missionare, die erst kürzlich aus England gekommen sind“, sagte er.

Mir kam es vor, als hätte ich stets eine besondere Verbindung zu solchen Männern, die aus tiefen Quellen schöpften, aber nicht darüber sprachen. Gottlieb gehörte nicht zu ihnen. Seine Quellen waren mit Buchstaben geschrieben, und er kaute trocken und hart an ihnen. Das erlebte ich in den kommenden Tagen schmerzlich und schonungslos.

Das letzte Stück bis zur Station kamen sie zu Fuß und ließen nur das Gepäck von den Negern tragen. Ich blieb bei der Begrüßung im Hintergrund, aber Bruder Meadows' Augen fanden mich sogleich. Er löste sich von den anderen, umarmte mich und murmelte: „God bless you.“ Wieder überkam mich ein unerwartetes Glücksgefühl, aber gar keine Verlegenheit, dass er mich so aussonderte. Meadows berichtete ganz unbefangen von unserer Begegnung in Bathurst, von dem Gesang der Kinder sagte er allerdings nichts.

Sie wollten unsere Einrichtungen sehen, die verschiedenen Zweige der Schulen und vor allem die Nähschule, deren praktischen Nutzen sie in Bathurst nachzuahmen gedachten. So kam es, dass ich Bruder Meadows auch außer den Mahlzeiten öfter sah, die Erklärungen überließ ich allerdings Schwester Mader.

Die beiden jungen Missionare Woodward und Jackson verwickelten Gottlieb und Bruder Mader in lange theologische Debatten über Methoden des Unterrichts und den Sinn des Katechismus bei den Negern.

Natürlich konnte ich nicht die Konferenzen der Männer anhören, aber das Ende der Unterredungen zog sich oft bis an den Mittags- oder Abendtisch hin, wo man beim Essen die noch ungelösten Knoten aufzuknüpfen suchte. Nicht nur Meinungen prallten da aufeinander, ganze Welten und innere Kontinente stießen zusammen, stießen sich ab und fanden schließlich nur eine Übereinstimmung in dem Gebot der gegenseitigen Liebe.

Ich erlebte diese Gespräche wie ein Gewitter oder einen Erdrutsch, bei dem nichts von meinen mitgebrachten Meinungen an seinem Platz bleiben konnte. Afrika als ein riesiges Rüttel- und Mischgerät, mich betraf das bis in meine körperliche Existenz. Denn mein Sohn begnügte sich keinesfalls damit, stille zu liegen, sondern begleitete die Wortwechsel mit heftigem Strampeln. Dass es ein Sohn würde, glaubte ich dem Priester aufs Wort, seit er zu mir gesprochen hatte.

Bruder Schrenk vor allem konnte sich heftig ereifern, wenn er über die bisher geübte Taufpraxis seine Meinung kundtat.

„Was soll das", sagte er, „wir kleben zu sehr an Luthers Katechismus, die Neger verstehen das nicht, es stimmt einfach nicht mit ihrem Wesen zusammen. Sie sind willensschwach und stumpf, und wenn wir sie nicht lesen, schreiben und wirtschaftliche Dinge lehren, hat das Taufen keinen Zweck."

Gottlieb zog hörbar die Luft ein.

„Bruder", sagte er schärfer, als ich ihn jemals hatte sprechen hören, „wir müssen sie taufen, wir müssen sie die Worte lehren. Glaubst du nicht mehr an die Kraft des Geistes, die uns verliehen wurde?"

„Sie verlässt mich hier zuweilen", sagte Schrenk ganz kühl, „manchmal haben wir einfach falsche Maßstäbe."

„Jesus Christus ist der Maßstab", sagte Gottlieb, „etwas anderes gibt es nicht."

„Oh ja," erwiderte Bruder Schrenk gedehnt und fast widerwillig, „aber wir können unsere Theorie nicht fortwährend nur aus Wittenberg holen."

Ich erwartete mit Schmerzen, ob nicht Bruder Meadows etwas sagen würde, um die Wogen zu glätten. Aber bevor das geschah, schoss Schrenk einen noch spitzeren Pfeil ab.

„Wir sitzen wahrhaftig oft in der Zwickmühle", sagte er zu Gottlieb, „du siehst nur die Sprache und hältst sie für das A und O, und ihr", jetzt wandte er sich an unsere Gäste, „ihr nehmt die Religion zu sehr von den momentanen Gefühlsregungen einer Bekehrung."

Jetzt endlich nahm Bruder Meadows das Wort. Er lächelte und schien nicht im mindesten gekränkt.

„Es ist wohl wahr, was du sagst. Obwohl man uns Methodisten nennt, halten wir mehr von praktischer Theologie als von zuviel Spekulation. Und du hast vollends Recht, Bruder Schrenk, wenn du den Menschen ansprechen möchtest in dem, was er ist und was er verstehen kann. Wir sind in der Tat davon überzeugt, dass Religion vornehmlich Gemüt und Herz eines Menschen bewegen und verändern sollte, mehr noch als den Kopf. Deswegen singen wir auch so gern."

Ich nickte in tiefster Zustimmung und fing dabei Gottliebs sehr verwunderten und nicht gerade freundlichen Blick auf.

Ich war stolz, dass ich der Unterhaltung so gut folgen konnte, denn sie wurde auf Englisch geführt.

Am Abend nach diesem Gespräch, als ich den Kopf noch voll hatte von den gegensätzlichen Meinungen, durch die ich mir einen eigenen Weg zu bahnen suchte, verweigerte ich Gottlieb zum ersten Mal sein eheliches Recht.

„Mir ist nicht so gut", sagte ich einfach, „das Kind ist unruhig und strampelt."

Da ließ er wortlos von mir ab, aber ich wusste auch, dass er mir grollte, nicht nur wegen meiner Weigerung, viel mehr wohl, weil ich nicht immer und unbedingt seiner Meinung folgte und in Gefilde schweifte, die ihm gänzlich fremd sein mochten. Ich war froh, dass ich ihm nichts von dem Fetischpriester erzählt hatte, weder von der ersten noch von der zweiten Begegnung. Soviel wusste ich inzwischen von ihm, dass ein solcher geistiger Ausflug in für ihn verfemte Regionen mir bitteren Tadel eingebracht hätte.

Unsere Gäste blieben zwei Wochen. Tageweise machten sie Ausflüge in die nördlichen Gebiete am Rande des Krobolandes, in dem die Mission noch dünn gesät oder gar nicht vorhanden war.

Ich saß in dieser Zeit und nähte Kinderjäckchen und

Hemdchen, schnitt Windeln zu und ließ Anyama beim Säumen helfen. Zuerst hatte sie große Augen gemacht und mich dann voller Freude umarmt. Ich ließ sie gewähren, wenn der Saum nicht immer ganz gerade war, unser kleiner Sohn würde das sicher nicht merken.

Zwei Tage bevor Meadows und seine Gefährten wieder abreisen wollten, kam ein Bote aus Abokobi. Bruder Zimmermann schrieb uns vom Tod Bruder Steinhausers, der dem letzten heftigen Malariafieber nicht hatte widerstehen können.

Alle die Menschen, die um mich waren, nahmen diese Nachricht sehr verschieden auf. Gottlieb war ernst und gefasst und sprach vom Eingang in die ewige Heimat, wo der Selige nun das Licht schauen könne. Maders waren bestürzt, aber nahmen den Tod als eine unvermeidliche Gegebenheit Afrikas. Ich hatte Angst, weil man blühende Menschen hier so schnell begraben musste.

Am Abend hielten wir eine Andacht im Gedenken an Bruder Steinhauser, und ich weinte, weil ich an unsere Begegnung in Abokobi dachte. Gottlieb saß am Harmonium und konnte das nicht sehen, Meadows aber umschloss mich mit einem Blick voll strahlender und warmer Liebe. Zum Schluss bat er darum, mit seinen Brüdern ein Lied für den Toten singen zu dürfen. Er setzte sich selber ans Harmonium.

Sie sangen dreistimmig, erst leise und geheimnisvoll:

„Our life is a dream,
our time as a stream
glides swiftly away.“

Dann aber schwang sich der Gesang in ein freudiges Dur:

„Jesus, Thou art all compassion,
pure unbounded love Thou art,
visit us with Thy salvation,
enter every trembling heart.“

Ich erlebte wieder diese Entrückung, die mich an jenem fernen Weihnachtsfest heimgesucht hatte, den Trost und das Heil, das ich hier so bitter nötig brauchte.

In diesem Moment wusste ich auch, dass ich mit Meadows über den Fetischpriester und seine Kräfte hätte sprechen können. Dazu hatte ich keine Gelegenheit mehr. Ich habe ihn nie wieder gesehen, nur seine Liebe ist immer bei mir geblieben.

Die letzten Monate bis zur Geburt unseres Kindes waren hart. Ich hatte mir die Beherbergung eines kleinen Menschen in meinem Leibe einfacher gedacht. Die Kleider waren mir zu heiß und schwer, die Hitze zu groß, mir war übel und ich mochte nicht riechen, was mir früher angenehm gewesen war. Die allzu große Nähe des Mannes neben mir konnte ich nicht ertragen, und sogar gegen Anyama und die Mädchen in der Nähschule wurde ich ungeduldig und ungerecht. Ich konnte mich selbst nicht leiden.

„Du musst beten und den Heiland um Geduld bitten", sagte Gottlieb. Bei solchen Worten hätte ich schreien können, dass er, das ganze Afrika und der Heiland mir zuwider seien. Natürlich tat ich es nicht, höchstens brach ich in Tränen aus, denen Gottlieb vollkommen hilflos gegenüber stand.

Das Einzige, worum ich betete, war, dass der Tag der Geburt bald kommen möge, damit ich von dieser Last befreit würde.

In der Nacht des 9. Dezember begannen die Wehen, und jetzt wusste ich, warum meine Mutter geschrien hatte. In den Stunden der Not tat ich ihr für vieles Abbitte, soweit ich überhaupt einen klaren Gedanken fassen konnte. Denn meine Ängste wurden bitterste Wahrheit, keine von den Frauen, die um mich waren, konnte mir eine andere Hilfe bieten, als mit mir zu warten und zu beten. Ich wollte nicht schreien, und dieser eine Gedanke wurde mir zur größten Hilfe bis zu dem Moment, als mich Kühle, Stille und Schwerelosigkeit umgaben, aus der heraus ich den ersten Schrei des Kindes hörte. Da war die Nacht vergangen und der Mittag des 10. Dezember gekommen.

Die Stimmen drangen erst nach und nach zu mir, ebenso wie Gottliebs Gesicht und die glucksenden Laute aus dem künstlich geflochtenen Korb neben meinem Bett. Das war ein wunderbares Geschenk der Negerfrauen aus dem Dorf. Es hing an starken Bastseilen von der Decke und wurde vom Luftzug oder meiner Hand bewegt. Gottlieb hatte sich heftig gegen diese Gabe gewehrt aus Gründen, die er mir nicht sagen wollte. Diesmal kümmerte ich mich nicht darum, ließ von Kofi Haken in die Decke schrauben und das schöne Gebilde daran schaukeln, noch ehe das Kind darin lag.

„Er soll Gottreich Erdmann heißen", hörte ich Gottlieb neben mir sagen, „wir wollen dem Herrn für seine glückliche Ankunft danken."

Ich schloss die Augen, während er betete, und ließ den Strom meines unbegrenzten Dankes dorthin gehen, woher mir wirklich Hilfe gekommen war.

Ein dunkles Kind, das zappelte und schrie, wenn es Hunger hatte, das ich gegen die Meinung der anderen Frauen und gegen Gottliebs sichtbaren Widerwillen an meiner Brust trinken ließ, bis ihm die Milch aus den Mundwinkeln rann.

Wenn nicht meine weißen Schwestern, so hatten mich die Negerfrauen gelehrt, wo die beste und von Gott gegebene Quelle für das Kind war.

„Du ermüdest dich, du erschöpfst deine Kräfte", sagte Gottlieb, wenn er mich beim Stillen antraf. Ich wagte nicht zu sagen, dass ich ihn darin für einen Heuchler hielt, denn es gab keinen Zweifel, dass ihm diese nackte Darbietung animalisch und abstoßend vorkam.

Schon im Januar 1858 betrieb Gottlieb energisch unsere Heimkehr. Das Abwägen der für ihn teuersten Güter war ein Kampf, an dem er mich nicht teilhaben ließ. Ich konnte nur an dem Schwanken seiner Stimmungen ablesen, welches der Gewichte in ihm gerade die Oberhand hatte. Immer dann, wenn er Bemerkungen zugunsten einer Heimkehr fallen ließ, gab ich diesen Reden einen kleinen versteckten Stoß.

Aber ich hatte ihn unterschätzt, denn meine geheimsten und dringendsten Wünsche, dies Kind nicht in Afrika zu lassen, waren ihm nicht verborgen geblieben. Selbst Anyama wurde nicht vergessen. Im Februar zeigte er mir den Brief, der bei den Behörden in Christiansburg um die Erlaubnis ihrer Ausreise bat.

Zu diesem Zeitpunkt lief unser Zusammenleben und mein Befinden durch ein tiefes Tal. Wir fanden beide wenig Schlaf, wenn das Kind nachts schrie, und ich wusste, dass Gottliebs Arbeit darunter litt.

Wenn Gottreich unruhig war, reichte ich ihm die Brust, nur leider war er schon bald nicht mehr mit dem zufrieden, was ich ihm zu bieten hatte. Die Hitze zehrte an mir, alles zehrte an mir. Vor allem die Nächte übten einen unheilvollen Sog an meinen Kräften aus, wenn auch Gottlieb in schweren Träumen stöhnte oder in Schlaflosigkeit draußen auf der Galerie herumwanderte. Schließlich, Ende Februar, kam die erlösende Erlaubnis von Basel, wir möchten in Christiansburg auf den Bremer Missionsdampfer „Dahome“ warten.

Etwas mehr als ein Jahr war vergangen, und schon hatte sich mein Leben so gänzlich verändert. Abwärts und umgekehrt ging nun die Buschreise von Akropong in die Ebene bis an die Küste. Gottliebs Abschied von diesem Land schmerzte mich tiefer als mein eigener, denn ich ließ nichts zurück, was ich gerne gehalten hätte, nicht einmal die Hoffnung auf eine Wiederkehr.

Ich hatte das Kind bei mir in der Hängematte, unserem Sohn gefiel das Schaukeln und die ständige Bewegung. Er schlief die meiste Zeit, in meinen Armen und meiner Nähe geborgen. Anyama wollte nicht getragen werden, sie lief neben den Trägern her und blickte immer wieder zurück auf den Ort ihrer Heimat. Zu Gottliebs Mitteilung, wir würden sie mitnehmen nach Europa, hatte sie nur genickt. Ich wusste nicht, was sie dachte, noch weniger, wie sie diese Reise oder das fremde Land aufnehmen würde.

Auf diesem Marsch durch den Busch kam es mir deutlich wie nie in den Sinn, dass Anyama nicht die leiseste und geringste Ahnung davon hatte, wie Kälte, Schnee und eine unübersehbare Menge weißer Menschen auf sie zukamen, ein Land, in dem es Straßen, steinerne Häuser, große Brücken und Kirchen gab.

Sie schwatzte mit den Trägern, und wenn sie mir abends half, Gottreich zu wickeln und zu waschen, lag ein sonniger Schimmer auf ihrem Gesicht. Dieser verschwand, sobald wir die unruhigen Planken des Missionsschiffes betraten. Zuerst aber mussten wir wieder mit dem Surfboot die Brecher überwinden, schwierig für die Ruderer, da die Wellen auf das Land und nicht auf das Schiff zuliefen.

Anyama schrie, als sie das Meer und die unruhig tanzenden Boote sah. Sie sträubte sich genauso wie die Ziege, die wir zu Gottreichs Ernährung an Bord nehmen wollten.

Zuerst wurde ich mit dem Kind hinüber gehoben, dann packten zwei kräftige Neger die Ziege und gaben auf dem Boot einem Matrosen den Strick in die Hand. Anyama zappelte und kreischte in den Armen des Schwarzen, der sie an Bord brachte. Zuletzt zwängte Gottlieb sich neben mich auf die Bank und legte den Arm um mich. Kaum schoss das Boot, von sechs Matrosen gerudert, über die Brandungswellen hinweg und gewann das etwas tiefere Wasser, stieß die völlig verängstigte Ziege ihre Hörner gegen den, der sie am Strick hielt, und flog, von ihrem eigenen Schwung getragen, über Bord. Wir sahen den Schaum über ihr zusammenschlagen, dann war sie weg. Ade, Milch, dachte ich, wie soll ich mein Kindlein jetzt ernähren?

Das war der Auftakt zu der Seereise, die zwei Monate dauerte und uns Krankheit, Schrecken und Ängste und zuletzt den Tod brachte.

Anfangs freute ich mich, denn Kapitän Saxer hatte uns die

schönste und größte Kajüte gegeben, neben der Anyama in einer Art Vorraum untergebracht war. Auch diesmal war es ein Segelschiff wie damals die „Ida“, aber jetzt blies weder ein Sturm noch der geringste Wind. Kaum trug uns die leichte Brise von der Küste auf das offene Meer, dann setzte vollkommene Windstille ein, im sanften Wiegen der Dünung hingen die Segel schlaff im ächzenden Tauwerk.

Der Kapitän war sehr jung, gerade fünfundzwanzig Jahre alt, und vor allem war er ungeduldig. Mit langen Schritten ging er auf dem Deck hin und her, ließ immer wieder Messungen anstellen, die aber ganz nutzlos waren, da sie nur anzeigten, dass wir keine Fortschritte machten noch auch den geringsten Wind hervorzauberten.

Mich überkam das Fieber zuerst. Hilflos lag ich in meiner Koje, von krausen Fantasien heimgesucht, in denen Afrikas Welt mich noch einmal zu umklammern suchte. Das Schlimmste war, dass meine Milch nun vollends versiegte. Gottlieb und Anyama bemühten sich, dem kleinen Schreihals eine Art Brei aus Zwieback und Wasser einzuflößen, den er zuerst zornig wieder aus seinem Mund laufen ließ, bis ihn schließlich der Hunger zwang, die Nahrung anzunehmen.

Nach etlichen Tagen verließ mich das Fieber, ich konnte bei ruhiger See auf noch unsicheren Beinen an Deck hin und her gehen. Gern trug ich dabei meinen dunklen, unruhigen Sohn auf den Armen, der die Welt aufmerksam ansah und bereit war, jedermann anzulachen.

Schließlich erfasste zur Freude des Kapitäns der Passat das Schiff, mich aber erfasste die Seekrankheit, die mich elender als zuvor auf dem Bett festhielt. Nebenan jammerte Anyama im Schrecken über die unbekannten Dämonen, die ihr so übel mitspielten.

Auch Gottlieb ging es nicht gut, dennoch schlich er herum, versorgte mich und das Kind und schließlich auch Anyama.

Endlose Tage, in denen wir uns allmählich erholten, endlose Tage, in denen das Kind trotz aller Beschwernis gedieh. Das Meer kam mir feindselig und grau vor, ich konnte meine

Seele nicht über die Mühsal erheben, erlebte nur die Unsicherheit unserer hölzernen Behausung, die so klein und hilflos Wind und Wasser ausgeliefert war.

Vielleicht bedrückte mich auch die sinkende und düstere Stimmung der Mannschaft, denn eines war nicht mehr zu übersehen oder zu verschweigen, unser junger Kapitän war sehr krank.

Es schien, als habe er sich schon an Land in Christiansburg eine Darmkrankheit zugezogen und war trotz schwerer Bedenken der Missionsbrüder an Bord gegangen. Nun schwächte ihn nach drei Wochen auf See der Durchfall so sehr, dass sein Wachoffizier das Kommando übernehmen musste. Zweimal war ich dem Kapitän noch an Deck begegnet, da war er schon blass und mager geworden und presste immer wieder die Hände auf den Leib oder krümmte sich in Schmerzen zusammen.

Eines Nachts trappelten Füße auf Deck und in den Gängen, Stimmen wurden laut, bis jemand an unsere Tür pochte und nach Gottlieb rief. Sie begehrten geistlichen Beistand, der Kapitän lag im Sterben.

Zum ersten Mal erlebte ich eine Bestattung auf See, denn ein Toter konnte nicht auf dem Schiff bleiben. Ich kannte die Gründe nicht, war es nur Aberglaube oder die Angst vor der Verwesung des Leibes, aber so verlangte es das Gesetz der Seefahrt.

Wir standen im Wind an der Reling, auf den Planken lag der in ein Segeltuch gewickelte Leichnam, über den Gottlieb den Segen sprach. Dann packten vier Matrosen zu und warfen unter den schrillen Tönen der Bootsmannspfeife ihren Kapitän in den Ozean. Mich packte ein furchtbares Grauen vor diesem einsamen Tod, vor dieser letzten Ruhestätte, die keines Menschen Auge je wiederfinden würde.

In dieser Nacht erduldete ich auf der schmalen Koje Gottliebs ungezügelten Ausbruch einer Leidenschaft, die geboren sein mochte aus Verzweiflung und dem Wunsch nach Betäubung auf dieser trostlosen Seefahrt. Ich erduldete es, so war es, denn mit Liebe hatte das nichts zu tun. Das Schlimmste daran war, dass wir über diesen Bereich der Ehe niemals sprachen und ich nach all der Zeit nicht herausgefunden hatte, welche Bedeutung, welchen Wert oder Unwert Gottlieb diesem Akt beimaß. Mir gefiel er immer noch nicht.

Welch eine Reise. Nach vier Wochen, als wir schon längst in Bremen hätten sein sollen, war kaum die Hälfte der Strecke zurückgelegt. Mochte der neue Kapitän auch ein erfahrener Seemann sein, er hatte den Unstern des Todes über sich und nicht das Vertrauen der Mannschaft.

Bei unserer Abfahrt hatten wir angenommen, das Schiff segle direkt nach Bremen. Jetzt erst erfuhren wir, dass die Ladung Palmöl, die wir an Bord hatten, für Bristol bestimmt war.

Mir schien, auf dieser Reise ging keine Rechnung richtig auf, denn auch Anyama befreite sich gar nicht von der Angst vor dem Meer und allem Unbekannten, das ihr begegnete. Sie weinte viel und hatte offenbar großes Heimweh. Alle meine Ziele, die ich mit ihr so schön vor Augen gehabt hatte, wurden in der rauen Wirklichkeit unserer Reise zu Wasser, und je trauriger Anyama wurde, desto größer wuchs die Last auf meinem Gewissen.

Gottlieb betete, wie immer bei einer Düsternis der Seelen suchte er mich in den Sog seiner dringlichen Bitten zu ziehen, Bitten um Geduld, Glauben und die unverbrüchliche Dankbarkeit auch für die Prüfungen, die uns auferlegt wurden. Ich suchte mir den Trost lieber aus jedem Lachen meines Sohnes, der sich mit unglaublicher Lebenskraft auf dieser Welt behauptete.

Am 19. Mai schließlich ankerten wir vor Bristol in der Mündung des Avon, schon gar nicht mehr gewohnt, die Füße auf festen Boden zu setzen. Bei den ersten Schritten im Hafen gingen wir breitbeinig wie die alten Seebären.

Kisten und Kasten ebenso wie wir Menschen konnten von Bristol direkt mit der Eisenbahn nach London fahren, mitten durch diese grüne Insel, die mir kühl, lieblich und sanft erschien. Ich hatte es gut, denn Gottlieb sorgte mit ungewohnter Tatkraft für alle äußeren Dinge. Anyama stieß immer wieder Rufe des Erstaunens oder Schreckens aus, als die Landschaft an unseren Fenstern vorbeiglitt, oft riss sie Mund und Augen gleichzeitig auf. Wir wiederum wurden genug von anderen Reisenden angestaunt, freundlich oder feindselig, beides begegnete uns.

Wieder London, eineinhalb Jahre und ein ganzes Leben später. Wir wohnten bei methodistischen Missionsfreunden nicht weit vom Hafen und den Docks an der Themse. Ein Ehepaar, ein halbwüchsiger Sohn, eine ledige Tante und ein Großvater, eine große Familie, doch unseretwegen rückten sie willig zusammen. Für Anyamas Hautfarbe hatten sie nicht den flüchtigsten Blick des Erstaunens und schlossen sie ebenso in ihr Wohlwollen ein wie mich und den kleinen Gottreich. Acht Tage blieben wir, denn Gottlieb musste Verhandlungen führen mit der Bible Society wegen des Druckes der schon fertig gestellten Übersetzungen.

Acht Tage in einer Stadt, deren Hauch und Leben mir wiederum freundlich und heimatlich entgegenkam. Jetzt war das Englische nicht mehr fremd für mich, jetzt konnte ich mit dem Sohn Ronald zusammen Anyama an die Hand nehmen und mit ihr durch Straßen und über Plätze gehen, auf denen ich für immer hätte bleiben mögen. Ronald brachte das verängstigte Mädchen wieder zum Lachen, und ich fühlte mich frei wie ein Vogel, da ich meinen Sohn in der guten Obhut von Frau Waring und der Tante wusste. Das Schönste an diesen Tagen aber war, dass sie Reverend Meadows kannten. Da Gottlieb fast den ganzen Tag unterwegs war, hatte ich Zeit genug, mit den beiden Frauen zu reden. Ich kannte mich selbst kaum wieder, wie ich da anfing, von unseren afrikanischen Tagen zu erzählen, und wie mir der Name Meadows ganz von selbst auf die Lippen kam. Das war an einem Nachmittag, dem dritten unserer Londoner Tage. Gottlieb war ausgegangen, mein kleiner Sohn schlief, und ich saß mit den beiden Frauen am Tisch der großen Küche. Sie halfen mir beim Ausbessern unserer Kleidung, einer Arbeit, die auf der Seereise wirklich zu kurz gekommen war. Anyama hockte auf einem Schemel und stichelte schief und krumm an einem Hemdchen für Gottreich.

„Was wollt ihr mit dem Mädchen in Basel machen?“, fragte die Tante. Ich hatte ihnen von der Nähschule erzählt und wie ich mit Anyama Otschi gelernt hatte.

„Einen deutschen Haushalt soll sie lernen“, sagte ich einfach, und das Schlimme dabei war, dass es mir inzwischen überhaupt nicht mehr einfach vorkam.

Agnes Waring sah mich an und dann Anyama. Sie hatte längst begriffen, welche Schwierigkeiten ich da auf mich gehäuft hatte und wie das Mädchen unter der Trennung von ihrem warmen Heimatland litt. Trotz der dicken Kleidung fror sie ständig und hatte sich Bewegungen angewöhnt, die ich in Akropong nie an ihr gesehen hatte. Sie verschränkte die Arme über der Brust wie zur Abwehr gegen eine feindliche Welt und auf der Suche nach Wärme, oder sie saß mit hochgezogenen Knien, um die sie die Arme schlang. Auch jetzt suchte sie die Wärme des Kamins, wo im kühlen englischen Mai ein Feuer brannte.

Plötzlich und ohne Übergang begann ich von Reverend Meadows zu sprechen, der mir in dieser englischen Umgebung fast ständig im Sinn lag. Ich war auf einmal ganz sicher, dass er mir empfehlen würde, Anyama nach Afrika zurückzuschicken.

„Meadows in Bathurst?“, fragte Agnes. Ich nickte und fand es gar nicht seltsam, dass sie ihn kannten aus den Tagen, bevor er Missionar wurde.

Ich wusste, Anyama hörte uns zu, ich wusste aber auch, dass sie höchstens ab und zu einen halben Satz verstand oder weniger. Ich erzählte von meinem Besuch in Bathurst und von den singenden Kindern. Agnes' Augen glänzten, denn auch hier im Hause wurde gesungen, und die schönen Choräle von Charles Wesley waren ihre täglichen Begleiter.

Irgendwann hörte ich Gottreich schreien, sah, wie Anyama

hinausschlüpfte, nahm wahr, wie das Schreien verstummte und war beruhigt bei dem Gedanken, dass sie sich um das Kind kümmerte.

Aber man sollte nie zu sehr dem vertrauen, was man nicht sieht. Die Dämmerung brach schon herein, als ich Gottreich wiederum schreien hörte. Dicke Tränen kullerten über seine Backen, und erst als er mich sah, gluckste er zufrieden. Anyama war nicht da.

„Gottreich, wo ist Anyama?“ „Brr“, machte er und lachte und streckte die Arme nach mir aus. Ich drückte den warmen kleinen Körper an mich und rief nach Anyama. Aber sie war nicht da, nirgends im Haus. In diesem Augenblick erfuhr ich an meinem Leibe, was ein eisiger Schrecken ist. Meine Hände waren mit einem Schlage so kalt, dass ich beinahe meinen strampelnden Sohn hätte fallen lassen. Dann hörte ich hinter mir Agnes' Stimme: „Was ist, Emilie, wo ist Anyama?“

Ich schüttelte den Kopf, ich konnte nicht antworten. Agnes nahm mir wortlos das Kind ab und führte mich in die Küche, in den Lichtkreis der Lampe und des Feuers. Lieber, guter Gott, wie schlecht hatte ich das Mädchen gehütet, wie wenig seine Ängste und sein Heimweh bei mir bewegt.

Wenig später kamen Mr. Waring und Gottlieb fast gleichzeitig ins Haus, und ich bekam die ganze Wucht seines Zornes zu spüren. Sie merkten sofort, dass etwas nicht in Ordnung war. Während Mr. Waring uns nur fragend ansah, fragte Gottlieb nach Anyama, die sich um diese Zeit gewöhnlich um das Kind kümmerte.

Ich schluckte, es hatte keinen Zweck, darum herumzureden.

„Es scheint, sie ist weggelaufen“, sagte ich einfach. Ich war zwar schuldbewusst, aber doch nicht gefasst auf die schneidende Schärfe seiner Worte.

„Du hast doch nichts zu tun, als auf die Kinder aufzupassen. Ich dachte immer, ich könne mich auf dich verlassen.“ Dann drehte er mir abrupt den Rücken zu und sagte:

„Mr. Waring, helfen Sie mir suchen?" Der nickte, rief nach Ronald, und zu dritt verließen sie wortlos das Haus.

Agnes Waring sah mich ebenso wortlos mit großen erschrockenen Augen an, dann fing sie an, Gottreich zu füttern, der inzwischen wieder angefangen hatte zu weinen. Ich biss mir auf die Lippen und verließ die Küche, ich mochte in diesem Augenblick mit niemandem sprechen. Verfehlung und Schuldzuweisung, so schnell ging das, Schlag auf Schlag, und ich saß in der Ecke der Sünder und Gottlieb auf dem Pferd seiner Selbstgerechtigkeit. Eigentlich hätte ich weinen sollen, aber ich war einfach nur wütend.

Nicht Gottlieb brachte Anyama zurück, es waren die Warings. Wie es schien, hatten sie sich bei der Suche getrennt. Anyama heulte, aber ich war nicht in der Stimmung, sie zu trösten, sondern schickte sie kurz und bündig zu Bett und befahl ihr sehr streng, das Haus nicht ohne meine Erlaubnis zu verlassen.

Mr. Waring und sein Sohn hatten in einem untrüglichen Gefühl bei den Docks gesucht, wo das Mädchen gerade versuchte, mit einem der Matrosen zu reden. Sie hat mir nie erzählt, ob sie die Absicht hatte, heimlich und ohne uns nach Afrika zurückzukehren, denn von diesem Abend an sprach sie nur noch wenig mit uns. Noch bevor Gottlieb ins Haus zurückkehrte, wusste ich, dass dieser Versuch, einen so fremden Menschen unsere Wege zu lehren, gescheitert war, ehe er überhaupt angefangen hatte.

Ich lag im Dunkeln und rührte mich nicht, als Gottlieb zu mir hereinkam. Nur ein matter Lichtschein fiel durch das unverhüllte Fenster, und er sah genau, dass ich nicht schlief.

„Wir wollen Gott danken, dass er Anyama wieder zu uns geführt hat", sagte er und kniete neben dem Bett nieder.

„Lass das", sagte ich, „danke lieber Mr. Waring, der wusste, wo er sie suchen sollte."

Sein Schweigen und seine Reglosigkeit dauerten eine sehr lange Weile. Ich weiß nicht, was er dachte und ob er betete, ich weiß nur, dass er sich viel später leise neben mir niederlegte. Ich sank ganz langsam und sachte in einen tiefen und erquickenden Schlaf. Ob er in dieser Nacht schlief, weiß ich nicht.

Als Gottlieb aus seiner Entrückung an Emilies Lager zurückkehrte, lag sie immer noch reglos. Draußen hatte die Nacht ihre Töne verändert, fast vollkommene Stille beherrschte das Land. Nur in der hölzernen Wand tickte ein Wurm, und in den Ritzen des Fußbodens knisterten die Ameisen. Der Friede auf Emilies Gesicht war auch sein Friede geworden. Zum ersten Mal haderte er nicht mit dem Tod. Er berührte leise ihr Haar, ihr Gesicht, ihre Hände. Sie lächelte. Ihm konnte das nicht gelten, aber er nahm dieses Lächeln auf in sein Gebet, das wie ein großer dunkler Fluss durch sein Inneres strömte, weit fort in Regionen, die er noch niemals erkundet hatte. Es gab keine Antwort, aber die brauchte er nun nicht mehr. Zum ersten und zum letzten Mal war sein Leben mit ihrem Leben zusammengeflossen.

Ich war alles andere als gelassen und nüchtern, als wir zum letzten Abschnitt unserer Reise aufbrachen. Gottlieb hatte seinen Zorn gegen mich fahren lassen und behandelte mich mit einer Art Achtung, die mir früher nie zuteil geworden war. Dagegen war etwas von seiner Milde und Güte verschwunden. Beim Abschied flüsterte Agnes mir zu: „Versöhn dich wieder mit ihm.“ Aber ich wusste nicht, wie ich das machen sollte, denn von Streit zwischen uns war gar nicht die Rede.

Das Lied von unserem Leben als einem Strom, der schnell dahin fließt, begleitete mich auf dem ganzen Rückweg. Wir fuhren in der Tat auf einem großen Strom heimwärts. Ich hatte mich geweigert, mit dem Kind Tag und Nacht in der Eisenbahn quer durch Frankreich und Deutschland zu reisen. So bestiegen wir einen holländischen Dampfer, der uns nach Rotterdam brachte, von wo wir mit der Mannheimer Schifffahrtsgesellschaft den Rhein hinauffahren konnten.

Nun hatten wir in Rotterdams lautem und turbulentem Hafen wieder richtiges Festland unter den Füßen und den derben Mannheimer Dialekt unseres Schiffers in den Ohren.

In Rotterdam kamen erst wenige Passagiere an Bord, und so konnten wir uns die Kajüte selber aussuchen. Der Schiffer lachte, als er unseren kleinen Sohn und die dunkle Anyama sah, und versicherte uns, wir sollten es schön und behaglich an Bord haben. Die Kajüte im Vorschiff war eng, aber praktisch eingerichtet, Anyama konnte in einem Verschlag neben den Vorräten schlafen, und Gottreich schaukelte wieder in seinem Hängekorb.

Die Frau des Schiffers war hager und schweigsam, im Gegensatz zu ihrem kleinen struppigen Hund, der überall an Bord herumtobte und die vorbeiziehenden Schiffe anbellte.

Es war schlimm, aber seit Anyama in London von uns weggelaufen war, konnte ich einen tiefen Groll gegen sie nur schwer hinunterschlucken. Ich wusste, das war ungerecht und unbillig, auch alle lauten oder leisen Gebete halfen mir nichts. Wie unser Schiff sich da gegen die gewaltige Strömung des Rheins flussaufwärts kämpfte, saß Anyama stundenlang und starrte auf die herankommenden und verschwindenden Orte, kraulte wie abwesend den kleinen Hund, der sich zutraulich neben ihr einfand. Auch Gottlieb war meistens schweigsam, aber zugleich rührend bemüht, mir und Anyama das Leben zu erleichtern. Es schien, er betrachtete erst jetzt den kleinen Gottreich als ein menschliches Wesen, wenn er ihn in seinen Armen auf dem Deck herumtrug und leise mit ihm sprach. Wenn Gottreich schlief, setzte er sich zu Anyama und redete in Otschi mit ihr, bis sich wieder ein zaghaftes Lächeln auf ihrem Gesicht zeigte.

Ich selber war aus meinen eigenen beunruhigenden Gründen schweigsam. Ich konnte es allmählich an den Fingern abzählen, dass ich wieder schwanger war. Von Tag zu Tag hoffte ich, dass es doch noch anders kommen möchte, aber keiner der neuen Tage erfüllte diese Hoffnung. Mehr denn je dachte ich an meine Mutter und an meine Kinderzeit, die erfüllt war von diesem immerwährenden Kindersegen. Und nicht zuletzt dachte ich an meinen Vater, verbotene Gedanken, die sich mir dennoch in Scharen aufdrängten.

Ich fand es nicht mehr so besonders schön, erwachsen zu sein und in eine Zukunft zu fahren, von der ich wieder so gut wie gar nichts wusste. Zum dritten Mal würde ich in Basel einziehen und zum ersten Mal einen eigenen Haushalt führen. Nach einem Tag und einer Nacht tauchte wie aus dem Bilderbuch der Umriss des Kölner Domes gegen den Himmel auf.

„Wir werden hier an Land gehen", sagte Gottlieb, „das Schiff hat einige Stunden Aufenthalt."

„Und Gottreich, sollen wir ihn mitnehmen?"

„Er wird auf dem Schiff bei Anyama bleiben."

In diesem Augenblick wagte ich keinen Widerspruch und folgte meinem Mann schweigend an Land. Ihn zog es zuerst zum Dom, wie ich nicht anders erwarten konnte, und ich sah ihn dort nach einem stummen Rundgang durch den riesigen Raum in ein tiefes Gebet versinken. Ich selber habe selten eine kältere Stunde erlebt, überwältigt von dem Gefühl der Leere und des Mangels, das mich unter den ragenden Säulen und dem fernen Gewölbe anwehte. Es gibt solche Kirchen.

Zu meiner Erleichterung strebte Gottlieb danach keine weiteren Kunstbetrachtungen an, sondern führte mich in das Haus eines Missionsfreundes, wo ich mit all der Wärme erfüllt wurde, die mir vorher gefehlt hatte. Der Kaufmann Simonis war reich, sein Haus stand nicht weit vom Dom in einer schmalen Straße, wie überhaupt dort alle Häuser eng zusammengerückt erschienen. Die Eheleute kamen mir vor wie aus einem altväterischen Bilderbuch, aber dabei großzügig und fröhlich. Jetzt erlebte ich an Gottlieb einen ungehemmten Redefluss, der mit Begeisterung und farbigen Wendungen von unseren afrikanischen Stationen erzählte. Deutsch zu Deutschen, mir kam erst hier so richtig zum Bewusstsein, welch ein Segen und welche Erleichterung es ist, wenn alle sprachlichen Schranken und Hemmnisse fallen. Wir gingen mit einer so großzügigen Spende für die Mission auf unser Schiff zurück, dass ich mich im Stillen fragte, mit welchen Absichten Gottlieb diesen Besuch gemacht hatte. Immer häufiger kamen mir solche Gedanken, die so gar nicht zulässig erschienen, die aber leider ihre eigene Kraft und Beharrlichkeit entwickelten.

Ich war dreißig Jahre alt, hatte ein Kind und würde bald ein zweites haben, dennoch begann ich erst jetzt, in einer Weise erwachsen zu werden, die mir selbst gar nicht behagte.

Als wir in Mannheim anlangten und das Schiff verlassen mussten, wagte ich endlich, die Frage zu stellen, die bisher nie laut geworden war.

„Wissen sie in Basel, dass wir Anyama mitbringen, was werden sie dazu sagen?"

Gottlieb sah mich nachdenklich an. „Bis jetzt wissen sie es noch nicht", sagte er, „ich hoffe sehr, dass sie unsere Idee billigen."

Aber darin hatten wir uns beide getäuscht, sie billigten diese Idee ganz und gar nicht. Es dauerte noch bis zum Abend des folgenden Tages, bis wir schließlich in Basel anlangten, denn Gottlieb drängte darauf, in Heidelberg bei den Eltern der Witwe Steinhausers einen Besuch zu machen. Ich war des Reisens mit dem kleinen Kinde und dem schwarzen Mädchen allmählich herzlich müde und sehnte mich nach einer geordneten Häuslichkeit.

Basel am Abend, wieder der Weg von dem nun schon ganz bekannten Bahnhof durch die bekannten Straßen, diesmal allerdings in einer Droschke und nicht zu Fuß.

Ich dankte Gott von ganzem Herzen, als man uns endlich die Tür des Häuschens aufschloss, das vor dem Spalentor auf dem Gebäude des Missionshauses stand und uns bis zu seinem Abbruch überlassen war.

Basel 1858-1860

Ein enges Häuschen, ein lebhaftes Kind, ein von Natur aus unruhiger Mann, ein Dienstmädchen, ein Negermädchen, ein noch vollkommen ungeordneter Haushalt und eine anhaltende, nagende Übelkeit, es schlug mir mit Macht über dem Kopf zusammen. Ich fühlte mich von allen guten Geistern und Kräften verlassen.

Gottlieb war voller Vorfreude auf das herannahende große Missionsfest, beschäftigt mit vielen Arbeiten für Inspektor Josenhans und mit dem Ordnen seiner endlosen Papiere, die das noch gar nicht fertige Wohnzimmer besetzten. Er drängte mich, meine Eltern zum Missionsfest einzuladen, ebenso wie seine Schwester Gottliebin. Wie und wo sie schlafen sollten, sagte er mir allerdings nicht. So gern ich sie alle wiedergesehen hätte, war ich sehr erleichtert, dass sie nicht kamen.

Nun war der Juni gekommen, und ich hatte Gottlieb immer noch nichts von meiner neuen Schwangerschaft gesagt, bis Afrika noch einmal seine Finger nach mir ausstreckte. Ich bekam ein heftiges Fieber und muss wohl nachts vieles geredet haben, von dem ich am Morgen nichts mehr wusste.

„Wann wird das Kind kommen?“, fragte Gottlieb einfach, als ich wieder bei klaren Sinnen war.

Ich rechnete ihm vor, dass es im Januar zu erwarten sei, worauf er still und in sich gekehrt zu seiner Arbeit ins Missionshaus ging.

Hätte ich damals gewusst, was ich später wusste, wäre meine Angst vor diesem Sommer noch viel größer gewesen.

Gottlieb war krank, das stellte sich bald heraus, weder die

lange Seereise noch unser Aufenthalt in Basel konnten die Spuren Afrikas verwischen. Wenn ich bei den Andachten, die ich gelegentlich im Missionshause besuchte, Inspektor Josenhans begegnete, so drückten seine Blicke Sorgen und Bedenken aus. Es dauerte nicht lange, bis er im Garten zu mir sprach und dringend einen längeren Erholungsurlaub empfahl.

„Er leidet, seine Arbeit leidet, und wir alle haben keinen Gewinn davon", sagte Josenhans. So war das, die Mission musste einen Gewinn von uns haben, wir waren Werkzeuge im Auftrag des Herrn. Meine eigene Nützlichkeit war hier in Basel nicht vorhanden, ich war als Werkzeug stumpf geworden und sollte es noch lange bleiben. Spielball, auf dem Brett herumgeschobene Figur, so kam es mir vor.

Ehe ich in Basel Wurzeln schlagen konnte, wurden die ersten dünnen Fäden wieder aus dem Erdreich gerissen.

Gottlieb bestand darauf, in seine Heimat zu reisen, meine Eltern in Waiblingen und seine Schwester in Gmünd zu besuchen. Ich wehrte mich, ich konnte mir nicht vorstellen, schon wieder auf Reisen zu gehen, und was sollte mit Anyama geschehen.

Es stellte sich heraus, dass ich meinen Mann immer noch nicht kannte.

„Du kannst hier bleiben, wenn du nicht reisen willst", sagte er, „das Komitee hat mir einen längeren Erholungsurlaub verordnet. Ich habe schon einen bestimmten Kurort im Auge."

Ich glaubte es nicht. Dieses eine Mal machte ich ihm eine bitterböse Szene.

„Du kannst mich nicht einfach allein lassen", schrie ich ihn an, „glaubst du, ich hätte keine Erholung nötig, mir ist schlecht, und ich will nicht für alles allein die Verantwortung haben –", dann ging meine Rede in hilfloses Weinen über, das lange nicht aufhören wollte. Er sah mich mit aufgerissenen Augen an, erschrocken und bleich, aber mir wurde nicht zuteil, worauf ich so sehr wartete. Er nahm mich nicht in die

Arme, wortlos und tröstend. Er sank dort, wo er stand, auf die Knie und betete laut um Vergebung unserer, meiner Sünden, um Geduld in Trübsal und die Bereitschaft, Opfer zu bringen. Ich liebte ihn nicht in diesem Augenblick, ich grollte ihm, weil er ein Mann war, weil er so gar nichts wusste von meinem Körper und meiner Seele, weil er überhaupt nichts verstand.

Ich hörte seine Stimme, ich hörte von oben, wie Anyama mit dem Kind sprach und lachte. Ich schloss die Augen und setzte ihm mein eigenes Gebet entgegen, dringend auf der Suche nach dem Strom der Kraft, die mich aufrecht und am Leben halten könnte. Dieses Flehen ohne Worte musste irgendwo einen Widerhall gefunden haben. Gottlieb sah mich nicht, er kniete immer noch mit gesenktem Kopf und geschlossenen Augen, aber meine offenen Hände wurden erfüllt von Wärme, die meine Arme hinauflief bis zum Herzen, den Bauch wohlig füllte und schließlich bis in die Fußspitzen reichte. Es war eine erlösende Wirklichkeit, ein Unterpfand, dass ich nicht allein war.

„Du kannst aufhören zu beten“, sagte ich, „es tut mir leid, dass ich dich angeschrien habe. Ich werde mit dir reisen. Aber du entscheidest, was mit Anyama geschieht.“

Dann ließ ich ihn knien und stieg die Treppe hinauf zu den beiden Kindern. Ich sah Gottlieb erst bei der Abendmahlzeit wieder, Schatten im Gesicht und mit dunklen, leidenden Augen. Auch er konnte anscheinend die Brocken nicht essen, die uns hier aufgetischt wurden.

„Wenn du mit mir reisen willst, was ich sehr begrüße“, sagte er nach dem Tischgebet, „werden wir Anyama mitnehmen. Hier kann sie nicht bleiben, Josenhans hat so gut wie angeordnet, dass wir sie nach dem Sommer bei nächster Gelegenheit nach Afrika zurückschicken. Er hat mich getadelt wegen unserer Eigenmächtigkeit, sie mitzubringen.“

So reisten wir zwei Wochen später zu meinen Eltern nach Waiblingen. Vom Bahnhof und zurück, viel mehr hatte ich bis jetzt von Basel nicht gesehen. Nicht nur Anyama begleitete uns, ebenso die Frage, wie weit denn die Liebe dieser Missionare ging, dass sie das schwarze Kind hier nicht dulden wollten.

Zu Hause war es wie immer und doch ganz anders. Bertha war erwachsen, herb und verschlossen, selten kam ein Lächeln auf ihr Gesicht, und Sophie war so groß geworden, dass ich sie gar nicht mehr kannte. Mein Vater freute sich ganz unverhohlen, mich zu sehen, Mutter sah wohl mehr die Last der Arbeit, die mit unserem Besuch auf sie zukam.

Schlimmer war, dass mein eigener Blickwinkel sich in vielem verändert hatte, nur in einem nicht, ich konnte mich mit meiner Mutter nicht vertragen. Ich weiß nicht, woran das lag, ich gab mir so große Mühe, dennoch liefen gerade die Kleinigkeiten quer, die unser Leben nun einmal ausmachten.

Vater widmete sich mit Wonne und Liebe unserem kleinen Gottreich, der diese Liebe ungeteilt erwiderte und bei seinem Großvater lachte und krähte.

Aber das waren alles nur Vorläufigkeiten, weder Gottlieb noch ich konnten uns hier erholen, denn gerade er meinte, durch viele Besuche und Gespräche den Gedanken an die Mission immer neu anfachen zu müssen. Mir dagegen wurde die Entscheidung aufgebürdet, ob ich das Kind zur Kur nach Bad Dizenbach mitnehmen wollte. Doch schließlich nahm Gottliebin mir dies aus der Hand, als wir zu viert in Gmünd bei ihr und ihrem Mann Philipp Merkle anlangten. Wir waren nicht so lange in Waiblingen geblieben, wir wir uns vorgenommen hatten. Nicht nur ich konnte mit Mutter keine Übereinstimmung schaffen, sie wollte sich weder mit Anyamas Hautfarbe abfinden noch mit den Blicken der Leute, denen wir im Ort begegneten.

Gottliebin dagegen nahm uns mit Freuden auf. Zum ersten Mal sah ich Bruder und Schwester zusammen, erst jetzt begriff ich, wieviel sie einander bedeuteten, und zum ersten Mal sah ich auch Philipp Merkle, einen breiten, bodenständigen Mann, mit dem ich nicht so recht etwas anzufangen wusste.

Aber gerade er war es, der Anyama die folgenden Wochen sehr erleichterte. Denn schon am zweiten Tag war es für Gottliebin klar, dass sie Gottreich und Anyama bei sich behalten wollte, während wir in Dizenbach weilten. Vom ersten Augenblick an liebte sie das Kind und nahm es als ihres an, da sie selber noch keines hatte.

„Gottlieb", sagte ich, „wie sollen die beiden mit Anyama reden, wenn wir fort sind?"

Aber da wusste Philipp Rat und hatte schon angefangen, sich auf seine Weise mit Anyama zu unterhalten, noch ehe wir etwas davon merkten. Alle die Zeichen und Gesten, die er für den Unterricht seiner taubstummen Kinder benutzte, begriff Anyama in Windeseile und hatte dazu einen großen Spaß an dieser Art der Verständigung.

In Juli kam der Abschied von meinem Sohn, der länger und schmerzlicher war, als ich mir vorgestellt hatte. Mein Trost in diesen Wochen waren die rührenden Briefe, die Gottliebin mir schrieb, worin sie alle Kleinigkeiten über den Tageslauf mit dem Kind berichtete. Damals wusste ich noch nicht, wie sehr ich mich in dieser Kunst würde üben müssen, meine Kinder mit den Augen Fremder zu sehen.

Gottlieb war ein schlechter Patient in dem lieblichen Tal der Fils und dem lauschigen Kurort, wo wir von den Schwefelquellen tranken. Ich hätte mich gerne geübt in der Gelassenheit des Nichtstuns, gemächlichen Spaziergängen und dem Lesen schöner Bücher. Es war schon so, dass Gottlieb diese Kunst vereitelte. Kaum waren wir vom ersten Gang zum Trinkbrunnen zurück, vergrub er sich in seine Arbeiten, in die Durchsicht seiner Übersetzungen oder er schrieb ein Fülle von Briefen, die in einem ebenso unruhigen Drang auf die Post befördert werden mussten.

Meine Übelkeit hatte sich gebessert, nicht aber das Heimweh nach meinem Kind, und Gottlieb erholte sich nicht. Das musste wohl von der tiefen Unzufriedenheit seiner Seele herrühren, dieser nagenden Begier, wieder in Afrika seine Hände im Spiel zu haben. Und schon jetzt brachen die Konflikte zwischen ihm und Bruder Mader auf, die später zu einer so großen Verbitterung führen sollten.

Erst im September kamen wir nach Basel zurück. Die Luft wurde schon empfindlich kalt, und ich fror in unserem so lange unbewohnt gebliebenen Häuschen. Auch Anyama fror, und dabei hatte der Winter noch gar nicht angefangen. Ich machte mir innerlich die Meinung des Komitees zu eigen, dass es am besten sei, Anyama in ihre Heimat zurückzuschicken, nur hatte ich ganz andere Gründe als die Herren im Missionshaus. Vorläufig war ich froh, dass sie noch bei uns war, denn Gottreich hielt uns den ganzen Tag in Atem, wenn er wie der Blitz in seinen gestrickten Hosen durch die Stube krabbelte.

Ein Glück und Segen war, dass uns ein wohltätiger Gönner aus Winnenden einen wunderbaren grünen Porzellanofen geschenkt hatte, der mit wenig Holz und Kohlen unser Wohnzimmer behaglich warm machte. Die Nähe dieses grünen Ofens wurde Anyamas bevorzugter Aufenthalt, und dort versuchte ich an einem dunklen Nachmittag im Dezember mit ihr über eine Heimkehr zu sprechen. Das ging in einem Gemisch in Otschi und Deutsch vor sich, wir beide hatten uns allmählich immer weiter in die Sprache des anderen vorgetastet.

„Anyama“, sagte ich vorsichtig, „du magst es nicht, wenn es so kalt und dunkel ist.“

„Nein“, sagte sie sofort, „das mag ich nicht.“

„Würdest du gern nach Akropong in die Sonne zurückkehren?“

Ihr Gesicht leuchtete auf, sie brauchte mir gar nicht zu antworten.

„Und Gottreich und ich? Du würdest uns dann nicht mehr sehen.“

Das hätte ich nicht sagen sollen, denn nun füllten sich ihre Augen mit Tränen, die überliefen und ihre braunen Wangen hinunterkullerten.

„Ist ja gut“, sagte ich und streichelte ihre krausen Haare, „vielleicht kommen wir eines Tages alle wieder nach Afrika.“

Anyama nickte heftig und wischte ihre Tränen ab. Ich dachte an Gottliebs Worte, die er in Akropong zu mir gesprochen hatte: ‚Binde das Mädchen nicht zu sehr an dich.' Jetzt musste ich einsehen, wie recht er damals gehabt hatte und wie gedankenlos ich selber gewesen war.

Am gleichen Abend sprach ich mit ihm darüber.

„Gottlieb", sagte ich, „ich bitte dich, mir zu verzeihen , dass ich verlangt habe, Anyama hierher mitzunehmen. Es tut mir Leid, dass ich dich deshalb in Schwierigkeiten gebracht habe."

Erst sah er mich eine Weile schweigend an, Liebe lag in diesem Blick, und dann lächelte er. Auf einmal wurden viele Dunkelheiten weggenommen, die sich zwischen uns gesammelt hatten. Dieses eine Mal suchte er keine Zuflucht im Gebet, sondern reichte mir nur schweigend seine Hände. Das war eine Geste, die auch mich mit Liebe erfüllte. „Ich werde mich um ihre Rückkehr kümmern", sagte er nur.

So kam es, dass Anyama im Frühjahr 1859 mit den Mohrs in ihre Heimat zurückkehrte. Aber vorher wurde Martha geboren, meine einzige Tochter, ein süßes, winziges, dunkles Wesen.

Wintergeburten, alle, die ich am tiefsten liebte, kamen aus den dunklen Tagen des Jahres, mein Bruder Julius, Martha und Ernst, mein Freuden- und Schmerzenskind, Theodor Benoni, Sohn des Todes, der meine Seele das Sterben lehrte. Gottreich war von der Sonne Afrikas getroffen, und jetzt nach Marthas Geburt flammte die Eifersucht auf und machte ihn, zusammen mit seiner glühenden Liebe zum Vater, zu einem kleinen Aufrührer und verursachte ihm sogar körperliche Leiden. Nur Paul ist ein Sommerkind, diesseitig und unbekümmert.

Die Menschen lügen, die sagen, Mutterliebe sei auf alle Kinder gleichmäßig verteilt. Ich weiß, dass es nicht so ist.

Außer dem Abschied von Anyama war dies ein heiteres Frühjahr und ein heiterer Sommer. Die Kinder gediehen mit dem lauten und unbekümmerten Lebenswillen, der alle meine Kräfte forderte und oft überstieg. Gottlieb kümmerte sich mit rührender Liebe um seinen Sohn, der anfing zu sprechen und mir oft hinaus auf die Gasse entwischte. Aber es geschah ihm nichts, alle Leute, die ihn sahen, liebten ihn, wenn er ohne Scheu auf sie zuging.

Erst als Anyama fort war, wusste ich, welche große Hilfe sie mir gewesen war. Caroline, die meine Mutter mir aus Württemberg schickte, war gutmütig, willig und zuverlässig, nur ach so langsam und schwer von Begriff.

So überließ ich ihr die Sorge für Martha, denn Gottreichs trickreichem Zauber war sie schon nicht mehr gewachsen.

Düster waren die Nachrichten, die über meine Schwester Pauline kamen. Sie hatte in ihrer dumpfen und hochmütigen Art einen Mann bekommen, der sie schlug und der auch nicht davor Halt machte, sich zu betrinken. Ich wusste oft nicht, ob ich lachen oder weinen sollte, wenn Vater mir von immer neuen Zwistigkeiten schrieb.

Ich hatte es gut, Gottlieb sprach mit mir über seine Arbeit, aber auch über die Mängel, denen er sich ausgesetzt glaubte. Schön war, dass unsere Liebe wuchs und er mich und uns nicht entgelten ließ, was ihn zerriss. Ich sah wohl, wie sein gescheiter Kopf sich nicht abfinden konnte mit Arbeiten anderer Missionsbrüder, die es an Genauigkeit und Tiefgang fehlen ließen oder deren Vermögen für die Aufgaben einfach nicht groß genug war.

Und Inspektor Josenhans ließ ihn Sekretärsdienste tun, die wohl auch ein minderbemittelter Kopf hätte ausführen können. Zu oft stritt sich die christliche Demut mit dem besseren Wissen seines Kopfes, dass daraus Schmerzen, Niedergeschlagenheit und tiefer Unmut erwuchsen.

Martha wurde dick und rund, Gottreich aber streckte sich, zappelte und nahm seinen Vater für sich in Anspruch, sobald dieser nur in die Tür kam.

Dennoch gab es in diesem Sommer das heranwachsende Gespenst von Gottliebs mangelnder Gesundheit. Ich konnte die Augen nicht verschließen vor diesen Wechselwirkungen zwischen Leib und Seele, die auch von keinem noch so innigen Gebet aufgefangen werden konnten. Andere Augen, die kühler als meine waren, sahen das auch. Der von den afrikanischen Fiebern geschwächte Leib wurde von dem zur Schwermut neigenden Geist nicht wieder aufgerichtet, und die nagende Unruhe des Gemütes wurde genährt von den Unzulänglichkeiten des Körpers.

Josenhans schickte Gottlieb zu Medizinalrat Dr. Zeller, der in Winnenden einer Nervenheilanstalt vorstand. Er verordnete Gottlieb einen längeren Urlaub in Felsenegg hoch auf dem Zugerberg. Diesmal fuhr er ohne mich, denn zu einer Reise mit zwei kleinen Kindern fehlte mir der Mut, auch hätte das Geld nicht gereicht.

Ich trug schwer an diesem Alleinsein, das Haus erschien mir trotz des Kinderlärms öde und leer. Schlimmer als mein eigener Schmerz war der meines kleinen Sohnes, der bitterlich weinte und fortwährend nach seinem Papa rief. Kaum hörte er Schritte oder eine Tür klappen, lächelte er unter Tränen und fragte hoffnungsvoll: „Papa?"

Für uns beide war das ein Vorgeschmack auf spätere und noch viel schärfer schmerzende Wunden.

Die Briefe waren nur ein schwacher Trost und Ersatz für die fehlende leibhaftige Gegenwart eines Menschen, der inzwischen trotz aller Kämpfe ein Teil meines Lebens geworden war. Und ich wusste nun auch, dass es nicht standhielt zu sagen: Wenn ich nur dich habe, mein Gott, frage ich nichts nach Himmel und Erde. Auf diese Probe wollte ich lieber nicht gestellt werden. Ich mochte noch so viele erbauliche Schriften lesen, am letzten Ende kam ich doch immer darauf zurück, dass Gottlieb mir fehlte und ich Sehnsucht nach ihm hatte.

Etwas anderes war allerdings schlimmer, das mein Vertrauen zur Leitung des Missionshauses sachte, aber stetig untergrub. Wenn ich Inspektor Josenhans im Garten begegnete, ließ er neben seinen Fragen nach Gottliebs Ergehen manchmal recht spitze Bemerkungen fallen, ich solle ihn nur ja nicht zu früh wieder nach Hause locken. Er sagte wirklich

‚locken', und ich spürte darin die verdeckte Verachtung, die er für die Natur einer Frau hegte. Ich schwieg zu solchen Bemerkungen, aber ich grollte ihm und mir, dass ich nicht schlagfertig antworten konnte.

Genau wie in Afrika liefen hier unter der glatten Oberfläche des christlichen Lebens im Missionshause viele Kräfte, Intrigen und parteiische Ströme, die sich auf Gottlieb, mich und die Kinder schmerzlich auswirkten.

Wenn ich an Gottlieb in seinem Urlaubsort schrieb, gab ich mir große Mühe, nichts einfließen zu lassen, was ihn etwa beschweren könne. An seine Schwester Gottliebin dagegen brach zuweilen der Damm meiner aufgestauten Sorgen, von denen mir Josenhans nach und nach genug aufpackte. Kurz bevor Gottlieb zurückkehrte, hatte ich wieder ein Gespräch mit ihm, das ganz beiläufig begann, dann aber den Kern schonungslos offenlegte. Diesmal besuchte er mich sogar in unserem Haus, was ich anfangs für eine große Ehre hielt, dann aber ganz und gar nicht mehr.

„Gottlieb hat mir geschrieben", sagte Josenhans, als Caroline uns den Tee serviert hatte, „er möchte unbedingt bald nach Afrika zurück und hofft sehr, dass du ihn begleitest." Er mochte wohl sehen, dass ich von dieser Entwicklung nichts wusste noch dass sie mir willkommen war.

„Ich halte allerdings gar nichts davon", sagte Josenhans, „nach meiner Ansicht hätte er in Afrika nur ein langes Siechtum zu erwarten. Er war als Jüngling schon nicht gesund, und nun entwickelt er sich immer mehr zum Hypochonder."

Das war hart und schonungslos gesprochen, wenn ich auch ganz tief innen die Wahrheit dieser Worte zugeben musste. Ich wusste ja, dass mein Mann in keiner Phase seines Lebens irgendwie zur Ruhe kommen würde, ob nun hier oder in Afrika, ob bei der Arbeit oder in einem längeren Urlaub.

Bei unserem Wiedersehen Ende August sah ich in der Tat, dass sich nichts gebessert hatte. Auch hier in Basel war mir und uns offenbar keine bleibende Heimstatt beschieden. Anfang Oktober sollte unser Häuschen abgebrochen werden im

Zuge der Erweiterung des Missionshauses. Der Garten war schon umgewühlt, und ich hatte Mühe, Gottreich von den wachsenden Löchern fernzuhalten. Einpacken, Abschied nehmen von einer gerade vertraut gewordenen Umgebung, Einzug in eine öde und leere Wohnung, das geschah im September. Wieder wohnten wir vor dem Spalentor, dem Missionshaus schräg gegenüber.

Es gab in dieser Zeit nicht viel, an dem ich mich festhalten konnte, der Herbst und Gottliebs sinkende Stimmung verdunkelten meine Tage, und das sinkende Jahr lockte bei mir ganz aus der Ferne eine nie geahnte Sehnsucht hervor nach Afrikas Licht. Es war wie ein geheimer Abwehrzauber in diesem geraden, ordentlichen Land, wenn Meadows' warmer Blick vor meinem inneren Auge auftauchte oder wenn ich an das schöne stolze Gesicht des Fetischpriesters dachte.

Aber auch hier stellten sich zuweilen tröstliche Boten auf meinen Weg, wie an Gottliebs Geburtstag im November, als wir zusammen die Losung des Tages lasen: ‚So ich im Finstern sitze, so ist doch der Herr mein Licht.'

Gottlieb betete um das Licht mit Worten und fand es nicht, ich suchte das Licht mit den Augen des Geistes zu schauen, und es erwärmte mein Herz.

Weihnachten wurde mit den Kindern ein fröhliches Fest. Ich hatte versucht, ihnen etwas von dem Zauber zu schaffen, der in die kindlichen Gemüter dringt und der in späteren Jahren dort haften bleibt. Ich sang mit ihnen, und unser zweijähriger Sohn schnupperte nach dem Duft der Äpfel, Kerzen und Lebkuchen und ließ sich von seinem Vater auf dem neuen Rollenpferd durch die Stube ziehen.

Ich weiß nicht, wie weit Gottlieb die Fröhlichkeit der Kinder auch als seine empfand, meistens beschlich mich das Gefühl, er stehe nicht nur neben der Freude, sondern auch neben sich. Die Basler Zeit war wie ein Loch in seinem Leben, da er sie nicht mit dem ausfüllen durfte, wonach er sich am meisten sehnte. Zwar ließ man manchmal Korrekturbögen schon vollendeter Arbeiten von ihm durchsehen, aber das war absolut keine Speise für seinen Geist. Ich wusste, er hatte sehr genaue Pläne und Vorstellungen für eine umfassende Otschi-Grammatik. Aber das Komitee weigerte sich, ihm diesen Auftrag zu erteilen, man hielt wohl eine solche sprachliche Arbeit für unnötig, zu groß, zu aufwändig oder einfach den Missionar Christaller für nicht gesund genug, sie auszuführen.

Am Anfang des Jahres 1860 fühlte ich uns immer weiter abtreiben vom missionarischen Auftrag, den ich einmal so brennend herbeigesehnt hatte. Im August würden wir unser drittes Kind bekommen, wie sollte ich da wieder nach Afrika fahren. Dazu graute mir, noch einmal in den Händen einer schweizerischen Hebamme zu sein, denn die bei Marthas Geburt war sehr grob und unfreundlich gewesen.

Der Tag war nicht mehr fern, der letzte. Noch drang das Licht nicht durch den kühl gewordenen Himmel, nur die Sterne verschwanden einer nach dem andern in ihre fernen eisigen Regionen. Emilie schlief. Noch einmal wurde ihr die sanfte dunkle Wohltat zuteil, die alle Schmerzen und Leiden umhüllt. Ihr Geist wanderte nicht mehr, er war stille geworden. Die dumpfe Schmach der Erschöpfung war abgefallen, leicht und süß schmeckte der Schlaf, Bruder und Vorbote des Todes.

Komm, o Tod, du Schlafes Bruder,
komm und führe mich nur fort,
löse meines Schiffleins Ruder,
bringe mich an sichern Port!

Sie war beinahe angekommen.

Paul war nicht wie seine Geschwister, sondern ein helles, freundliches Kind. Es war, als habe ihm der Sommer sein glänzendes Gewand geliehen.

Ich hatte gehofft, meine Mutter zur Taufe bei uns zu sehen, aber wieder kam sie nicht. Ein geistliches Fest mit Gottliebs geistlichen Reden war nicht nach ihrem Geschmack. Das sagte sie nicht in ihrem Brief, sondern dass sie mit dem Verkauf der Äcker zu tun hätten, die der Vater und sie nun nicht mehr bebauen und bearbeiten könnten. Ich musste das so hinnehmen, auch wenn es mich traurig machte. Aber was sich sonst in Basel zuspitzte und zusammenzog, war weit schlimmer als meiner Mutter mangelnde geistliche Bedürfnisse.

Es hielt weder die erstrebte christliche Demut stand, noch hatten die immer wieder aufgeschobenen Entscheidungen einen Zweck, zwischen Gottlieb und Inspektor Josenhans kam es zum offenen Bruch.

Gottlieb könne, sagte Josenhans in meinem Beisein, auf Anraten Dr. Zellers mit einem Ruhegehalt leichteren Arbeiten nachgehen, bis das Komitee ihm neue Aufträge erteile.

Dies war ein schlimmer Abend im September, unser kleiner Sohn Paul war gerade vier Wochen alt. Gottlieb saß bleich und stumm am Tisch und wollte auch lange Zeit nicht zu mir sprechen.

„Wir gehen hier fort", stieß er dann hervor, „ich will nicht länger Handlanger des Inspektors sein."

Ich wusste schon, er würde später diesen Zornausbruch bitterlich mit Selbstvorwürfen büßen.

„Wohin sollen wir gehen?", fragte ich schließlich, vorläufig nahm ich seine Absicht, hier die Zelte abzubrechen, noch nicht allzu ernst.

„Nach Winnenden, in meine Heimat", sagte er, „dort versteht man mich wenigstens."

Ich bekam Anlass, meinen Mann sehr ernst zu nehmen, denn einige Zeit später reiste er ab, um in Winnenden eine Wohnung für uns zu suchen. Eines war sicher, Gottlieb verstand weder die Welt noch das Komitee und schon gar nicht den Inspektor.

Winnenden
Herbst 1860 - 1862

Bei seiner Rückkehr entwickelte Gottlieb eine ungewohnte Tatkraft, kündigte seine Arbeit im Missionshaus, bestellte Möbelpacker und einen Wagen, und ich stand mitten im Chaos von schreienden Kindern, zusammengepackten Töpfen und Betten.

Aber all seine Energie hatte nur zu einem sehr unzureichenden Ergebnis geführt. Die Wohnung in Winnenden war schrecklich, zugig und kalt, der Ofen im Wohnzimmer rauchte beständig.

Den ganzen Winter husteten die Kinder, und selbst der kleine Paul wurde nicht von einem schweren Katarrh verschont. Ich selber fühlte mich matt und elend, denn die Freude war aus unserem Leben gewichen.

Gottlieb haderte. Alle Arbeiten, die er sich selbst auferlegte, wie die Bibelstunden in Dr. Zellers Heilanstalt, die Kurse in Englisch für interessierte Teilnehmer oder das Lesen von Schillers Dramen – was konnten solche Arbeiten ihm schon bedeuten. Er ging mit uns spazieren, erzählte den Kindern biblische Geschichten, aber jeder neue Morgen bohrte einen Stachel in sein Gemüt, denn er fühlte sein Leben ins Leere laufen.

Meine liebe Schwägerin Gottliebin, die mir sonst in ihren Briefen Freude, Trost und Zuspruch gab, war selber in einem tiefen Tal angekommen. Sie hatte fast zur gleichen Zeit wie ich einen Sohn geboren, den sie Theodor nannten. Bei allem Glück über dieses endlich geschenkte Kind fühlte sie sich elend und wurde erschreckend mager. Einmal schrieb sie mir gar, sie wolle gerne alles in dieser Welt verlassen. Ich wusste nicht, warum gerade sie, die sonst alle Freude und Zuversicht aus ihrem Glauben zog, sich so verlassen und einsam fühlte. Vielleicht liebte sie ihren Mann nicht wirklich, der durch ein Magenleiden verdrießlich geworden war.

Nach dem ersten harten Winter in Winnenden, in dem wir beinahe unseren kleinen Paul verloren hätten, suchte ich mir Freude und Erholung in den warmen Strahlen der Frühlingssonne. Allmählich begann ich zu sehen, dass Winnenden eine schöne, behagliche kleine Stadt war, deren großes spitzgiebliges Rathaus mich an meinen Vater und seine Tätigkeit in Waiblingen erinnerte. Ich begann wie ein Maulwurf aus dem tiefen Erdloch hervorzukommen und mich nach Menschen umzusehen.

Caroline war aus Basel mitgekommen, und ihr konnte ich gut Martha und Paul anvertrauen, wenn ich mit Gottreich auf den bunten Gemüsemarkt ging. Das tat ich nicht nur, um einzukaufen, vielmehr wollte ich mit anderen Frauen in meiner eigenen Mundart reden, was ich so lange entbehrt hatte und was mir nun vorkam wie ein heilendes Lebenselixier, das mir zusammen mit der Sonne neuen Mut schenkte.

Ich kann nicht sagen, dass Gottlieb und ich nicht jeden Abend zusammen beteten, aber mich verlangte fast noch mehr nach einem Austausch alltäglicher Nichtigkeiten und Sorgen. Die Erhörung solcher ganz stillen Gebete, die ich nicht mit Gottlieb teilte, wurde mir an einem schönen blauen Tag im Mai geschenkt. Ich stand mitten auf dem Markt, einen Korb mit Gemüse am Arm und am Rock einen heulenden Gottreich, der eine begehrte Zuckerstange nicht bekommen hatte, da hörte ich hinter mir eine fragende Stimme: „Emilie?“ Ich erkannte sie gleich, obwohl so viele Jahre vergangen waren: Edith mit einem wunderschönen kleinen Mädchen an der Hand. Gottreich hörte auf zu heulen, sperrte Mund und Augen auf, ich aber ließ meinen Korb zur Erde fallen und umarmte meine lange verloren geglaubte Freundin. Als wir uns ansahen, hatten wir beide Tränen in den Augen. Dann sprachen wir fast gleichzeitig, sie sagte: „Ich dachte, du wärest in Afrika“, und ich: „Redest du immer noch mit dem Heiland?“ Sie wurde rot und nickte, und dann umarmten wir uns noch einmal.

Diese Begegnung war für mich wahrhaftig eine große Hilfe und ein Segen, denn kurz darauf schickte Dr. Zeller Gottlieb erneut zu einem längeren Kuraufenthalt nach Bad Teinach. Er wollte dort anfangen, an der Otschi-Grammatik zu arbeiten, obgleich das Komitee gerade dies ganz und gar nicht unterstützte. Ich sah, er befreite sich ganz gern aus der Enge der Familie und den unzureichend geheizten Stuben, aus den Verpflichtungen ungeliebter Arbeiten und in diesem Falle auch von mir, denn ich hatte ihm gesagt, dass wir im November unser viertes Kind haben würden.

Wieder weinte Gottreich beim Abschied, und auch Martha liefen die Tränen über ihre dicken Bäckchen. Ich weinte nicht, durfte, konnte und wollte nicht weinen, denn sonst wäre die Wirrnis unseres Lebens noch größer geworden. Ich wusste, dass Gottlieb dringliche Bitten an Josenhans in Basel richtete, ihn doch endlich wieder nach Afrika zu schicken. Von mir sprach er dabei nicht, noch wusste ich, was er von mir erwartete.

Ich besuchte Edith in ihrer schönen Wohnung über der Apotheke, die ihrem Mann gehörte. Mir schien es oft, als sei ihr Leben eine Fortsetzung dessen, das sie als Kind gelebt hatte, nur die eine Tochter, Wohlstand und Geborgenheit im bürgerlichen Umkreis. Sie hörte mit Staunen und Bewunderung meine Erzählungen aus Afrika und von meinen Schiffsreisen. Sie war lieb und teilnehmend, schenkte Gottreich und Martha Spielsachen und Kleidchen von ihrer Tochter, wir versuchten, wie in Kinderzeiten über den Heiland zu reden, aber mich beschlich immer häufiger das Gefühl, dass wir wohl nicht dieselbe Person meinten. Ihr Heiland lebte in einer schönen, wohl geordneten Welt wie sie selber, sprach gütig und liebreich, wann immer sie zu ihm betete, und war ihr unsichtbarer Freund. Ich selber wusste ein anderes Lied zu singen, das allerdings vor Edith verborgen blieb. Dennoch hielt ich mich gern an das Licht dieser Zusammenkünfte, weil ich mit kurzen Unterbrechungen fast den ganzen Sommer mit den Kindern und Caroline allein war. Kaum war die Kur in Teinach beendet, folgte eine zweite in Dizenbach und auf diese wiederum ein Aufenthalt in Teinach.

Schlimm war, dass Gottlieb so gar nicht einsehen oder wahrhaben wollte, dass mich mehr als einmal der Mut verließ. Schimmerte davon ein Hauch in meinen Briefen durch, so war neben den ausführlichen Erzählungen über sein Wohlergehen, seine Besuche, seine Wanderungen stets ein Ratschlag vorherrschend, ich solle den lieben Heiland zu Hilfe nehmen und mir von seiner Liebe schenken lassen. Ich hätte wahrhaftig viel eher die gegenwärtige Liebe meines Mannes nötig gehabt, aber wem sollte ich das sagen.

In meinen Gesprächen mit Edith lenkte ich die Rede nun nicht mehr auf den Heiland. Mir erschien es ganz fruchtlos und wenig zutreffend, ihren sanften Freund für mein Leben zu beanspruchen.

Ich machte mir Gedanken darüber, dass Gott und sein Sohn im Spiegel jeder Menschenseele anders aussahen, dass jedes Menschen Ohr andere Töne hörte und jedes Echo zwischen uns und dem Unendlichen anders tönte.

Dies war eine ebenso beglückende wie beängstigende Erkenntnis, die auch den Abstand zwischen Gottlieb und mir eher vergrößerte als verringerte. Er nahm das wörtlich, was er las und übersetzte, ich aber musste den Klang in meiner Seele als wahr erkennen, ehe ein Wort für mich greifbar und wirklich wurde.

Im August war es heiß, ich litt fast ebenso wie in Afrika unter meinem wachsenden Umfang und der Last der dunklen Kleider, auch fürchtete ich mich vor der herannahenden Niederkunft, weil ich so gar nicht wusste, wo Gottlieb dann sein würde und ob er mir beistehen könne.

Josenhans schrieb mir, er bekäme von Gottlieb ebenso dringliche wie verbitterte Briefe, ich solle doch begütigend auf meinen Mann einwirken. Lieber Gott, wie hätte ich das machen sollen, denn in dem gleichen Brief stand, man betrachte Gottliebs Arbeit für Afrika als beendet. Jetzt wusste ich genau, was eine Sackgasse ist.

So stand es mit uns und mir, als mich Bruder Mader mit seiner Frau, drei Kindern und einer Magd überraschend besuchte. Sie waren nach einem Erholungsurlaub auf dem Weg nach Basel, um dort ihre Kinder abzugeben und dann nach Akropong zurückzukehren. Mich überkam fast so etwas wie Heimweh, als ich in Schwester Maders vertrautes Gesicht sah. Mit ihr konnte ich über die Kinder reden, über die lautstark gegenwärtigen und das kommende. Sie gab mir Trost mit ihrer Ruhe und Gelassenheit, die ich umso mehr bewunderte, als ihr der lange Abschied von ihren Kindern bevorstand.

Was Mader allerdings sagte, traf mich kalt und unvorbereitet. Offenbar war er inzwischen ein enger Vertrauter von Josenhans geworden, ganz im Gegensatz zu Gottlieb, dem das Wohlwollen immer mehr entzogen wurde.

„Es ist so, Emilie", sagte Mader, „man erwägt, Gottlieb eine neue Tätigkeit in Amerika oder Russland zuzuweisen oder ihm wenigstens bei der Suche behilflich zu sein."

Russland oder Amerika – sie mussten den Verstand verloren haben, oder sie wollten ihn möglichst weit entfernen, um seinem ständigen Drängen zu entgehen.

„Und seine ganze Arbeit in Otschi, soll das alles liegen bleiben?", brachte ich schließlich hervor.

„Es gibt ja auch noch andere, die das können", sagte Mader recht kühl, und jetzt begriff ich erst das ganze Ausmaß der Spaltung, die da im Gange war. Schwester Mader warf mir einen mitleidigen Blick zu, und ich war froh, als endlich die Tür hinter ihnen ins Schloss fiel. Lange Zeit war ich nicht fähig, auch nur eine Hand zu rühren, schließlich nahm ich meine Zuflucht zu einem langen Brief an Gottlieb. Ich schrieb ihm alles, was ich von Mader wusste und dass auf dieser Welt kein Freund sei, dem man vertrauen könne. Zum Schluss wagte ich es einmal, von meiner eigenen Schwäche zu schreiben und dass ich mich vor dem neuen Wochenbett fürchtete.

Aber es war wie in Afrika, diesmal nicht in Worten, sondern schriftlich, ich solle doch endlich glauben lernen und das Sterben in Christo, aus dem das rechte Leben komme. Und dann erzählte er von Leuten, die es noch viel schlimmer hätten als ich und wir und von seinen Andachten, die er im Kursaal hielt.

„In Teinach ist viel Armut", schrieb er, „es gibt eine Menge Blödsinnige und Cretins", und das hielt er offenbar für eine gerechte Strafe wegen der sittlichen Versunkenheit des Ortes, wie er sich ausdrückte. Und zum Schluss hieß es dann wie fast immer in seinen Briefen: „Habe nur in allen Dingen guten Mut, sei getrost und freudig und nicht so gedrückt."

Worte, Worte, Worte, auch wenn sie einer aufrichtigen Liebe und guter Absicht entspringen mochten, sie erweckten kein Echo in meinem Herzen.

Ende August kam er endlich nach Hause zurück, sofern unsere Wohnung in Winnenden ihm denn ein Zuhause geworden war. Das Entzücken und die Freude Gottreichs und Marthas waren rührend anzusehen, mir dagegen zog sich das Herz zusammen, denn schon im September würden sie doch wieder Abschied nehmen müssen. Ich hatte es ja gewusst, dass keine Kur das Übel in Gottliebs Seele würde heilen können, es sei denn, sie schickten ihn wieder nach Afrika und ließen ihn seine Sprachstudien vollenden.

Am zweiten Abend nach seiner Heimkehr kam das ganze Ausmaß seines Elends zu einem vehementen Ausbruch. Wir saßen in der Stube, die Kinder schliefen und Caroline hantierte leise in der Küche. Sie hatte Gottliebs mageres, verhärmtes Gesicht mit einem mitleidigen Blick gestreift, als sie uns das Essen brachte, auf das wir beide nicht sehr begierig waren. Ich sah, wie Gottlieb an seinen Bissen herumwürgte, bis er schließlich den noch halb gefüllten Teller wegschob.

„Erzähle mir, was dich bedrückt", sagte ich, schob auch meinen Teller weg und streichelte seine zitternden Hände.

Vielleicht hätte ich das besser nicht getan, denn nun sah ich zum ersten Mal meinen Mann weinen, keine stillen Tränen, sondern ein schluchzender Ausbruch tiefster Verzweiflung. Sein Kopf sank auf seine und meine Hände, ich fühlte sie nass werden und hörte Wehlaute aus seinem Mund, die mich tief erschreckten. Vorsichtig zog ich meine Hände hervor und legte die Arme um seine Schultern, die offenbar die Last nicht mehr tragen konnten. Ich strich ihm über Haar und Rücken, langsam und gleichmäßig, bis er ruhig wurde und wieder sprechen konnte.

„Mader intrigiert", sagte er leise und wie abwesend, „Josenhans, der doch gar nichts von der Sprache versteht, glaubt ihm mehr als mir. Mader ist neidisch, Gott verzeih mir, dass ich es sage, aber es ist so, er weiß, dass ich es besser kann und er will nicht, dass ich die Otschi-Grammatik schreibe. Ich habe in Teinach von dem allen Abschied nehmen müssen."

Wir beteten zusammen, lange, leise und inbrünstig, aber ich fühlte von Anfang an, dass alle unsere Worte auf steinigen Boden fielen, so wie Jesus es seinen Jüngern erzählte. Es schien, als wären alle inneren Tore in Gottlieb verschlossen.

So fuhr er im September wieder nach Teinach, zum letzten Mal, wie ich hoffte. Er liebte seine Kinder und mich, das wusste ich, aber unser Leben mit den alltäglichen Kleinigkeiten, der Wäsche, dem Kochen, den Krankheiten der Kinder und nicht zuletzt mein Zustand, gingen für ihn in Räumen vor, zu denen er sich nie wirklichen Zugang verschafft hatte.

Gottreich durfte nun in die Kinderschule, und ich sah an seinen glitzernden Augen, wie gut ihm die Anregung von außen gefiel. Er plapperte unaufhörlich von dem Neuen, das ihm zukam, und meine kleine runde Martha folgte dem großen Bruder mit Augen voller Bewunderung.

Trotz der unruhigen Nächte, die Paul mir mit seinem Zahnen bescherte, fasste ich zusammen mit meiner Schwägerin Gottliebin einen gewichtigen Beschluss. Auch sie litt mit ihrem Bruder, denn vielleicht verstand sie ihn noch tiefer als ich, hatte sie doch von früher Jugend an alle seine Seelenregungen und Kämpfe begleitet und seinen Werdegang als Teil ihres Lebens betrachtet.

Als Inspektor Josenhans Mitte September nach Winnenden kam, um mit Dr. Zeller über Fragen der Mission zu konferieren, baten wir gemeinsam um ein Gespräch mit den Herren. Wir beide wussten, wo Heil und Heilung für Gottlieb zu finden war, auch wenn ich daraus unübersehbare Schwierigkeiten und Schmerzen für mein Leben erwachsen sah, sollten je seine Wünsche erfüllt werden.

Ich wusste, dass Gottliebin und Josenhans sich gut verstanden, sonst hätte ich diesen Gang nie und nimmer angetreten. Es war schon ein merkwürdiger Nachmittag, als wir beiden Frauen in dem kühlen Empfangsraum der Heilanstalt saßen, ich mit meinem dicken Bauch, den der Doktor mit sachkundigen Augen, aber ohne sichtbare Teilnahme streifte.

Josenhans begrüßte uns freundlich und leutselig, dennoch wurde ich die ganze Zeit das Gefühl nicht los, dass ich bei ihm keinen so großen Stein im Brett hatte. Deshalb ließ ich Gottliebin reden, die ihres Bruders Vorzüge und sprachliche Begabung pries und den Nutzen, den die Mission von ihm haben könnte, ließe man ihn nur arbeiten. Sie hörten ihr schweigend zu, bis schließlich Stille im Raum herrschte.

„Und du, Schwester Emilie“, fragte Josenhans, „was hältst du von einer erneuten Aussendung deines Mannes?“

„Ich nehme an, wie das Komitee beschließt, und lege alles andere in die Hand des Herrn“, sagte ich leise.

Ich hatte nicht die Absicht, hier meine Gedanken oder Ängste zu offenbaren, noch viel weniger den Grad von Gottliebs Trauer und Verzweiflung.

„Würdest du ihn begleiten nach Afrika?“, fragte Josenhans jetzt.

Ich sah ihm in die Augen und nickte, in diesem Moment hätte ich nicht sprechen können.

Es war gut, dass ich geschwiegen hatte, denn an diesem Nachmittag musste ich noch mehr auf mich nehmen.

„Ich hätte zu dieser Sache noch einiges zu sagen", begann Dr. Zeller, und ich wusste schon, jetzt kamen unangenehme Meinungen auf mich und Gottlieb zu. So war es.

„Was man an Bruder Christaller krank nennen kann", sagte der Doktor mit seiner kühlen und sachlichen Stimme, „fügt er sich selbst zu. Er, der Meister der Sprache, bringt es fertig, in seinen Briefen und Gesprächen über sich selbst eine solche Sprachverwirrung anzurichten, dass daraus wahrhaftig ständig Missverständnisse erwachsen, die dann auf ihn zurückfallen. Weitläufig, unklar und unbestimmt drückt sich Ihr Gatte aus, liebe Frau Christaller. Wenn er diese Untugend bekämpfen und seinen Gefühlen Zügel anlegen könnte, wäre ihm und uns geholfen. Ich von mir aus stelle es dem Komitee anheim, ihn wieder auszusenden."

Gottliebin atmete auf und lächelte, ich aber saß reglos unter der Wucht dieser kritischen Beschreibung meines Mannes, auch wenn ich wusste, dass der Arzt die Wahrheit sprach.

Die Art der Heilung für Gottliebs Gemüt und Leben war für mich ein scharfes Messer, das ihm das Geschwür der Unzufriedenheit ausschnitt, mir aber eine blutende und niemals heilende Wunde zufügte.

Ob nun unsere Unterredung oder das Zeugnis des Arztes oder noch andere Gründe den Ausschlag gegeben hatten, wusste ich nicht. Nur hatte ich noch niemals, seit ich ihn kannte, ein solches Strahlen und Leuchten auf Gottliebs Gesicht gesehen noch auch eine solche warme und zärtliche Zuwendung zu seinen Kindern.

Gottreich drängte seinen Vater unermüdlich, ihm Geschichten zu erzählen, und dem Kind erschien der Zug der Israeliten durch das Rote Meer und die Wüste als ein ebenso spannendes Abenteuer wie die Auferweckung des Lazarus oder die Heilung der verschiedenen Kranken an Jesu Weg. Seine Fragen nach allen Einzelheiten setzten sogar seinen gelehrten Vater zuweilen in Verlegenheit, wenn er wissen wollte, womit Lazarus bekleidet war und ob der Lahme seine Krücken weggeworfen oder verschenkt hatte und was die anderen Leute zu ihm gesagt hatten. Er war klug, unser Sohn, aber ich war nicht so sicher, ob es richtig war, einem Dreijährigen so vieles zu erzählen, was doch über sein Begreifen hinausging. Gottlieb kannte solche Zweifel nicht, er kam niemals auf die Idee, dass irgendein Wort der Bibel Schaden anrichten könne oder Verwirrung in einem Kinde stiftete. Ich dagegen sah oft, wie es in Gottreichs Kopf und Gemüt rumorte und arbeitete und wie er sich schon jetzt nicht mehr mit manchen einfachen Kindergebeten zufrieden geben wollte. Unsere kleine Martha lachte und plapperte alles nach, was ihr großer Bruder sprach.

In der kalten und nebligen Nacht des 11. November wurde unser Sohn Ernst geboren, schnell und leicht trat er in diese Welt, aber in seinen großen dunklen Augen sah man die unergründlichen Fernen, aus denen er herkam. Ein schönes Kind, dessen Anblick mich gleichermaßen mit Entzücken und Furcht erfüllte, ein nächtliches Kind, das mit Urgewalt über mein Herz hereinbrach und eine solche Liebe weckte wie noch keines der anderen.

Gottlieb merkte von alledem nichts. Er freute sich über den Knaben, das sah ich wohl, und er taufte ihn im Dezember auf den Namen Ernst Gotthold. Ich aber wusste, dass Gott mir hold war mit diesem Kind, ein solches Geschenk erhält der Mensch nur einmal in seinem Leben.

Gottlieb war erfüllt von innerem Jubel, Tatendrang und Freude auf seine neuen Aufgaben, dass er schon vor Weihnachten anfing, einen Leitfaden für den Unterricht in der Otschi-Sprache auszuarbeiten.

Trotz der gedrängten Enge unserer Stuben, trotz der mangelhaften Heizung setzte er sich beharrlich im kleinen Hinterstübchen fest, während ich den Haushalt mit vier Kindern zu bewältigen suchte.

Ich hatte schon von Anfang an gewusst, dass ich keine so gute Hausfrau sein würde wie alle die schwäbischen Frauen, die ich in Winnenden traf. Es war ein ständiger Zwiespalt zwischen meiner übergroßen Liebe zu Ordnung und Sauberkeit und dem täglichen, zermürbenden, aber vergeblichen Streben, beides zu erreichen. In diesem Jahr brachte ich es nicht fertig, Weihnachten zu einem Fest der Liebe und Harmonie werden zu lassen, das muss ich gestehen. Gottreich, mein Großer, war gerade vier, voll von sprühendem Leben, Martha, noch nicht ganz drei, suchte es ihm in jeder Weise nachzutun, Paul, mein Sommerkind, fing gerade an zu laufen, sodass nichts vor ihm sicher war. Ich war nicht gerecht zu ihnen, wenn ich sie ständig und manchmal scharf genug zur Ordnung und Ruhe mahnte, ich wusste das genau, auch übertraf Gottlieb mich bei weitem an Langmut und Güte, wenn er sich denn von seiner Arbeit losreißen konnte. Nur wenn ich Ernst, mein dunkles Kind, auf den Armen herumtrug, wenn seine schwarzen Augen mich erkannten und ein zaghaftes Lächeln über sein Gesicht ging, flossen Ruhe und Liebe in mein Gemüt. Mit diesem Kind wuchs wiederum eine neue Erkenntnis in mir, wie unbillig, wie ungerecht und wie ungleich Liebe unter uns verteilt ist und wie wenig wir ihren Strahl zu lenken vermögen. Ich konnte mit niemandem darüber sprechen, nicht einmal mit Gott, wenn er denn nicht in seiner Weisheit alle meine Gedanken wusste.

Gottlieb war wie von Zauberhand in ein neues Fahrwasser geraten, fand Ruhe und Gelassenheit wieder und zerschnitt schon jetzt, ohne dass er es wusste, das Band zwischen sich und seiner Familie.

Denn sehr schnell empfand ich mich, wie schon einmal, als Figur in einem Spiel, dessen Regeln streng und bitter waren und das die Regungen der Seele für nichts achtete.

Gottlieb fing ganz unbefangen an, mit mir die Frage zu erörtern, ob und wann ich mit ihm nach Afrika reisen wolle. Das Komitee halte es für richtig, wenn ich nicht gleich im kommenden Juni mit ihm fahre, da Ernst noch so klein sei.

„Wenn die Unterbringung und Verteilung der Kinder geregelt ist“, sagte er am Abend von Marthas Geburtstag zu mir, „dann könntest du das nächste Missionsschiff nach Afrika nehmen.“

„Und wie hast du dir diese Verteilung gedacht?“, fragte ich leise, bemüht, das kalte Entsetzen aus meiner Stimme fernzuhalten, das mich bei seinen Worten überfiel.

„Gottreich und Martha kommen ins Missionshaus“, sagte er ganz sachlich, „die beiden Kleinen müssten bei den Verwandten untergebracht werden.“

„Und bis dahin“, fragte ich, „wo soll ich bis dahin mit den Kindern bleiben?“

„Hier“, sagte er, „oder bei deinen Eltern in Waiblingen.“

Ich schwieg und senkte den Blick vor Gottliebs fragenden Augen, nur darum bemüht, die Angst zu unterdrücken und die Tränen nicht aufsteigen zu lassen.

Gottlieb wartete eine lange Weile auf meine Antwort, dann sagte er: „Du hast dich der Mission versprochen, Emilie, damals, als du mich geheiratet hast. Vor dem großen Werk, das wir für Gott tun, muss alles andere zurückstehen. Du bist zuerst Missionarsfrau und dann erst Mutter. Jetzt, da ich wieder in Afrika dienen darf, kannst und darfst du das nicht vergessen. Wir wollen beten.“ Das tat er, lange und ausführlich, während ich das Gesicht in meine zitternden Hände legte und ruhig zu atmen versuchte.

So begann das Jahr 1862 mit vielen Plänen, die doch alle wieder ganz und gar über den Haufen geworfen wurden.

Mir grauste davor, mit der ganzen Familie in mein Elternhaus nach Waiblingen zurückzukehren, viel lieber wäre ich, wenn Gottlieb denn reisen musste, mit meinen Kindern in die Gemeinde Korntal gegangen. Dort hätte ich sicher Ruhe, Geborgenheit und den Schutz einer betenden Gemeinschaft gefunden. Aber Gottlieb, von Tatendrang beseelt, fing schon an, mit meinem Vater Briefe zu wechseln, wie wir im Waiblinger Hause verteilt werden könnten und wie ich mit Mutter Herd und Küche teilen solle.

Winnenden und Waiblingen, soweit lagen sie nicht auseinander, Städtchen mit Fachwerkhäusern, die gleiche Mundart, doch es war der unendlich große Abstand zwischen meiner Selbstständigkeit und dem Sog der Familie. Das Schlimmste war, ich wurde nicht gefragt.

Im Februar noch versuchte ich, Gottlieb meine Pläne mit Korntal auseinanderzusetzen.

„Ich hätte dort so viele gleichgesinnte Freunde", sagte ich, „mir fällt es schwer genug, so lange von dir getrennt zu sein, und die Trennung von den Kindern mag ich mir überhaupt noch nicht vorstellen."

Ich legte so viel dringliches Bitten in meine Stimme, wie ich nur eben vermochte, irgendwie dachte ich, müssten ihn meine Anliegen doch erreichen.

Gottlieb sah mich lange schweigend an, als kenne er mich immer noch nicht, und vielleicht tat er das ja wirklich nicht. Wenn je Liebe zwischen uns war und ist, dachte ich, dann muss sie doch jetzt ins Spiel kommen. Aber so war es nicht.

Er schüttelte ganz sachte den Kopf und sagte leise: „Emilie, du hast es immer noch nicht verstanden. Es geht nicht um uns, und ich kann dir deine Wünsche nicht erfüllen. Korntal wäre zu teuer, ich kann das von dem Geld der Mission nicht bezahlen. Dein Elternhaus ist schon richtig für die Übergangszeit."

Waiblingen 1862-1863

Im März zogen wir mit Sack und Pack, Kindern und Caroline nach Waiblingen, nur meine begrabenen Wünsche mussten zurückbleiben.
Der Hauch meiner Kinderzeit kam mir entgegen, derselbe Geruch, dieselben Geräusche, Vater und Mutter älter und milder geworden. Nun füllten meine Kinder die Räume mit Leben und Unruhe, und es gelang mir ganz und gar nicht, unsere Bereiche voneinander zu trennen, wie ich vorgehabt hatte. Unbekümmert, voll Tatendrang und Freude beanspruchten Gottreich und Martha die Großeltern für sich, drangen zu Caroline und Bertha in die Küche vor und wollten keinerlei Grenzen anerkennen.

Eines muss ich sagen, meine Eltern zeigten weit größere Gelassenheit als ich selber. Mutter ließ sich von keinem Kinderlärm stören und lächelte öfter als früher bei uns. Und Vater – er strahlte vor Freude und Güte, und zwischen ihm und meinem kleinen Ernst spann sich ein festes Band der Liebe, das aus unergründlichen Fernen herzukommen schien.

Hier muss er bleiben, dachte ich, wenn ich je wieder nach Afrika reise. Das war an einem kalten sonnigen Tag Anfang April, als ich solche Gedanken hatte, ein Tag, an dem unsere Familie endgültig auseinander gerissen wurde.

Ich saß allein in unserem Schlafzimmer, aus dem alles Leben gewichen schien, seit Gottlieb am frühen Morgen das Haus verlassen hatte. Die Sonne schickte einen langen goldenen Streifen über den Fußboden, aber selbst dieses Licht erschien mir kalt. Gottreich und Martha waren in der Kinderschule, nebenan schlief Ernst, von seinem Großvater bewacht, und unten hörte ich Paul bei seiner Großmutter lachen und krähen. Bertha, meine so ernste Schwester, war zu einer rührenden Kindsmagd geworden, ich hätte froh sein können, wie gut und harmonisch sich alles in diesem Haus fügte.

Aber ich war nicht froh. Gottlieb war nach Basel berufen worden, um sich auf seine zweite Afrikareise vorzubereiten. Nun auf einmal bedrängten sie ihn, noch vorher seine Grammatik fertig zu stellen, die sie anfangs gar nicht haben wollten. Es gab zu vieles in Basel, was ich nicht begriff und wohl auch nie begreifen würde. Ich begriff nur, dass sie ihn widerwillig schickten und ihm alle möglichen Steine in den Weg legten.

Ich sah das Sonnenlicht über den Boden wandern und seufzte in meiner Verlassenheit. Mein Herz war ganz ausgelöscht und kalt, noch viel mehr, wenn ich an den Kummer dachte, den mein großer Sohn bei seines Vaters endgültiger Abreise haben würde.

In Akropong würden wir keine Heimat mehr finden, Mader, Harnisch und Zimmermann waren dort, das sei genug für eine Station, meinte man in Basel. Gottlieb schrieb mir, er solle, wenn er denn im Juli oder August in Afrika anlangte, bei Mohrs in Aburi wohnen und am Mädcheninstitut helfen. Jetzt erst nach so langer Zeit fing ich an zu begreifen, dass wir wirklich nichts waren in diesem Werk der Mission, nichts, keine Personen, weder Mütter noch Väter, weder Eheleute noch Söhne oder Töchter. Mein Kopf begriff es, aber kein Gebet gab mir Antwort darauf, dass mein Gefühl dem niemals zustimmte. Wenn ich Gottlieb glaubte oder etwa den Herren in Basel, dann lebten wir schon jetzt unter dem Gericht – nur ich glaubte es einfach nicht.

Während dieser Zeit geschah in meinem Elternhaus Seltsames, hier, wo man nie irgendwelchen Gefühlen oder Fantasien freien Lauf gelassen hatte. Das große Bett, in dem ich nun alleine schlief, stand frei im Raum, nur das Kopfende stieß an die Wand zum Kinderzimmer.

Eine Woche nach Gottliebs Abreise fing es an. Es mochte Mitternacht vorüber sein, ich war von einer Sekunde zur anderen wach, obgleich mich keine Glockenschläge und kein Kinderweinen geweckt hatten. Das Klopfen wanderte den Fußboden entlang, hinter meinem Kopf empor, hielt einen Augenblick inne und ging den gleichen Weg zurück, bis es urplötzlich verstummte. Ich war hochgefahren, und nun fühlte ich, wie sich mir auf den Armen und im Nacken die Haare sträubten. Das gibt es nicht, dachte ich, du träumst. Aber ich träumte nicht, ich kniff mich in den Arm, bis es wirklich schmerzte. Endlich, als sich an der vollkommenen Stille im Zimmer nichts mehr änderte, rutschte ich unter die Bettdecke und schlief so tief wie schon lange nicht mehr.

Ich sprach zu niemandem darüber, sie hätten wahrscheinlich genauso gelacht wie damals über meine Träume vom Heiland.

Abends legte ich Gottreich zu mir ins Bett an die Seite, wo sonst mein Mann schlief. Ich saß bei ihm und erzählte ihm eine Geschichte aus meinen Kindertagen, da hob er plötzlich den Kopf und sagte: „Ich will hier nicht bleiben, Mama, es stinkt."

Dieses Wort erlaubte ich den Kindern sonst nicht, nun aber blieb mir eine Rüge im Hals stecken. Ich sog die Luft durch die Nase ein, aber ich konnte nichts riechen.

„Du kannst wieder ins Kinderzimmer gehen, wenn du möchtest", sagte ich nur, und er hüpfte in seinem Hemd davon, winkte mir lachend und schlug die Tür hinter sich zu. Auch das ließ ich ohne Rüge hingehen.

Später lag ich mit offenen Augen, die Hände hinter dem Kopf verschränkt, und starrte in die Dunkelheit. Es ist nicht geheuer, dachte ich immerfort, geheuer, welch ein seltsames Wort für Dinge, die wir nicht verstehen. In dieser Nacht klopfte es nicht. Ich erwachte von einem schwachen gelblichen Lichtschein, der im Zimmer umherwanderte, als suche er etwas. Ich saß im Bett und hielt den Atem an, obwohl ich lieber geschrien hätte. Aber es ist wahr, Angst lässt einem wirklich den Atem stocken. Wieder versank ich nach dieser Erscheinung in einen tiefen Schlaf.

Auch am andern Tag ging ich herum und sagte nichts, nur mein Vater sah mich von Zeit zu Zeit prüfend an. Er musste wohl spüren, dass mir irgendetwas begegnet war.

In der folgenden Nacht vor dem Palmsonntag suchte ich meine Gedanken auf das Geschehen der heiligen Karwoche zu richten. Ich wusste ja, dass Gebete alle unheiligen Geister vertreiben konnten, wenn man selber nur stark genug war im Glauben. Das hatte ich noch niemals versucht.

Der Schlaf überkam mich früh am Abend, auch wenn ich mir vorgenommen hatte, wach zu bleiben. Was mich weckte, waren Stimmen, die eines Kindes und zu meinem eisigen Schrecken meine eigene. Ich war wach, das wusste ich genau, denn ich stand neben dem Bett, die nackten Füße auf den blanken Dielen, die linke Hand hielt die Holzkugel am Kopfende des Bettes umklammert. Ich hörte die Stimmen mit meinen Ohren, und doch verstand ich nicht, was sie sagten. Mir war so kalt wie noch nie in meinem Leben. Dann verhallten die Stimmen irgendwo in der Ferne, und stattdessen wanderte das matte Licht herum.

Diesmal schrie ich und mein Vater kam, nahm mich in die Arme, deckte mich zu und blieb an meinem Bett sitzen, bis ich wieder eingeschlafen war.

Als er mir am anderen Morgen anbot, an seiner Stelle so lange bei Mutter zu schlafen, bis meine Ängste und Alpträume sich gelegt hätten, schüttelte ich nur den Kopf und dankte ihm für seine Mühe. Was immer in dem Zimmer vor sich ging, ich musste es annehmen oder aushalten, denn ich war sicher, es hatte mit mir zu tun.

An diesem schönen Morgen des Palmsonntags erzählte ich den Kindern die Geschichte vom Einzug Jesu in Jerusalem, und Gottreich wollte ganz genau wissen, was die Leute gerufen hätten und ob auch der Esel gewiss ganz weiß gewesen sei und ob Jesus und die Jünger sich gefreut hätten. Soviele Fragen, auf die ich ihm eine Antwort zu geben versuchte, während auf meine eigenen Fragen niemand antwortete.

An Gottlieb schrieb ich, dass es in unserem Schlafzimmer nicht ganz geheuer sei, aber darauf gab er mir gar keine Antwort.

In den folgenden Monaten, lange nachdem Gottlieb abgereist war, hatte ich oft genug Gelegenheit, an diese nächtlichen Geschehnisse zu denken und mir ihren Sinn auszumalen.

Am ersten Mai kehrte Gottlieb aus Basel zurück, ein Tag, der unser Leben veränderte und unsere Pläne umstieß.

Ich war so froh, ihn wiederzusehen, so glücklich, am Abend die warme Nähe seines Körpers zu spüren, dass mir zum ersten Mal seit unserer Heirat seine Umarmung und Liebe willkommen und erwünscht war. In dieser Nacht verging ich in einem Strom ungeahnter Empfindungen, und erst jetzt begriff ich etwas von der Lust und Begierde des Mannes.

Im frühen Licht des Morgens erwachte ich warm und gelöst, im Einklang mit Körper und Seele. Jetzt, dachte ich, sind endlich die letzten Schranken zwischen uns gefallen. Aber darin hatte ich mich gründlich geirrt. Als Gottlieb die Augen aufschlug, mein lächelndes Gesicht sah, meinen Körper nahe bei sich spürte, warm und bereit für eine neue Umarmung, richtete er sich mit einem Ruck auf, sprang aus dem Bett und zog sich in fliegender Eile an, unbekümmert darum, dass ich ihm zusah.

Ich war so erschrocken, dass ich kein Wort sagen konnte, aber noch mehr erschrak ich, als ich seine Stimme hörte.

Er stand am Fußende des Bettes und sah auf mich hinunter, streng und dunkel, und er sprach, als wäre ich ein fremder Mensch.

„Emilie“, sagte er, „wir haben gesündigt, weil wir uns so der Lust des Fleisches ergeben haben. Das darf nie wieder geschehen, bis zu meiner Abreise wollen wir enthaltsam leben.“ Dann drehte er sich um und verließ das Zimmer.

Das waren kalte, schreckliche, schmerzliche Wochen bis

zu Gottliebs Abreise im Juni. Ich ging herum wie ein künstliches, aufgezogenes Räderwerk, spielte mit den Kindern, wusch und flickte Gottliebs Wäsche und Kleider, gab wohl auch allen Menschen um mich herum die richtigen Antworten und lächelte an der richtigen Stelle, ich sprach mit Gottlieb die Gebete, die er für richtig befand. Das war der Beginn einer langen, elenden und unergründlichen Reise der Einsamkeit, die ich durch Gottliebs Worte als Strafe für etwas ansehen musste, das ich als schön und beglückend empfunden hatte.

Vom Abschied, der mir das Herz zerriss, will ich nicht reden, der unbestimmte Zeiten und Fernen zwischen uns legte und mir in eineinhalb langen Jahren bitteres Salz in niemals heilende Wunden streute. Ich weinte, ich konnte gar nicht anders als weinen, auch wenn ich das vor den Kindern zu verbergen suchte und meiner Mutter soviel wie möglich aus dem Wege ging. Schlimm war, wenn Gottreich mich dabei überraschte und mit mir weinte in seinem eigenen großen Kummer, den er so gar nicht allein bewältigen konnte.

„Papa soll wiederkommen", schluchzte er dann, „Papa soll einen Schnellzug nehmen und herkommen."

Gottlieb schrieb mir, natürlich schrieb er, zuerst von Basel, später noch einmal vom Schiff „Cleopatra" aus. Auf die nächsten Briefe musste ich lange, lange warten, so lange, bis ich schon glaubte, er wäre tot.

Von Basel schrieb er, was er immer geschrieben und gesagt hatte, ich solle mich vom Heiland umschlossen, gehalten und getragen fühlen, ich solle kindlich, fröhlich und getrost sein.

„Ich meinesteils", so sagte er, „habe Vertrauen zum Herrn, ich werde noch nicht sterben, sondern leben und des Herrn Werk verkündigen. Aber vor dem Leiden will ich mich dabei nicht scheuen, sondern getrost mein Kreuz auf mich nehmen und den alten Menschen daran sterben lassen."

Jetzt da der neue Tag anbrach, strahlend und hell mit allen Stimmen der Wildnis, war der alte Mensch wahrhaftig gestorben.

Mit dem Licht erwachte Emilie vom Schlaf und lächelte. Gottlieb sah das nicht, er lag ermattet im Nebenzimmer und schlief. Bruder Eisenschmid wachte neben dem Bett, groß, ruhig und gelassen. Er mochte Gottlieb nicht wecken, auch nicht, um in diese klaren, stillen Augen zu schauen, die nun alles gesehen hatten, was sie auf dieser Erde sehen sollten und die, wie es ihm schien, schon einen Blick in eine andere Welt getan hatten.

Zwei Stunden, drei oder vier, diese Spanne blieb ihr noch, stille auf ihrem irdischen Lager zu ruhen und den letzten Abschied zu erwarten.

Das Dorf erwachte, man hörte Kinder rufen, einen Hahn krähen und vom Wald her das Geschnatter der Affen.

Das große gewaltige Afrika umringte mit unbekümmerter Kraft und strotzendem Leben die winzige Oase des Sterbelagers, schickte mit Hitze und Dunst schon jetzt die Keime der Verwesung über den vergehenden Leib.

Zwei der schwarzen Frauen kamen herein, die bei Emilie gelernt und die ihr gedient hatten. Sie wollten bei ihrem Anblick in laute und klagende Rufe ausbrechen, wie es so ihre Art war, aber Bruder Eisenschmid wies sie gebieterisch zur Ruhe, und so kauerten sie still zu Füßen des Bettes und strichen mit zagen Händen über die Decke.

Diese Hände hatten geholfen, den Knaben ans Licht zu holen, diese Hände hatten geholfen, den leblosen Leib zu begraben. Sie fürchteten sich vor dem Tod. Nun saßen sie und klagten mit lautlosen Tränen.

Die dumpfe Angst wich nicht von mir in diesen Wochen und Monaten seit Gottliebs Abschied. Noch immer brannte mich seine letzte Umarmung im Kreise der ganzen Familie, brüderlich, freundlich und ohne eine Spur ehelicher Liebe. Ich konnte nur Schritt für Schritt einen einzelnen Tag nach dem anderen bewältigen, gepeinigt von der Leere des Alleinseins und von heftigen Anfällen körperlichen Unwohlseins. Ich hatte nur diese einzige Waffe, nicht an die Zukunft zu denken, sonst hätte ich keinen Mut gehabt, weiterzupilgern auf dem steinigen Weg, der sich vor mir erstreckte.

Ich wusste Maders zusammen mit Gottlieb an Bord der „Cleopatra“, ebenso wie David Asante, der tatsächlich inzwischen in Basel geschult worden war.

Ich aber wartete von Woche zu Woche, dann einen Monat nach dem andern auf das Eintreten meiner Regel, die aber ganz und gar nicht kam. Im Juli hoffte ich noch, es möchte ein Irrtum der Natur sein, mich so zu foppen, dann aber erlaubte ich meinen Gedanken immer häufiger, in der Nacht des ersten Mai zu verweilen. Ich hatte weder Mut, mich meiner Mutter anzuvertrauen, und schon gar nicht, einen Arzt aufzusuchen, denn sie würden anfangen, die Möglichkeiten an den Fingern abzuzählen.

Es war merkwürdig, in dieser Zeit dachte ich oft an meinen Schiffbruch, den ich so freudig und mutig überstanden hatte, an alle die Worte des Trostes und der Anerkennung, die mir damals zugekommen waren. Jetzt tröstete und ermutigte mich niemand. Ich fühlte mich ganz am Boden zertreten und vergessen, musste derweil Gottreichs viele Fragen nach seinem Papa beantworten, ihm vorrechnen, wie weit er jetzt schon fort war.

Eines Abends fand ich in einer Bücherkiste ein von Gottlieb vergessenes Halstuch, seitdem trug ich es ständig, obgleich es mich gleichermaßen würgte wie tröstete.

Als ich im August die ersten Bewegungen des Kindes in mir spürte, tat ich immer noch so, als wäre es nicht da.

In dieser Zeit endlich brach meine Mutter das Schweigen, das sich je länger, je mehr zwischen uns angesammelt hatte. Wir saßen wie früher an dem großen Küchentisch, einen Augenblick allein ohne die Kinder und ohne Bertha und Caroline.

„Emilie“, sagte Mutter und streckte mir über den Tisch die Hand hin, eine schöne, tröstliche Geste, „Emilie, wenn du wieder schwanger bist, sag es mir oder geh zu einem Arzt. Du bist elend und mager geworden, seit Gottlieb weg ist, und an deiner Wäsche sehe ich, dass du keine Regel hast.“

„Ich weiß es nicht, ich weiß es doch nicht“, brachte ich hervor und fing an zu weinen wie so oft in dieser Zeit.

Mutter würde nicht locker lassen, das war klar, schließlich wusste sie zu gut in diesen Dingen Bescheid.

„Allmählich müsstest du es doch wissen", sagte Mutter nachsichtig und geduldig, „ich kann schon verstehen, dass es dir jetzt nicht so gelegen kommt."

„Ich muss doch nach Afrika", sagte ich leise, „ich kann nicht schon wieder ein Kind kriegen."

„Oder ist etwa ein anderer Mann im Spiel?"

Ich schüttelte nur stumm den Kopf, auch wenn ich auf diese Frage gewartet hatte.

„Geh zu Dr. Gess nach Stuttgart", sagte sie und stand vom Tisch auf, genau wie früher, wenn sie ein Gespräch für beendet hielt.

Gottreich wollte durchaus nicht, dass ich auch nur einen Tag fortging, offenbar hatte er große Angst, ich könne genauso weit und auf unbestimmte Zeit verschwinden wie sein Vater. Er fing an, finstere Zornausbrüche zu bekommen, immer dann, wenn ich ihm zu erzählen versuchte, wie sein Papa doch um der Neger willen wieder nach Afrika gefahren sei.

Jetzt, als ich ihm sagte, ich müsse zu einem Arzt, weil mir nicht wohl sei, warf er sich auf den Boden, hämmerte mit den kleinen Fäusten auf die Dielen und schluchzte ganz außer sich: „Wenn du auch weggehst, bete ich nie mehr zum Heiland, ich hab ihn gar nicht mehr lieb." So hatte er denn einen Sündenbock gefunden für allen Kummer, der in ihm rumorte. Ich nahm ihn in die Arme und wiegte ihn auf meinem Schoß, bis er sich wieder beruhigte.

„Weißt du was", sagte ich und tröstete damit auch mich selbst, „wenn ich morgen nach Stuttgart fahre, kommst du einfach mit." Da ging ein so seliges Lächeln über sein Gesicht, dass es mir wirklich wehtat.

Wir brachen in aller Herrgottsfrühe auf, ehe ich meinen Plan und Entschluss wieder umstoßen konnte. Gottreich war neben mir wie eine gespannte Feder, er saugte alles Neue und Ungewohnte mit funkelnden Augen auf, angefangen von den stämmigen Pferden vor dem Omnibus bis hin zu den belebten Straßen Stuttgarts. Der feste Griff seiner kleinen Hand ließ die meine keinen Augenblick los, aber Angst hatte er nicht, das konnte ich sehen.

Stuttgart war mir immer noch ganz vertraut, auch wenn die Menschenmenge und der Lärm zugenommen hatten, wenigstens erschien es mir so. Ich wusste, wo ich meinen Sohn lassen wollte, während ich den Arzt aufsuchte, der in der Nähe des Katharinenhospitals wohnte. Schon am Abend, als ich planend und schlaflos in meinem Bett lag, war diese Idee aus dem Nichts aufgetaucht, und jetzt wunderte ich mich, dass ich sie nicht schon viel früher gehabt hatte.

Während wir die Königstraße entlang gingen, betete ich so inbrünstig wie lange nicht mehr, Meister Knöller möchte noch wie ehemals in seiner Werkstatt sitzen und die Füße der Leute betrachten. An diesem Tag war Gott mir gnädig. Mein Freund ließ Leder, Hammer und Nägel von seiner Schürze gleiten und schloss mich fest in die Arme.

„Emilie“, sagte er und tausend Lachfalten durchzogen sein gutes Gesicht, „ich hatte kaum noch gehofft, dich einmal wiederzusehen.“

Dann ließ er mich los, hockte sich auf seinen Schemel und stellte Gottreich zwischen seine Knie.

„Das ist recht von dir, dass du deine liebe Mama hierher gebracht hast“, sagte Meister Knöller, „sagst du mir, wie du heißt?“ Mein Sohn sah dem Schuhmacher ohne Scheu in die hellen Augen.

„Ich heiße Gottreich Erdmann Christaller“, sagte er. „Was machst du hier, gehören die Schuhe alle dir?“

Ich merkte, hier spann sich leicht ein längeres Gespräch an, und ich bat Meister Knöller, für eine Stunde meinen Sohn bei sich zu behalten, bis ich wiederkäme.

„Ich erzähle dir nachher alles“, sagte ich, als der Schuhmacher nickte, „und du sei brav, Gottreich.“

Aber der hörte gar nicht mehr zu, sondern betrachtete gebannt mit auf den Rücken gelegten Händen die Schusterkugel.

„Wie geht das, wie leuchtet die?" hörte ich ihn sagen und schlich mich unbemerkt hinaus.

Der Arzt sagte mir, was ich schon wusste und nicht wissen wollte. In mir wuchs ein neues Kind, entstanden in einer Nacht wahrer Liebe, die nun nach Gottliebs Willen verleugnet und abgetan werden musste.

Als ich leise die Tür zur Werkstatt öffnete, tönte mir Gottreichs helle Stimme entgegen: „Mama, schau, was ich gemacht habe", und er hielt einen frisch besohlten Stiefel in die Höhe.

„Er hat mir wacker geholfen", sagte Meister Knöller und zwinkerte mir lachend zu.

Hier erschien das Leben so einfach, gerade und richtig, zugleich sah ich, wie sträflich ich in der letzten Zeit Gottreich und Martha vernachlässigt hatte.

Der Schuhmacher ließ Gottreich in einer Ecke mit Nägeln, Leder, Hammer und einer großen Schürze werkeln, während ich von den Bewandtnissen meines Lebens erzählte und dabei am Ende die Tränen nicht zurückhalten konnte.

Es war so gut, zu einem Menschen zu sprechen, dessen Güte und Liebe keine Vorbehalte kannte und dessen Gebet ich die Kraft der Heilung zutraute.

„Ich bin sicher", sagte er ganz still und faltete dabei seine schwieligen Hände über meinen, „du kannst auch dieses Kind als ein Geschenk Gottes annehmen. Sieh deinen bezaubernden Sohn an", und er wies mit dem Kopf in die Ecke, in der Gottreich saß, „und wenn deine anderen Kinder auch so schön und klug sind, kannst du Gott an jedem einzigen Tag deines Lebens große Loblieder singen. Jetzt ist es schwer für dich, das sehe ich, aber nicht nur meine Gedanken und Gebete gehen mit dir, ich weiß, du bist in guter, sicherer Hand geborgen, was immer dir geschieht."

Dann schloss er die Augen und verharrte ganz still, aber ich wusste, dass er all seine guten Kräfte sammelte, um mich zu stärken und mir Frieden zu schenken.

Am Abend wurden zwischen Mutter und mir keine Worte

gewechselt. Auf ihren fragenden Blick nickte ich stumm und verschwand in mein einsames Schlafzimmer.

Jetzt begann recht eigentlich die Dürre des Wartens. Der August ging zu Ende, dann zog sich der endlos lange September hin, und der Oktober war bis zur Mitte fortgeschritten, ehe ich wieder Nachricht von Gottlieb bekam, zwei zusammengeklebte Briefe in einem schmutzigen zerrissenen Umschlag, auf dem in einer Ecke geschrieben stand „safe from the wreck of Cleopatra". Im ersten Augenblick fuhr mir der Schrecken wie ein Messer durch Kopf, Bauch und Glieder, weil ich dachte, nun ist Gottlieb tot und liegt mit dem Schiff im Meer. Dann aber, als ich mit zitternden Händen die Briefseiten vorsichtig voneinander löste, konnte ich sehen, dass er aus Aburi und Akropong geschrieben hatte, und mein Kopf sagte mir, dass der Untergang der „Cleopatra" auf dem Rückweg von Afrika geschehen sein musste. Ich breitete die Blätter auf dem Küchentisch aus, holte meine beiden Großen, damit sie auch von ihrem Vater hörten, aber Gottreich hatte gar keine Geduld und fragte nur andauernd: „Wann kommt er wieder?"

So musste ich denn doch das meiste für mich allein lesen, eine Lektüre, die mir wahrhaftig allen Mut nahm, jemals wieder nach Afrika zu reisen. Den Frauen dort ging es nicht gut. Gottliebs Berichte auf dem hauchdünnen, eng beschriebenen Papier wehten mich kalt an. Ganz sachlich sprach er von Schwester Lochers wiederholten Fehlgeburten, und ich suchte mir ihr Gesicht in Erinnerung zu rufen, wie ich es zuletzt in Christiansburg gesehen hatte. Bruder Hecks junge Frau war gestorben, und auch sein melancholisches, dunkles und grüblerisches Gesicht tauchte vor mir auf, und ich hörte ihn leise zu mir sprechen wie damals auf dem Schiff. Das war nicht sechs Jahre, das war inzwischen ein ganzes Menschenleben entfernt.

Nun endlich schrieb ich Gottlieb über die Gewissheit meines Zustandes, was er davon dachte, konnte ich nicht wissen, nur dass dieses Kind bestimmt ganz und gar nicht in seine Pläne passte, nicht passen konnte. Ihn beschäftigte die neue Station an der Mündung des Volta, das aufblühende Handwerk und die Brunnen, die unter Bruder Zimmermanns Leitung gegraben wurden.

„Ich habe Lust und Freude an meinen Übersetzungen", schrieb er, „und bin auch sonst ganz zufrieden, hier zu sein."

Weit waren wir voneinander entfernt, sehr, sehr weit. Er vermisste mich nicht, er war mitten im Dreh- und Angelpunkt seiner Welt, wie sauer mir meine eigene Lage war, konnte er bei weitem nicht ermessen.

Mit meiner Mutter bekam ich einen bitterbösen Streit, der unserer kleinen Martha fast das Leben kostete.

Es schien, die Leute redeten über mich, und daraus erwuchsen Mutters spitze Bemerkungen, die ich nicht einfach hinnehmen mochte. Meine Hoffnung, mit ihr eine dauerhafte Harmonie herzustellen, erwies sich an diesem Tag im November als trügerisch. Am schlimmsten war, dass mein Vater den Wortwechsel mit anhörte, ohne einzugreifen, jedenfalls nicht gleich.

Als Mutter mit ihren Einkäufen nach Hause kam, saß ich mit Vater in der Küche, er hatte Ernst auf dem Schoß, und gemeinsam versuchten wir ihn zu füttern. Er aber zappelte und lachte und wollte nicht essen, sondern mit dem Löffel spielen. Martha saß neben mir und fütterte ihre Puppe.

„Fein habt ihr es hier", sagte Mutter, und ich hörte sogleich den Grimm in ihrer Stimme, der mich nichts Gutes ahnen ließ.

„Dreimal musste ich heute versteckte Bemerkungen über dich anhören, Emilie. Man meint, es sei ja seltsam, dass du schwanger bist, obgleich dein Mann schon so lange weg ist."

Ich sprang vom Stuhle auf, dass er zu Boden polterte und Martha mit einem Schrei ihre Puppe fallen ließ.

„Sag so etwas nie wieder", fuhr ich meine Mutter an, von Zorn übermannt, „warum bringst du die bösen Zungen nicht zum Schweigen?"

„Schrei mich nicht an", gab Mutter zurück, nun wurde

auch ihre Stimme laut, „was kann ich dafür, wenn die Leute reden.“

Jetzt stand Vater auf und mahnte uns beide zur Ruhe, Martha aber weinte laut und rannte hinters Haus.

Hätte Gottreich nicht geschrien und wäre Caroline nicht so flink gewesen, wäre Martha in der Jauchegrube untergegangen. Jemand musste die Bretter der Abdeckung verschoben haben, sodass Martha durch eine breite Lücke hineinrutschte und bis zur Brust in der stinkenden Brühe steckte und sich an einem Brett festklammerte. Caroline lag schon auf dem Bauch neben der Grube und hielt Martha am Schopf, bis Vater kam und sie herauszog. Da stand sie triefend und stinkend, bleich vor Schreck, ganz und gar verstummt.

Caroline säuberte das Kind in der Waschküche, Mutter und mir aber war dies eine bittere Lehre, unseren Zorn und Streit zu zügeln oder ihn wenigstens nicht vor den Kindern auszutragen. Vater sagte weiter nichts zu uns, aber er kümmerte sich mehr als sonst um die Kinder und achtete darauf, dass keines unbeaufsichtigt blieb.

Der Dezember kam heran, ich dachte lieber nicht an ein Weihnachtsfest ohne Gottlieb, schon gar nicht, als die Kinder und ich krank wurden, eines nach dem anderen, zuerst mit Durchfall, dann bekam ich Grippe. Trotzdem musste ich mich um die Kinder kümmern, die weinten und quengelten. Ich war so abgeschlagen, dass ich meistens nur den einen Wunsch hatte, mich niederzulegen, die Augen zu schließen und zu sterben. Geld hatte ich auch nicht mehr und musste von den Rücklagen nehmen, die mir gehörten, denn ich bezahlte meinen Eltern für Heizung und Essen, und nun kamen auch noch die Kosten für das Wochenbett dazu.

Gottliebs Briefe trösteten mich nicht. Er war so sehr von eigenen Sorgen erfüllt, von seiner Einsamkeit und nicht zuletzt von dem schlechten Gewissen mir gegenüber, dass seine Klagen wie stete Tropfen das Gefäß meiner eigenen Leiden füllten.

Das Kind kam zu früh. Vier Wochen vor der Zeit erschien es nach einer langen, langen Nacht am Morgen des 2. Januar. Es war ein zierlicher, wohlgebildeter Knabe, der mir seinen Eintritt in die Welt hätte leichter machen können. Zusammen mit der Hebamme stand meine Mutter mir in rührender Fürsorge bei, das muss ich sagen.

Nach meinem Wunsch sollte der Sohn Benoni Theodor heißen, Gottlieb hatte ich danach nicht fragen können. Noch nie erschien er mir so fern, so fremd, so gar nicht zu mir und den Kindern gehörig. Was sollte ich sagen, wenn er mir schrieb: „Meine Führung will mir manchmal zu hart, meine jetzige Lage zu schwer erscheinen", und dann ließ er durchblicken, dass dieses Kind alle seine Pläne gestört habe, da er mein Kommen nach Afrika nun für ganz unwahrscheinlich hielt.

Ich erholte mich schnell, und ich freute mich an dem Kind, das war keine Frage, auch wenn ich schmerzlich meine kleine Martha entbehrte. Gottliebin hatte sie zu sich nach Gmünd geholt, aber ich konnte es kaum aushalten, sie nicht um mich zu haben.

Licht und Schatten, wie sich das fortwährend mischte, die Liebe zu den Kindern, tief in mir verwurzelt, die Last der Arbeit und der stete Schmerz der Einsamkeit, das zog wie Wolken und Sonne an einem windverwehten Tag über mein Leben.

Theodor wurde vom alten Pfarrer Renz getauft, den ich noch aus meiner Jugendzeit kannte und der mir zuliebe noch einmal seinen Talar anzog. Schöne, tröstliche Worte wusste er zu sprechen, und mein kleiner Sohn gurgelte vergnügt, als das Taufwasser sein Köpfchen benetzte.

Seltsame, schnell verfliegende Bilder suchten mich bei dieser Feier heim, vielleicht auch, weil mein Geist den fernen Vater suchte. Schwarze Gesichter umringten einen bärtigen Mann, und ich hörte hinter dem Choral, den wir sangen, die Trommeln, wie sie in Afrika so oft durch den Busch zu uns gesprochen hatten.

Sonst lag viel Schweigen über meinem Leben, außer wenn ich an meine liebe Schwägerin schrieb, die noch den ganzen Januar Martha bei sich behielt. Mir war genauso, wie es in dem Psalm Davids heißt: ‚Ich bin verstummt und still und schweige der Freuden und muss mein Leid in mich fressen.'

Gottliebin, die gute Seele, versuchte immer wieder, das Schwere von mir zu nehmen und mich zu trösten, aber dennoch lastete die Ungewissheit meiner Zukunft auf mir wie ein Bleigewicht.

Schlimm war, dass Gottlieb mit Vergangenheit und Gegenwart rechtete und dabei erneut unser sündiges Verhalten in die Waagschale warf.

„Wäre jener 1. Mai nicht gewesen", schrieb er mir im Februar, „so dürfte ich jetzt hoffen, dich bald bei mir zu sehen."

Mit allem war er zerfallen, mit den Umständen, mit der Führung in Basel, mit der Ungewissheit, ob ich überhaupt kommen würde, und zum Schluss kam der bittere Satz: „Es ist besser, in die Hand Gottes zu fallen als in die Hände der Menschen."

Von seiner Freude und Zuversicht war nicht viel geblieben, wie es schien. Die Last und Bürde unserer Trennung war ihm schwer und drückend, und auch von der Ferne streckte seine Schwermut nach mir die Hände aus.

In dieser Zeit feierte ich ein Wiedersehen mit meinem Bruder Julius. Er lebte in Tübingen und hatte gegen Vaters ausdrücklichen Wunsch den Beruf eines Chirurgus erlernt. Seine Frau gefiel meinen Eltern nicht, genauso wenig wie seine freimütigen und spitzzüngigen Ansichten über Kirche und Gesellschaft. Julius hielt christliche Heuchelei für ein schlimmes Übel unserer Zeit, und so häufte sich auf ihn viel Kritik und Ablehnung, so dass er Besuche in Waiblingen lieber vermied.

Ich hatte ihn lange, lange nicht gesehen, nicht seit der Zeit, als ich zu Tante Rauser nach Stuttgart ging.

Jetzt aber wünschte er mich und meine Kinder zu sehen,

vor allem Theodors Geburt hatte ihn neugierig gemacht auf diesen jüngsten Neffen.

Er kam allein, denn Marie zog es vor, meinen Eltern nicht zu begegnen, da sie doch nur kritische Blicke und Meinungen zu gewärtigen hatte.

Ein großer, blonder, bärtiger Mann stand da in der Tür, schwenkte den kleinen Paul in die Luft, dass er vor Vergnügen kreischte, dann erst nahm er mich in die Arme.

„Emilie", sagte er, „große, kleine Schwester, es ist schön, dich wiederzusehen." Julius lachte mich an, Stärke, Fröhlichkeit und Ruhe gingen von ihm aus, und erst in diesem Lachen erkannte ich meinen geliebten Bruder wieder. Es war gut, ihn in der Nähe zu haben, seine Gelassenheit zu spüren, seine Sicherheit und seine Zuneigung, die sich über die Jahre nur durch ein paar spärliche Briefe genährt hatte. Gegen die Eltern war er freundlich, aber zurückhaltend, für die Kinder allerdings wurde er ein Magnet, von dem sie gar nicht wieder loskamen. Mit endloser Geduld beantwortete er Gottreichs viele Fragen, bewunderte Marthas Puppen, ließ Paul auf seinen breiten Schultern reiten. Nur wenn er Ernst ansah, schwand das Lachen aus seinem Gesicht, und er sah dem Kind gedankenverloren in die schwarzen, unergründlichen Augen. Den Säugling nahm er vorsichtig in seine großen Hände und wiegte ihn so behutsam, dass ich ohne Sorge zusehen konnte.

Am Abend sagte Julius Adieu, er wollte nicht in seinem Elternhaus schlafen, sondern noch in der Nacht ein Stück Richtung Tübingen wandern. Er sagte jedem Kind am Bett gute Nacht und schließlich stand ich mit ihm allein unter der Haustür.

„Julius", sagte ich schnell und leise, damit niemand außer uns es hörte, „wenn ich je wieder nach Afrika muss, bitte hilf mir." Wie diese Hilfe aussehen sollte, wusste ich selbst nicht genau.

„Ich helfe dir", sagte er ebenso leise und drückte mich noch einmal fest an sich. Er hat Wort gehalten in den schwersten Tagen meines Lebens.

Man sagt, Verhängnis schreite schnell, das ist wohl wahr. Es häufte sich in Briefen, die zwischen Afrika und Basel hin und her gingen. Gottlieb stritt mit Inspektor Josenhans, von dem er sich nach wie vor vollkommen falsch beurteilt und behandelt fühlte. Er verlangte, ich solle mit dem jüngsten Kind nach Afrika kommen, und schließlich rechtete er auch mit mir, weil ich Bedenken äußerte wegen meiner zukünftigen Aufgaben in Aburi. Er brauche mich dringend zu seiner Unterstützung, schrieb er, und schließlich gebe es in Aburi auch eine Nähschule. Und zum Schluss des Briefes sagte er dann genau, was er von mir erwartete: „Frau Mohr ließ 6 Kinder zurück, das jüngste erst sechs Monate alt."

Da hatte ich es, da setzte er den Maßstab, nach dem ich mich zu richten hatte.

Im Mai kam das Verhängnis in leibhaftiger Gestalt des Inspektors, jedenfalls schien es mir so. Eines Morgens erschien er unangemeldet bei mir, ich hatte mich noch nicht einmal richtig frisiert. Ich muss ihn vollkommen verwirrt und sprachlos angestarrt haben, denn zunächst einmal war er bemüht, mir beruhigend zuzusprechen. Er begehrte den kleinen Theodor zu sehen, und danach erst begann er, von den Plänen in Basel zu reden, die mir eine zweite Ausreise nach Afrika im Sommer oder Herbst nahelegten.

„Es wird das Beste sein, wieder zu deinem Mann zu fahren, Emilie", sagte Josenhans sehr ernst und eindringlich, „du weißt, wie uneins er mit sich selber ist. Wenn du hier bleibst, wird er darauf drängen, Afrika zu verlassen, seine Arbeit wäre erneut unterbrochen, und hier in der Heimat wäre er ganz bestimmt wieder unzufrieden." Ich nickte, denn er hatte recht, das wusste ich genau.

„Gottlieb möchte, dass ich den kleinen Theodor mitbringe", sagte ich, aber die Antwort darauf kannte ich schon im voraus.

Josenhans schüttelte den Kopf: „Ich glaube, wir beide wissen, wie unmöglich das ist", sagte er.

Ich nickte, weil mir die Stimme versagte.

„Bis zum Juni müsstest du dich entscheiden", sagte Josenhans, „Gottreich und Martha können ohne Frage im Kinderhaus aufgenommen werden, für Paul dagegen machen wir eine Ausnahme, da er erst im Sommer drei Jahre alt sein wird. Ich hoffe, Ernst und Theodor können bei deinen Verwandten bleiben."

Ich nickte zum dritten Mal und hatte damit schon meine Zustimmung gegeben. Natürlich wollte Vater wissen, was das plötzliche Erscheinen des Inspektors zu bedeuten habe, und so war ich gezwungen, eher als mir lieb war, den Eltern die jüngsten Entwicklungen zu schildern. Selten habe ich Mutter so zornig gesehen wie an diesem Vormittag.

„Haben die Herren alle den Verstand verloren", fing sie an, und die Hitze stieg ihr sichtbar in die Stirn, „man kann dich doch nicht einfach von fünf kleinen Kindern wegholen. Emilie, du musst dich dagegen wehren", und dabei sah sie fragend und herausfordernd meinen Vater an, um von ihm Unterstützung zu bekommen.

Diesmal schüttelte ich den Kopf und sagte ganz sanftmütig: „Es geht nicht, Mutter, ich muss zu Gottlieb."

Da drehte sie sich wortlos um und knallte die Tür hinter sich zu. So hatte ich auch noch ihren Unmut zu ertragen, aber was machte das schon bei allem, was mir noch bevorstand. Vater dagegen war ganz stille neben dem Tisch stehen geblieben.

„Aber Ernst musst du uns lassen", sagte er leise und dringlich.

„Ich verspreche es", sagte ich.

So viele Versprechen, die ich nun nicht mehr rückgängig machen konnte. So viele Menschen, die mich zerrissen, jeder mit einer anderen Kraft und Dringlichkeit. Gottlieb warb in seinem letzten Brief mit Worten, die ich wahrhaftig noch nie von ihm gehört hatte, ohne mich sei er kein freier Mann und ich sei seine bessere Hälfte. Wann ihm das eingefallen war, wusste ich wirklich nicht. Doch gleichzeitig schilderte er mir die Krankheiten der Brüder, und wieviele von ihnen auf Heimreise drängten.

Mit den Kindern zu sprechen, schob ich von Tag zu Tag hinaus. Nicht von Martha, aber von Gottreich fürchtete ich einen Sturm des Zorns oder der Tränen, auf die ich doch gar keine rechte Erwiderung wusste. Aber es kam viel schlimmer. Der Zufall oder die Unachtsamkeit spielte ihm eine Bemerkung zwischen Bertha und Mutter zu, die mit meiner Abreise zu tun hatte. Ich fand ihn stille und weiß wie ein Blatt Papier vor seinem kleinen Schreibpult sitzen mit geballten Fäusten und zugekniffenen Augen, als wolle er die ganze Welt aussperren. Als ich ihm über die Haare strich, warf er sich in meine Arme und zitterte so, dass ich ihn lange nicht beruhigen konnte.

In diesen schlimmen Wochen fragte ich mich oft, was wir mit unserem Leben taten, in dem so viel Wirrnis herrschte, in dem wir offenbar nach keiner Seite Frieden stiften konnten, weder hier in der Heimat noch auch in Afrika. Ich wollte so gerne ohne Streit mit meiner Mutter leben, ich wollte so gerne die Kinder vor Schmerzen bewahren und so gerne Gottlieb zu Willen sein. Irgendwann, dachte ich, musst du doch auch mit deinem eigenen Herzen in Einklang leben. Aber selbst das blieb mir verwehrt, und wenn man Jesu Worten glauben wollte, so sollte uns allen das verwehrt bleiben: ‚Ich bin nicht gekommen, Frieden zu senden auf die Erde, sondern das Schwert.‘ Wie er das gemeint hatte, war schwer zu ergründen wie vieles andere, was mir von Gott auferlegt wurde.

Selbst wenn ich mich nicht um Politik kümmerte und kümmern wollte, so konnte man doch den Streit um die Vorherrschaft in deutschen Landen nicht überhören. Im Grunde war es nicht anders als in Afrika, wo an der Goldküste die Asante-Stämme zu dauernden Kämpfen um die Macht bereit waren, wie Gottlieb mir schrieb, nur dass man sich hier nicht blutige Schädel oder abgeschlagene Gliedmaßen als Trophäen zuschickte, wie die triumphierenden Streiter in Afrika es taten.

‚Wie lieblich ist der Boten Schritt, die uns verkünden den Frieden.' Mit solchen Gedanken war ich das erste Mal nach Afrika gereist, dieses Mal machte ich mich nüchterner auf den langen Weg, gänzlich unwissend, wohin er mich führte. Meine nächsten Schritte konnten gar nicht lieblich sein, sie führten über den Acker voll Disteln und Dornen, auf dem der Abschied von den Kindern wuchs.

Die Aussicht auf die lange Reise übers Meer dehnte sich zu endloser Öde. So viel Zeit und Raum zwischen mich und meine Kinder zu setzen, war fast mehr, als Gott von einer demütigen Seele verlangen konnte.

Zu diesem Schmerz, den ich bis jetzt erst in meiner Vorstellung, noch nicht in der Wirklichkeit erlebte, kam viel unliebsame Korrespondenz. Ich musste von Basel Geld für die Zurüstungen der Reise erbitten, überlegen, wer etwa die Söhne ins Kinderhaus bringen könnte, und nicht zuletzt, wo mein kleiner Theodor eine Heimat finden würde. Aber das war bei weitem nicht alles. Kaum wusste Gottlieb von meinem Entschluss, überhäufte er mich mit einer Fülle von Wünschen und Aufträgen, was ich etwa alles nach Afrika mitbringen sollte. Suppenschüsseln, Zinngeschirr, eine Menge von Büchern, säuberlich in Kisten verpackt, so stellte er sich mein Reisegepäck vor. Eigentlich hätte ich zornig werden können über so viel Unverstand meines klugen Mannes, am Ende lachte ich unter Tränen und schrieb ihm kurz und bündig, ich würde nichts dergleichen tun.

Wenn ich an unsere letzten Gespräche über das Werk der Mission dachte, an seinen Ernst und glühenden Eifer, dann wunderte ich mich oft, über wie viele unwesentliche Kleinigkeiten er sich Sorgen machte, über Matratzen und Decken, über die Preise der Lebensmittel oder die Abmessungen des neuen Wohnhauses in Aburi. Und immer noch hielt er an dem Gedanken fest, ich solle den Säugling mitbringen, damit er auch Vaterfreuden genießen könne.

Vaterfreuden – ich wünschte ihn oft genug herbei, mir als Vater bei der Erziehung der Kinder zu helfen. Ich hatte es nicht länger als bis zum August hinausgeschoben, ihnen von meiner Reise nach Afrika zu erzählen. Martha weinte, vergaß es aber bald wieder, Paul lachte und verstand es nicht richtig, die Kleinen konnten es, gottlob, noch nicht begreifen. Aber Gottreichs Antwort war viel schlimmer als ich mir vorgestellt hatte.

Er ging nun in die Schule, und seit er wusste, dass ich irgendwann in den kommenden Monaten verschwinden würde, veränderte sich sein ganzes Wesen. Aus der Schule brachte er alle wüsten und rohen Redewendungen mit, die er mich absichtlich hören ließ, um dann gespannt auf meine Antwort zu warten. Oft genug musste ich Caroline ausschicken, um ihn zu suchen, wenn er sich auf dem Heimweg verspätete. Er ließ irgendwo seine Schulsachen liegen, stieg in den Bach, um Fische zu fangen, wie er sagte, oder er machte weite Umwege, die wir nicht vermuten konnten. Ich mochte ihn, weiß Gott, nicht strafen für alle seine Unarten, es war so jämmerlich, in sein weißes, gespanntes, unglückliches Gesicht zu sehen. Morgens weinte er und wollte nicht aufstehen, auch nicht in die Schule gehen, obgleich sein kluger Kopf alles schnell und leicht auffasste.

Ich war mir selber böse, dass ich Gottlieb von alledem schrieb, denn seine Antworten hatten mit dem Leben dieses Kindes rein gar nichts mehr zu tun. Immer hieß es nur, Gottreich solle zum Heiland um ein reines Herz beten, auch die Fischlein lieber im Wasser schwimmen lassen, und er solle sich doch auf Basel freuen, wo er von der großen Rheinbrücke aus ins Wasser sehen könne.

Die Größe des kindlichen Kummers und die tiefen Furchen in der Seele seines ältesten Sohnes kamen meinem Mann wohl niemals zum Bewusstsein.

Im September musste ich alle meine Pläne in die Tat umsetzen. So war es nun beschlossen, Ernst blieb bei meinen Eltern, und mein Jüngster, mein kostbarer kleiner Theodor, mein Benoni, fand bei Gottliebin eine Heimat. Dort wusste ich ihn in wahrer, mütterlicher Liebe aufgehoben und hoffte, dass sein Vetter Theodor ihm ein Bruder werden könne. Einen seiner Namen allerdings büßte er dort ein, denn fortan wurde er nur noch Benni genannt.

Ich schrieb einen langen Brief an Julius, damit er sein Versprechen wahr mache. Ich wollte, dass er Gottreich und Paul nach Basel brächte, Martha wollte ich die letzten drei Wochen noch bei mir behalten. In dieser Zeit wurde mir noch einmal die Wohltat der Hilfe und des Seelenfriedens geschenkt, bevor ich alle meine Kinder zurücklassen musste. Ich sollte mich vor der großen Reise bei Pfarrer Blumhardt in Bad Boll erholen, und meine kleine Martha durfte ich mitnehmen.

Zuerst kam Gottliebin in grauer, nebliger Morgenfrühe. Ich küsste das flaumige Köpfchen des Kindes, ehe ich ihr das warme kleine Bündel Mensch in die Arme legte. Ich konnte nicht sprechen und ich wollte nicht weinen, Gott allein weiß, was ich im Stillen zu ihm sagte.

Caroline ließ ihren Tränen freien Lauf, sie sollte eine Weile bei Gottliebin bleiben, bis sie eine neue Stelle gefunden hatte.

Unser Hausrat war schon in einer Ecke des Speichers zusammengerückt worden, als zwei Tage später Julius kam. Er ließ den Buben gar keine Zeit zum Weinen, erzählte eine Menge lustiger Geschichten und hatte als besondere Überraschung eine Droschke bestellt.

„Du kommst bestimmt nach Basel und bringst Martha?“, sagte Gottreich zuletzt.

„Bestimmt“, sagte ich, „ich verspreche es.“

Als letztes sah ich seine und Pauls kleine Hände aus dem Kutschenfenster winken. Das war am 15. September, danach blieb mir noch der Abschied von Ernst, ehe ich drei Tage später mit Martha nach Bad Boll aufbrach. Ich weiß nicht, wie viel Ernst verstand, mein wunderschöner dunkler Sohn, der noch nicht zwei Jahre alt war.

Nur Martha, mein verständiges großes Mädchen, bewahrte mich davor, beim letzten Blick auf sein süßes Gesicht in die schwarze Nacht des Schmerzes zu entgleiten.

„Komm, Mama", sagte sie energisch und fasste meine Hand, „wir müssen jetzt gehen."

Bad Boll ist ein lieblicher Ort am Rande sanfter grüner Hügel. Mitten in einem Park voller ausladender alter Blutbuchen, Ahorn, Eschen und Linden liegt Pfarrer Blumhardts Kurhaus. Bei unserer Ankunft am Abend war es schon dunkel, so konnte ich nur die Umrisse des Hauses erkennen. Wer hätte einen solchen Empfang erwarten können, Blumhardt stand selbst auf der obersten Stufe und rief uns entgegen: „So kommt, ihr Kinder, grüß euch Gott." Groß, breit, freundlich stand er da mit ausgebreiteten Armen, als hätte er an diesem Tag nur auf uns gewartet.

Mit Martha und mir waren noch fünf oder sechs andere Gäste von der Poststation gekommen und allen leuchtete die gleiche, liebevolle Anteilnahme entgegen. Ich hatte in den nächsten Tagen genug Gelegenheit, mich in dieses Gesicht zu vertiefen, das, nicht schön und nicht mehr jung, die Spuren vieler Erfahrungen trug. Nicht nur Güte sprach aus seinen Augen, sie konnten ebenso kritisch wie streng blicken, wenn etwas nicht nach seinem Geist und Gutdünken vorfiel, aber ich selbst habe daraus nur die Strahlen der lautersten und tiefsten Anteilnahme erfahren.

Es war Martha, die mir gleich am zweiten Tag einen Weg zu einer der begehrten Unterredungen in des Pfarrers Studierzimmer bahnte. Denn sonst war es eine Eigentümlichkeit dieses Hauses, dass zuerst einmal jeder Gast sich selbst überlassen blieb, nur musste er sich an die Stunden der Mahlzeiten und Andachten halten. Natürlich wusste jeder, der hierher kam, von der Kraft der Gebete, mit denen Blumhardt Krankheiten zu heilen vermochte, ebenso wie von dem Kampf, den er in seiner Pfarrei Möttlingen gegen die Dämonen in seinem Pfarrkind Gottliebin Dittus geführt und gewonnen hatte. Das lag nun schon über zwanzig Jahre zurück, sie aber, die Gottliebin, war erst im Jahr, bevor ich nach Boll kam, dort als viel geliebte Helferin und Ratgeberin des Hauses gestorben.

Nicht die heilkräftigen Schwefelquellen, denen dieses Bad die Gründung verdankte, waren von vordringlicher Bedeutung für die Gäste in Blumhardts Hause. Hier suchte man seine Person, die Kraft des Geistes, die Gott ihm verliehen hatte, die er schöpfte aus einem immer währenden Lernen und Lesen der Heiligen Schrift. Nicht wie Gottlieb, ganz und gar nicht, sondern wie ein Brunnen, dessen Schalen unermüdlich den Quell auffingen, überquollen und weitergaben.

Was sage ich, es war viel einfacher als alle diese Bilder. Jeden Morgen nach dem Frühstück durften alle Kinder des Hauses, Enkel und Gäste, zu Blumhardts Platz kommen, wo er sie segnete und ihnen die Hand auflegte. Nun war auch Martha unter der Schar, Martha mit den glatten Zöpfen und den großen dunklen Augen in dem lieblichen klaren Gesicht, das jedem Menschen voll Vertrauen entgegenleuchtete. Blumhardt lächelte, als er ihr die Hand auf den Scheitel legte und sagte: „Der Herr segne dich." Über ihrem Kopf suchten seine Augen nach mir und er nickte mir aufmunternd zu.

Die Studierstube war ein stiller, heimeliger Ort, von dem aller Lärm und alle Unruhe fern gehalten wurde. Wer hierher kam, war aufgefordert, von seinem Kummer, seiner Not oder seinen körperlichen Gebrechen zu reden. Alle Wände waren voll gestellt mit Büchern. Auf dem Schreibtisch häuften sich verschiedene Papiere, aber zuerst fiel ein strenges, gerades Stehpult ins Auge, auf dem eine große aufgeschlagene Bibel lag. Sie war kein Schaustück, das konnte man sehen, sondern abgenutzt vom Lesen und vielen Umwenden der Seiten.

Er wusste, warum ich hier war und Erholung suchte, er wusste um alle Verkettungen der Mission mit dem Leben derer, die ihr dienten, war doch Wilhelm Hoffmann sein Freund und Studiengenosse gewesen, der gleiche Hoffmann, bei dem ich in Basel gedient hatte.

Wir saßen uns eine Weile schweigend gegenüber, Blumhardt in gelassenem Wohlwollen, ich voller Verlegenheit, weil ich nicht wusste, wie und wovon ich anfangen sollte zu reden. Er war Ende fünfzig damals, und ich versuchte mir vorzustellen, er sei mein Vater, aber auch das half nicht, weil es einfach zu viel gab, was ich erzählen oder verschweigen konnte.

„Weisst du, Emilie“, sagte er wie aus langem Nachdenken heraus, „ich bin in täglichen Ängsten, ob ich es Gott gegenüber recht mache. Ich kämpfe jeden Tag darum, das Rechte nicht zu verlieren.“

Ich sah ihn ganz und gar erstaunt an. Wie konnte ein Mann wie er das Rechte verlieren.

Er lächelte. „Es ist nicht immer so einfach, mit den Menschen umzugehen“, sagte er, „viele sind zu schnell mit sich fertig und wissen gar nicht, wie lange Wege sie noch gehen müssen vor Gott. Aber ich sehe schon, du gehörst nicht zu denen.“

Ich schüttelte den Kopf und schluckte. Nein, fertig war ich gewiss nicht.

„Was für ein liebes, schönes Kind ist deine Martha“, sagte er, und ich musste all die Tränen weinen, die ich in Waiblingen hinuntergeschluckt hatte.

„Weine nur“, sagte Blumhardt leise, „diese Schmerzen kommen gar nicht ohne Tränen aus“, und ich sah, wie er die Hände faltete, seine klugen Augen auf mich richtete und hörte ihn ein ganz einfaches Gebet um Ruhe und Seelenfrieden sprechen. Ich schloss die Augen und fühlte den Frieden in mein Herz kommen, sanft und wunderbar. Er hatte die Kraft, das wusste ich nun.

Martha war sehr fröhlich in diesen Tagen, schon deshalb, weil ich fröhlich war. Ich hatte keine besonderen Unterredungen mehr mit Blumhardt, aber ich fühlte die Kraft seiner Gebete neben mir hergehen, wenn mich bei Tisch oder bei den Andachten für einen Moment seine Augen trafen. Für Martha war die morgendliche Segnung von seiner Hand ein Höhepunkt des ganzen Tages, auch wenn sie noch nicht genau wusste, was ihr da geschah.

Anfang Oktober schließlich reiste ich mit meiner Tochter über Stuttgart nach Basel. Ich hatte es nicht über mich gebracht, noch einmal bei Gottliebin in Gmünd vorzusprechen, ein zweiter Abschied von meinem Jüngsten war nicht in meinem Vermögen.

Was nun in Basel vor mir lag, türmte sich wie ein unübersteigbarer Berg. Ich weiß nicht, ob die Tage, die ich noch im Missionshaus bleiben konnte, ein Segen oder ein Fluch waren. Die Buben blieben mir räumlich nah und doch so fern, nur Martha hatte ich noch um mich. Ich wohnte bei Constantia Scholtz, der Leiterin des Mädchenhauses, einer Person, in der sich Seelenstärke, Inspiration und Charme mit dunklen Strängen der Herrschsucht mischten. Sie war aus Russland gebürtig, eine Tochter aus vornehmem, aber verarmtem Hause, die in der Erziehung der Missionskinder ihr Heimweh zu überwinden suchte und um ihren Seelenfrieden kämpfte. Ich sah, wie Martha sogleich ihrem Charme erlag und sich doch vor ihrer Strenge fürchtete. Ich selber musste mein kleines Mädchen nun loslassen, um sie nicht noch mehr zu verwirren.

Paul und Gottreich freuten sich so, mich wiederzusehen, und in den wenigen Tagen meiner Anwesenheit kämpfte jeder von ihnen auf seine Weise mit dem drohenden Abschied. Paul weinte, bekam Durchfall und konnte kein Essen bei sich behalten.

Gottreich suchte sich andere Waffen. „Ich habe einen Freund, Mama“, sagte er ganz stolz, „und nach Waiblingen möchte ich gar nicht zurück.“ Dabei bettelten seine Blicke in jeder Minute, die er bei mir war: Bleib doch hier.

Am letzten Abend sang ich an Pauls Bett, bis er endlich schlief, streichelte Martha, die nur weinte und ganz verstummt war, und als letztes musste ich mich von Gottreich verabschieden. Wir saßen ganz still beieinander und weinten zusammen, bis er plötzlich aufstand und sagte: „Adieu, Mama.“ Dann ging er zur Tür, den Gang entlang zu seinem Schlafsaal, aber er drehte sich alle drei Schritte nach mir um, ob ich ihm nicht doch vielleicht folgen möchte. Er war tapfer, mein Sohn, ohne ein weiteres Wort machte er die Tür des

Schlafsaales energisch hinter sich zu. Da stand ich allein auf dem stillen Gang, die Riesentat des Abschieds war getan, aber mir war wie dem sterbenden König in Juda: ‚Zu Ende gewebt hab ich mein Leben wie ein Weber, er schneidet mich ab vom Faden.'

Von Bremen an die Goldküste
Oktober 1863-Februar 1864

So war es, ich stand wahrhaftig abgeschnitten da in einer fremden Stadt bei fremden Menschen und wohnte bei Freunden der Bremer Mission. Wenigstens musste ich nicht übers Wasser nach England, obgleich ich London und Agnes Waring gerne wiedergesehen hätte.

Die Bremer waren reich, wenn ich sie mit unseren kargen Verhältnissen in Württemberg verglich. Auch bei meinen Gastfreunden ging es oft hoch her, wenn abends Gäste zu Tisch geladen waren, gab es eine ungeheure, voll besetzte Tafel mit Gerichten, die ich gar nicht kannte.

Es war gut, Herz und Sinne in die Gespräche mit anderen Menschen zu tauchen, denn die Last, einen geliebten Mann und fünf teure Kinder herzugeben oder in der Fremde zu wissen, zermalmte mich fast in meiner Schwachheit. Herr, Herr, sprach ich jeden Tag, Du hast mich ausgesetzt in die äußerste Felsenwüste, verlass mich nicht ganz.

Meine Hauswirte waren sehr gut zu mir, aber jeder neue Tag des Wartens trieb mir die Stachel ins Gemüt, denn sie hatten drei herzige Kinder im Alter der meinen, und ich konnte sie nie ohne Tränen ansehen.

Zwei Tage vor meiner Abreise nach Bremerhaven lernte ich den Kapitän der „Volta" kennen, auf der ich nach Afrika segeln sollte. Ein freundlicher, stiller, bescheidener Mann war das, und ich war froh, einen erfahrenen Seemann vor mir zu sehen, der auch in diesem Jahr die Reise nach Afrika schon einmal gemacht hatte.

Aber kaum hatten meine Gastfreunde mich in einer recht vornehmen Kutsche nach Bremerhaven gebracht, wo die „Volta" vor Anker lag, wurde der Kapitän krank. Wir konnten nicht wissen, welche Fügung oder welches Schicksal hier waltete, unsere Abfahrt zu verzögern. Den 28. Oktober sollten wir eigentlich in See stechen, aber tatsächlich dauerte es noch bis zum 9. November, bis der Lotse an Bord kam, der das Schiff aus der Weser in die Nordsee steuerte.

Wir wohnten schon auf dem Schiff, da es in Bremerhaven keine andere Unterkunft für uns gab, und auch keiner so genau wissen konnte, wann der günstige Augenblick für die Ausreise gekommen war. Das bezog sich auf die Gesundheit des Kapitäns, auf Ebbe und Flut, Wind und Wetter. Wir – das waren ich und zwei Bräute für Afrika, Rebekka Bienzle aus Möhringen und Catrina Hollerwerth aus Korntal, mit denen ich die Kabine teilte.

Wir hatten Zeit, uns in dieser kleinen Schachtel häuslich einzurichten, und ich riet meinen Schwestern, alles möglichst gut zu verstauen oder an der Wand der Kajüte aufzuhängen. Die Betten oder Kojen, wie man auf dem Schiff sagt, waren schmal und eng, und wenn ich mich aufrichtete, stieß ich schon mit dem Kopf an das Bett über mir. Rebekka schlief da oben, und Catrina hatte ihren Platz an der anderen Wand der Kajüte. Sie waren jung und fröhlich, die beiden, Catrina lachte über unsere verschachtelte Einrichtung und nannte uns eine Menagerie mit verschiedenen Käfigen. Ich war froh über ihre Gesellschaft, zogen sie mich doch ab vom Heimweh und den Sorgen um meine Kinder. So lachte ich mit ihnen und schwieg stille über die bevorstehenden Mühen und Gefahren der Seefahrt.

Die beiden anderen Gefährten der Reise waren Männer, so unterschiedlich, wie man sich zwei Menschen nur denken kann. Bruder Hauser erinnerte mich in manchen Dingen an Gottlieb, auch wenn er nicht in schwäbischer, sondern in Schweizer Mundart sprach. Er war so ernst und dabei so bereit, alle Menschen seiner Umgebung zu belehren, er hatte seine Schule in der Schweiz verlassen, um nun diese Gabe der Rede und Unterweisung bei den Negern anzuwenden. Ich wusste, es war nicht recht, wenn ich ihm lieber aus dem Weg ging, was allerdings bei unserer engen Gemeinschaft schwierig genug war. Aber man konnte alles andere vergessen, wenn wir zusammen sangen, denn er hatte eine wunderbare Stimme, die seinen strengen Ernst auflöste.

Der andere Bruder hieß Bohner, und er reizte in mir alles, was ein guter Christ eigentlich unterdrücken soll. Er kam von Münsingen auf der Schwäbischen Alb und sprach einen Dialekt so ungehemmt und urwüchsig, dass selbst wir drei schwäbischen Frauen Mühe hatten, ihn zu verstehen. Rebekka und Catrina mussten ständig ihr Kichern unterdrücken, wenn Bruder Bohner auf uns zukam und zu reden anfing. Er hatte, was man bei uns einen kurzen Fuß nennt, kurzum, er humpelte. Das alles war noch kein Grund zum Lachen, wenn er nicht so überaus einfältig gewesen wäre. Ich wunderte mich, warum so jemand von der Mission nach Afrika geschickt wurde, bis ich erfuhr, dass er Schuhmacher war und in diesem Beruf auch dort arbeiten sollte.

Schuhmacher – natürlich trat mir sogleich Meister Knöller vor die Augen mit seiner Art, christlich zu leben und zu handeln. Dieser hier trug seine Religion vor sich her wie einen lustigen bunten Wimpel und wedelte damit herum, überzeugt, jeder Mensch müsse seine Wichtigkeit erkennen. Aber auch er hatte einen schönen kräftigen Bass, und so wurden unsere abendlichen Singstunden in der großen Mittelkajüte zu einer rechten Erbauung, die uns unser aller verschiedene Fehler und Eigenheiten vergessen ließen.

Da unser Kapitän ein frommer und strenger Diener der Bremer Mission war, wurde trotz seiner Unpässlichkeit unser Tageslauf auf dem Schiff schon jetzt nach seinem Kommando eingeteilt, indem wir den Tag morgens um acht vor dem Frühstück mit einer Andacht begannen. Zum Mittagessen mussten wir uns pünktlich um zwölf einfinden, danach gab es bis vier eine Lesestunde, in der Bruder Hauser die Wahl des Themas für sich beanspruchte. Ich hatte nichts dagegen, dass er Stillings Lebensgschichte vorlas, aber darüber hinaus ließ er uns eine Menge Lieder auswendig lernen und trug sich zum Lehrer für Englisch an. Er gebärdete sich, als wären wir seine Schulkinder, was ich mir stillschweigend gefallen ließ, da ich gern meine Kenntnisse in Englisch erweiterte. Als er mir allerdings anbot, mich auf meinen Gängen ans Land zu begleiten, lehnte ich das kurz und bündig ab und zog die Gesellschaft meiner beiden Mitschwestern vor. Mich einem Manne unterzuordnen, hatte ich wahrhaftig schon gelernt, dazu brauchte ich diesen Bruder gewiss nicht.

Wenn wir an Land wollten, mussten wir über ein schmales Brett balancieren, das keineswegs immer unter uns stille hielt.

Gleich am zweiten Abend, als wir die steigende Flut gegen den Schiffsrumpf gluckern hörten, wurden wir in unserem Singen durch einen lauten Schrei aufgeschreckt. Neben uns am Kai lag ein Schiff, das erst am Morgen aus New York gekommen war, und von dort hörten wir jetzt Rufe und Stimmengewirr.

Vom Deck aus sahen wir einige Männer mit langen Bootshaken zwischen Kaimauer und dem Rumpf des benachbarten Schiffes herumstochern, und aus den Zurufen entnahmen wir, dass ein Mann vom Laufsteg ins Wasser gefallen war. Es war schon dunkel, und mit der Flut fegte ein kalter Wind über das flache Land und die Weser.

Wir warteten angstvoll ungefähr eine halbe Stunde, bis sie ihn endlich gefunden hatten und herauszogen, aber da war er schon tot. Das war ein schreckliches Ende für einen jungen Mann, der hier mit seiner Frau und seinem Kind ein neues Leben anfangen wollte.

Nun setzten wir unsere Füße mit doppelter Vorsicht auf den Laufsteg, wenn wir an Land gingen.

Der letzte dieser Gänge geschah an einem Sonntag, es war inzwischen der 8. November gekommen. Der nächste Tag sollte nun endgültig unsere Ausreise aus der Wesermündung in die raue, aufgewühlte Nordsee bringen. Wir hatten uns entschlossen, zusammen im nahe gelegenen Luhn den Gottesdienst zu besuchen und kämpften uns mit vorgebeugten Körpern gegen den Wind durch den grauen Morgen. Aber sobald die schwere Tür der dörflichen Kirche mit Ächzen und Knarren hinter uns zugefallen war, konnte man Wind und Wetter draußen ganz vergessen. Still war es, und auch das Rascheln der sonntäglichen Kleider legte sich bald ebenso wie die gedämpfte Neugier der Frauen. Ich fühlte mich geborgen vom ersten Augenblick an und ließ meine Augen umherwandern zum steinernen Altar mit einem schlichten hölzernen Kruzifix, zu den verschnörkelten Grabtafeln und hinauf zu den beiden Schiffen, die von der Decke hingen. Dieses Land lebte mit der Seefahrt, man sah es, roch es und man hörte es. Der Pfarrer hätte selbst ein Seemann sein können mit seinem silbernen Bart und den durchdringenden blauen Augen. Sie trugen hier zu ihrem Talar eine seltsame Halskrause, die wie ein gefalteter Teller aussah. Er musterte mit zählendem Blick seine kleine Gemeinde, bedachte uns Fremde mit einem besonderen Gruß und fing die Liturgie an, wie ich sie noch niemals erlebt und gehört hatte. Schön war das mit viel gesungener Wechselrede zwischen Gemeinde und Pfarrer, auch wenn wir Süddeutschen nicht so recht einstimmen konnten und Bruder Hauser die Stirn runzelte. Mir gefiel, wie er predigte, auch wenn seine Rede mit vielen plattdeutschen Worten untermischt war, die wir nun gar nicht verstanden. Recht derb und direkt ermahnte er seine Gemeinde zum rechten Leben und Handeln und scheute sich nicht davor, einige seiner Schäfchen mit Namen zu nennen und auf dies und jenes Übel hinzuweisen. Ich meinte, sie müssten vor Verlegenheit in den Boden sinken, aber anscheinend waren sie diesen Umgang gewohnt und nickten verständnisinnig mit den Köpfen.

Mit ganz veränderter Stimme gab er zum Schluss uns Reisenden einen besonderen Segen mit auf den Weg, hier wusste jeder, welche Schiffe kamen und gingen.

Das war unser letzter Sonntag in der Heimat, am nächsten Morgen sahen wir vom Deck aus das flache Land allmählich verschwinden, vor uns die Schlickbänke, durch die der Lotse bei auslaufender Flut die „Volta“ steuerte, bis wir das offene Fahrwasser erreichten.

Je weiter ich das Land aus den Augen verlor, das schließlich nur noch als dunstiger grauer Streifen am Horizont sichtbar war, desto dringender suchten meine Gedanken die zurückgebliebenen Kinder. Alle ihre Geburtstage drängten sich heran, in zwei Tagen würde Ernst zwei Jahre alt sein. Ich musste sie nun allein auf dem Schiff feiern und daran denken, wie diese Kinder ins Leben getreten waren.

Die „Volta“ war ein Segler, wir hatten nicht die Hoffnung, eine Maschine könnte uns aus Stürmen oder aus Windstille retten. Wenn wir der „Weserzeitung“ glauben konnten, so waren während unserer Wartezeit etliche Schiffe im Wintersturm auf der Nordsee gescheitert.

Die Zeit dehnte sich auf dem öden grauen Niemandsland des Meeres. Die ersten Wochen lag ich fast ständig auf meinem Bett, spuckend und elend, kaum fähig, einen Bissen bei mir zu behalten, so dass ich schließlich ganz mager wurde. Dazu quälten mich ständige Zahnschmerzen, die mich an allem Sinn dieser langen, langen Fahrt zweifeln ließen. Meinen Mitschwestern ging es nicht viel besser, auch sie waren seekrank, und das Lachen war ihnen schnell vergangen.

Diese Reise dauerte nicht sechs, sondern zwölf Wochen, sodass Gottlieb und alle anderen, die in Christiansburg auf uns warteten, schon ganz die Hoffnung verloren hatten, uns jemals wiederzusehen.

Welch eine Fahrt, manchmal war mir, als sollten wir niemals ankommen und bis an das Ende unserer Tage auf dem Meer herumirren wie ein Geisterschiff. Zuerst war uns der Wind entgegen, wir mussten kreuzen und kamen fast keine Seemeile in der gewünschten Richtung vorwärts. Dann schließlich nach Wochen fanden wir uns in heißer absoluter Windstille, der mächtige Segler dümpelte träge herum und lockte keinen Hauch in seine schlaffen Segel. Jetzt hatte das Meer eine fahle, dunstige Farbe, und in dieser Zeit sahen wir viele seltsame Fische, große, fette Dinger, die unser Kapitän mit der Harpune fing. Nicht die Delfine, die manches Mal in Gruppen um unser Schiff schwammen und die in graziösen Bögen aus dem Wasser sprangen, er fing Fische, die rund und dick wie Schweine aussahen und deren Fleisch köstlich schmeckte.

Schwärme von fliegenden Fischen begleiteten uns oft tagelang, und einmal sahen wir Wale, die ihre Wasserfontänen hoch in die Luft bliesen. Ich erlebte zum zweiten Mal, wie meine Seele sich loslöste von Zukunft und Vergangenheit, wie ich gefangen wurde von der Macht der Gegenwart, in der ich nahe bei Gott war.

Es ist gut, dass starke Schmerzen verebben, dass Wunden heilen und sich allmählich schließen, sonst müsste der Mensch fortwährend verbluten. Ich hatte viel Gelegenheit, Bruder Hauser im Stillen meine Ungeduld abzubitten, denn er erwies sich in den vielen Wochen als nie ermüdender Lehrer und Helfer. Er hörte zu, wenn ich von meinen Kindern sprach, bis er sie alle ganz gut kannte.

Ich nahm mir vor, nie wieder ein zu schnelles Urteil über einen Menschen zu fällen oder gar mich selbst zu hoch einzuschätzen.

In aller Abgeschiedenheit und Einsamkeit des Meeres feierten wir dennoch ein fröhliches Weihnachten und erlebten in tiefer Nacht ein seltsames leuchtendes Wunder.

Unser Kapitän hatte einen hölzernen Weihnachtsbaum gebastelt, grün angestrichen und mit Feigen, Nüssen und Backwerk behängt, an dem wir uns freuten wie die Kinder, es gab sogar richtige Kerzen. Bruder Hauser hielt eine Andacht, und dann machten wir uns den Spaß, für die Matrosen eine Bescherung mit Backwerk zu bereiten. Ich habe selten so verdutzte, grinsende, bärtige Männergesichter gesehen.

Wir schliefen schon tief in unseren sachte gewiegten Kojen, als des Kapitäns laute Stimme uns dringlich rief, schnell an Deck zu kommen. Jeder dachte an ein Unglück und warf sich irgendein Kleidungsstück über. Aber oben war es still und friedlich, außer dass der Sternenhimmel ins Meer gefallen war. Das Wasser schimmerte von unzähligen leuchtenden Körpern, die auf und ab tanzten, verschwanden, um wieder neuen Platz zu machen.

Schade, dass Bruder Bohner zu genau wissen wollte, was für eine Erscheinung das war, denn als der Kapitän mit einem Ketscher einige der wässrigen Sterne einfing, erloschen sie und waren nur noch schlaffe Häute. Ich musste leise lachen über Bruder Bohners enttäuschtes Gesicht, vielleicht hatte er geglaubt, er wäre im Märchen von den Sterntalern.

Das neue Jahr 1864 kam herauf, für uns ohne Böllerschüsse oder Kirchenglocken, und wir waren immer noch weit entfernt von der ersehnten Küste. Der Ablauf der Zeit war fast nicht mehr greifbar, man verlor ganz sachte den Zusammenhang zu einem Alltag voll Arbeit und Sorgen. Gäste, dachte ich oft, wir sind doch nur Gäste, winzig, vergehend und nicht so wichtig.

Langsam verflossen die Wochen des Januar, der Wind wehte spärlich und schlief oft ganz ein. Trotz der Wehmut und Trauer wurde mein Herz allmählich so still wie die Natur. Nie wäre es mir früher in den Sinn gekommen, dass ein Mensch, dass ich so oft im Leben neu lernen müsste zu beten. Gerade der ernste spröde Bruder Hauser lehrte mich, Gott Lob und Dank zu sagen für alles, was mir bis hierher geschehen war, es so zu sagen, dass kein Rest von Bitterkeit blieb. Vielleicht hielt Gott so lange den Finger zwischen uns und den Wind, bis ich das begriffen hatte.

Als am 27. Januar der Tauftag meines kostbaren jüngsten Kindes sich näherte, der zugleich Marthas Geburtstag war, und ich meine Gedanken so weit zu ihnen schickte, war endlich das Land nicht mehr fern. Nun wusste ich schon über drei Monate nichts mehr von meinen Kindern, sowie auch für sie die Mutter gänzlich entschwunden war.

Am Abend des 1. Februar 1864 landeten wir in Christiansburg, und nach eineinhalb Jahren standen Gottlieb und ich uns wieder gegenüber. Diesmal schloss er mich ohne Worte fest in die Arme und küsste mich auf den Mund, dass alle Bitterkeit unseres Abschieds verflog. Zuerst glaubte ich, in einem Traum umherzugehen, ganz von Liebe umgeben, denn er war mir so nah, als wären wir nie getrennt gewesen. Doch hatte die Vertrautheit einen neuen Ton und Klang, es schien, nicht nur ich hatte manche Wandlungen durchgemacht.

Aburi
Januar 1864-März 1865

Afrika, es ergriff unwiderstehlich Besitz von mir, das Licht, die Gerüche, die Stimmen, das Fort der Engländer und die Gesichter der schwarzen Träger. Die ersten schaukelnden Meilen in der Hängematte auf dem Weg nach Aburi löschten die Jahre meiner Abwesenheit aus. Und wie durch geheimen Zauber stellten sich auch die Worte wieder ein, dass ich jetzt nicht nur hilflos der Gebärdensprache ausgeliefert war. Ich war so glücklich, durch Gottlieb Nachrichten von den Kindern zu haben, nicht älter als vier Wochen. Sie alle lebten und waren gesund.

Aburi lag in den Bergen auf halbem Weg nach Akropong. Hier wehte die Luft kühler als in der stickigen Ebene an der Küste. Es hatte sich kaum etwas geändert, seit ich zum letzten Mal hier gewesen war. Der geplante Neubau eines Hauses, von dem Gottlieb mir geschrieben hatte, war noch nicht geschehen, nur die Pflöcke der Abmessungen steckten in der kahlen, gerodeten Erde. So kam es, dass wir im Haupthaus bei Mohrs mit einem einzigen kleinen Zimmer vorlieb nehmen mussten. Maders waren nun in Akropong, und ich musste mich wieder in der Arbeit von Schwester Mohr anleiten lassen. Dennoch hatte sich das Verhältnis zwischen uns grundlegend geändert, sie hütete besser als früher ihre spitze Zunge, während ich mit größerer Sicherheit meinen Platz behauptete.

Weder meine reiferen Jahre noch meine Kinder oder meine bessere Kenntnis der Sprache brachten diese Sicherheit hervor, es war etwas ganz anderes. Schon am ersten Abend in dieser meiner neuen Heimat lernte ich einen anderen, veränderten Gottlieb kennen. Natürlich hatte ich seine Worte über unsere sündige Liebe niemals vergessen, und seit ich wieder auf den Boden dieses Landes gekommen war, rief die Frage nach seinem Verhalten zu mir dumpfes Herzklopfen hervor, als wäre ich noch ein junges, unerfahrenes Mädchen.

Schwester Mohr oder die Helferinnen hatten das Zimmer so behaglich eingerichtet, wie mein unpraktischer Mann es nie gekonnt hätte. Ein fester hölzerner Kleiderkasten verbarg das doppelte Bett vor den Blicken jedes Eintretenden, es war mit schneeweißen Leintüchern bezogen, und auf dem Tisch im andern Teil des Raumes stand ein großer Strauß Rosen, die hier das ganze Jahr unermüdlich blühten. Einer der Dienstknaben hatte meine Reisekiste hereingetragen, und schließlich standen wir uns nach all der Zeit allein gegenüber.

Von Enthaltsamkeit konnte nun gewiss keine Rede mehr sein. Zum ersten Mal seit wir uns kannten, sprach er es aus, wie sehr er mich entbehrt hatte und wie sehr er mich brauchte. In dieser Nacht wünschte ich mehr als einmal, es wäre von Anfang an so gewesen zwischen uns, wie es nun war.

Ich war gern in Aburi und begnügte mich ebenso gern mit dem einen Zimmer. Wenn Gottliebs Gehilfe kam, mit ihm zu arbeiten, saß ich still in der Ecke mit einer Näharbeit oder ich schlüpfte hinaus auf die Galerie und hörte das Murmeln ihrer Stimmen. Jetzt rückte mir seine Arbeit ganz nah, und ich begriff etwas von der Größe der Aufgabe, die Gottlieb zu bewältigen trachtete. Er hatte neben dem Neuen Testament nun schon einen großen Teil des Alten Testamentes übersetzt, und was ich in den Besprechungen hörte, war die Suche nach passenden Ausdrücken für den Tempelbau des Salomon. In der Otschi-Sprache gab es für vieles, was sich dort ereignete, gar keine Worte, so musste Gottlieb nach Wegen der Umschreibung suchen, um eine fremde Welt in eine andere fremde Welt zu übertragen.

Wieder wie in Akropong musste ich nicht selber kochen, dazu hätte ich weder Platz noch Gelegenheit gehabt. Wir aßen gemeinsam mit Mohrs, was mir zwar Arbeit ersparte, aber nicht immer ganz angenehm war. Die Männer diskutierten viel, oft mit gegensätzlichen Meinungen, Schwester Mohr dagegen wollte von mir mehr Einzelheiten aus der Zeit meines Alleinseins wissen, als mir lieb war.

Aber mein Unbehagen über ihre Wissbegier wurde schnell vertrieben durch Bruder Hecks Gegenwart, der seit dem Tode seiner Frau Mohrs Tischgenosse war.

Sein vertrautes Gesicht rief mit Macht die Bilder unserer gemeinsamen Seereise hervor, und ich sah, dass er mir seine alte Freundschaft und Zuneigung bewahrt hatte. Noch lieber war mir, dass er inzwischen Gottliebs Freund und Vertrauter geworden war. Es schien, sie hatten während meiner Abwesenheit oft über mich gesprochen. Bruder Hecks dunkle Haare waren an den Schläfen grau geworden, und auch sein Gesicht trug Spuren des Kummers und der Entbehrung. Zusammen mit Gottliebs neuer und gewandelter Liebe bildete sein ungeteiltes Wohlwollen einen Schutzwall, in dem ich mich sicher fühlte. Ich dachte oft, wie schön es ist, wenn uns Gottes Liebe und Kraft zukommt durch die Menschen, die uns lieben. Mit diesem Wissen war es leichter, in die Gebete einzustimmen, die wir gemeinsam sprachen. Das war umso tröstlicher, da alle meine Reisegenossen in anderen Gemeinden zerstreut waren und wir von ihnen fast gar nichts mehr wussten.

Mein Alltag fügte sich schnell in eine feste Form. Wenn ich auch von Basel keinen bestimmten Auftrag für meine Arbeit hatte, war ich von Anfang an in der großen Nähschule beschäftigt, die Schwester Mohr hier ins Leben gerufen hatte.

Keine Anyama drängte sich freundlich zu mir heran, stattdessen hörte ich auch vormittags die Stimmen der Kinder, die in dem nahen Anstaltsgebäude unterrichtet wurden.

Es war schon seltsam zu erleben, wie hier die kleinen schwarzen Menschen zusammen lebten und lernten, genau wie meine eigenen Kinder im fernen Basel. Auch hier gab es eine Hausmutter und zwei Lehrer, alle drei Eingeborene, die ein recht strenges Regiment führten. Das mochten sie wohl von Schwester Mohr gelernt haben, die unter den sechzig Nähmädchen keine Unachtsamkeit oder Nachlässigkeit duldete.

Ich konnte nie den den ersten Nachmittag vergessen, an dem ich mitten in der Flut der vielen unbekannten schwarzen Gesichter stand. Wie damals musterten sie mich, tuschelten, aber ich konnte keine einzige mit Namen ansprechen. Sie hießen Rahel, Rebekka, Ernestine oder Sarah seit ihrer Taufe, denn seitdem hatten sie ihre afrikanischen Namen eingebüßt.

„Du kannst ihnen vorerst helfen, die Säume einzuschlagen“, sagte Schwester Mohr zu mir, „den kleinen Mädchen muss man sogar helfen, den Faden in die Nadel zu bringen.“ Ich tat das geduldig und willig viele Nachmittage lang und lächelte im Stillen über die untergeordnete Arbeit, die Schwester Mohr mir zuwies. Ich lernte, ich sprach mit den Mädchen, die bei meinen ersten Worten in Otschi erstaunt die Augen aufrissen. Nicht immer verstanden wir einander richtig, aber im Laufe der Wochen änderte sich das, bis ich, schneller als gedacht, die meisten ihrer Fragen und Anliegen verstand.

Jeden Abend gingen Gottlieb und ich eine halbe Stunde spazieren, eine alte Gewohnheit aufnehmend, die nun so ganz anders geworden war. Gottlieb sprach mit mir über seine Arbeit, über die Tücken der Übersetzung oder die Gedanken zu seiner nächsten Predigt. Wir hatten lange gebraucht, den einen in des anderen Gedanken einzulassen, denn nun konnte ich ihm ganz offen von den Ängsten und Sorgen meiner einsamen Zeit erzählen. Ich sprach von Benonis Geburt und von der Freude an diesem Kind, das ich doch gar nicht hatte haben wollen.

„Bruder Heck hat sich damals sehr gewundert“, sagte Gottlieb, „dass du mir nicht früher von deinem Zustand geschrieben hast und überhaupt alles so lange geheim hieltest. Schwester Mohr ließ darüber so manche spitze Bemerkung fallen.“ Schwester Mohr – das hätte ich mir denken können.

„Jetzt weiß ich es auch nicht mehr", sagte ich, „oder vielleicht doch. Ich konnte nie verwinden, was du über unsere sündige Liebe gesagt hast, und ich hoffe, dass du jetzt nicht mehr so denkst." Endlich hatte ich es ausgesprochen, auch wenn mir dabei das Blut ins Gesicht stieg. Wir waren schon lange stehen geblieben auf diesem Spaziergang und sahen einander an. Gottlieb lächelte, das gleiche helle Lächeln wie bei unserer ersten Begegnung.

„Ich weiß es doch auch nicht so genau", sagte er leise, „damals fürchtete ich mich, ich wusste doch nicht, dass eine Frau ..."

„Du meinst, dass eine Frau das Gleiche empfinden kann wie ein Mann?"

Er nickte.

„Und nun?", fragte ich.

„Emilie", sagte er und fasste meine Hände, „wir wollen Gott immer wieder um das Rechte bitten. Ich kann nicht mit dir leben, ohne dich zu lieben, du weisst schon, was ich meine."

Jeden Abend redeten wir, und wenn wir nachts beieinander lagen, hatte ich Gedanken an ein neues Kind, das mir den Schmerz über die anderen lindern könnte. Natürlich bekamen wir Briefe von Constantia Scholtz und Pfarrer Meuret, dem Leiter des Knabenhauses. Aber was waren schon trockene Worte auf Papier gegen ihre lebendige Gegenwart. Martha sei lieb und gesund, hieß es, Gottreich dagegen ernst und in sich gekehrt, während Paul fröhlich und unbeschwert seine neue Welt eroberte.

Gottliebin schrieb mir alle Einzelheiten von meinem Jüngsten, sodass mir bei der Lektüre die Tränen herunterliefen. Nur von Ernst hörte ich nichts, so dringlich ich es auch wünschte, meine Eltern waren keine Briefschreiber.

Basel und Waiblingen waren so weit entfernt wie der Mond, auf keine Weise erreichbar als durch die spärlich gestreuten Briefe, auf die wir nur alle vier Wochen hoffen konnten.

Morgens vor dem Frühstück beteten wir mit Mohrs und Bruder Heck, abends beteten Gottlieb und ich allein, und da standen dann der Reihe nach die Namen unserer Kinder an erster Stelle.

Unser beider Tage waren mit Arbeit ausgefüllt, in der ersten Zeit flickte ich Gottliebs Kleider, die er während meiner Abwesenheit vernachlässigt hatte, oder ich schnitt Hosen und Kleider für die Nähschule zu. Schwester Mohr ließ mich stillschweigend diese Arbeit machen, weil sie meine bessere Handfertigkeit darin anerkannte und vor allem, weil ich der Schule und dem Verkauf großen Nutzen brachte.

Ein seltsames und sichtbares Band zur Heimat waren die Bohnen, die ich aus Waiblingen hierher mitgebracht hatte. Ich steckte sie in unserem Garten, und sie wuchsen und wucherten mit dreifacher Geschwindigkeit und Kraft und waren mit ihren Ranken schon bald am Ende der Stangen angekommen. Auch die Blätter entfalteten sich zu ungewohnter Größe, und ich hoffte auf eine reiche Ernte. Wir konnten solche Schätze wohl brauchen, denn Geld war knapp, die Basler knauserten mit jedem Franken, weil die Ausgaben der Mission oft bei weitem überschritten, was die Gläubigen zu spenden bereit waren.

Ich hätte gern das Geld mit vollen Händen ausgegeben, nicht für mich, aber für all das Elend, das uns hier begegnete. Bruder Heck brachte es eines Tages im März in leibhaftiger Gestalt mit in unsere Station. Er war oft tagelang unterwegs, um in den Dörfern zu predigen und kam dann müde, hungrig und verschmutzt zu uns zurück. Er mochte nicht essen, was die Frauen in den Dörfern ihm anboten und ernährte sich meistens nur von Früchten.

An diesem Tag im März stolperte eine ältere Negerin hinter ihm her, sie weinte und jammerte und wollte Bruder Hecks Rockschoß gar nicht loslassen, so sehr er sich auch bemühte.

Das war eine Seite der Mission, die wohl nicht alle Prediger voraussahen, dass die Neger glaubten, mit der Verkündigung des ewigen Heiles sei zugleich Hilfe für alle irdische Bedürftigkeit geschaffen.

Gottlieb kam bei dem Geschrei von seiner Arbeit in den Hof, und auch Schwester Mohr und ich ließen die Nähmädchen für einen Augenblick allein. Ich hatte die Negerin noch nicht gesehen, Gottlieb und die anderen schienen sie dagegen gut zu kennen. „Sie lebt in unserem Nachbardorf", sagte Bruder Heck zu mir, „nach meiner Predigt hat sie sich an mich gehängt, damit wir sie freikaufen."

„Warum gerade sie?", fragte ich. „Es gibt doch viele hier, die versklavt sind."

„Wir haben ihren Sohn freigekauft vor längerer Zeit", sagte Gottlieb, „er ist getauft und arbeitet hier, er heißt Kuru."

Kuru, den hatte ich schon gesehen, ein hoch aufgeschossener Jüngling, der in der Kochhütte half.

Die Negerin hatte sich auf die Erde geworfen und schlug in verzweifelter und bittender Gebärde immer wieder den Kopf auf den Boden.

„Gottlieb", sagte ich schnell, „warum helft ihr der Armen nicht? Deine Schwester hat doch Geld gesammelt und geschickt für eine bedürftige Negerin", und ich wollte die Frau vom Boden aufheben.

„Lass das", sagte Gottlieb und hielt mich fest, „das geht wirklich nicht so einfach. Das Komitee in Basel hat bestimmt, dass kein Einzelner von uns wegen einer Loskaufung etwas tun darf. Zuvor müssen die eingeborenen Kirchenältesten und das ganze Presbyterium gefragt werden. Das ist alles viel schwieriger, als du weißt. Ich muss jetzt wieder an die Arbeit."

Schließlich standen Bruder Heck und ich allein neben der immer noch am Boden hockenden, jammernden Frau. Auch Schwester Mohr kümmerte sich nicht weiter um uns, aber ich war entschlossen, dieser Sache auf den Grund zu gehen. Mir erschien das wichtiger als die Näharbeiten, die auch ohne mich gemacht werden konnten.

„Jakob", sagte ich zu Bruder Heck, „hilfst du mir?"

Aber auch er schüttelte den Kopf. „Ich kann nicht", sagte er und ging ins Haus.

Ich hob die Frau auf, zog sie in den Schatten des Hauses, wo unter der Galerie eine Bank stand. Jetzt musste sich erweisen, wie gut meine Kenntnisse in Otschi fortgeschritten waren.

Die Frau schnatterte entzückt, als sie ihre Sprache aus meinem Mund hörte. Sie war nur allzu bereit, mir ihre ganze Geschichte zu erzählen, aber immer wieder musste ich ihren Redestrom unterbrechen, damit sie ihre Anliegen ganz langsam erklärte. Natürlich verstand ich nicht alles und musste mir manches selbst zusammenreimen aus den Verhältnissen, die ich kannte.

Es schälte sich eine traurige Geschichte heraus, die aber hier wohl eher an der Tagesordnung war. Als die Missionare den Sohn freigekauft hatten, weil er Christ werden wollte, blieb sie, die sich Kamura nannte, immer noch in der Sklaverei. Um in der Nähe ihres Sohnes zu sein, ließ sie sich von einer hiesigen Frau kaufen, für die sie nun arbeiten musste. Sie trug Palmöl und andere Waren an die Küste und hatte ein hartes Leben. Warum sie gerade jetzt so aufgebracht und unglücklich war, verstand ich nicht recht bei ihrer Rede, die immer schneller wurde, je mehr sie sich in ihren Zustand hineinsteigerte. Zum Schluss weinte und heulte sie laut und riss sich ihr loses Gewand vom Oberkörper. Ihr Rücken war furchtbar zugerichtet mit tiefen Striemen, die nur von einer ledernen Peitsche herrühren konnten. Ich versuchte, sie zu beruhigen, aber sie heulte nur noch lauter, bis Schwester Mohr mit finsterem Gesicht auf dem Hof erschien. Da raffte die Frau ihr Gewand um sich und verschwand im Busch.

Ich ging zwischen den Mädchen in der Nähschule herum, überwachte mechanisch ihre Arbeiten und antwortete auf ihre Fragen, ohne recht bei der Sache zu sein. Schwester Mohr warf mir immer wieder Blicke zu, die nicht gerade freundlich zu nennen waren.

„Was ist mit Kamura?“, fragte ich schließlich. „Ihr kennt sie doch, warum kann man ihr nicht helfen?“

„Du solltest dich nicht um alles kümmern, Emilie“, bekam ich kurz und trocken zur Antwort, „die Brüder wissen schon, was sie tun.“

Oder was sie unterlassen, dachte ich.

Bei unserem Abendspaziergang fing Gottlieb von selbst an, über Kamura zu sprechen, ehe ich ihn fragen konnte.

„Ich weiß schon, Emilie“, sagte er, „dass du Mitleid mit vielen armen Menschen hier hast, ich habe es ja auch, aber in diesem Fall sind mir wirklich die Hände gebunden. Das Geld von Gottliebin müssen wir vorerst liegen lassen.“

„Und was ist mit Kamura?“, fragte ich schnell. „Sie hat furchtbare Striemen auf dem Rücken.“

„Ich weiß“, sagte Gottlieb. „Bruder Heck hat diese Abstrafung selbst mit angesehen, ohne etwas tun zu können. Die Geschichte ist sehr verwickelt wie manche Verhältnisse hier und für uns nicht immer leicht zu durchschauen. Kamura gehört einer bösen und zornmütigen Frau, die nach afrikanischem Recht sehr wohl ihre Sklaven strafen kann, wie es ihr beliebt. Kamura ist von ihrem letzten Gang an die Küste nicht rechtzeitig zurückgekehrt, weil sie bei ihren Verwandten um Geld für die Freilassung gebettelt hat. Aber die wollten nicht helfen, und wegen der Verspätung wurde Kamura ins Eisen geschlossen und ausgepeitscht.“

Mir wurde übel bei dieser Vorstellung, und ich flüsterte: „So was muss man doch verhindern.“

Gottlieb schüttelte den Kopf. „Das geht nicht“, sagte er, „in dieser Beziehung haben wir keinerlei Rechte. Wir können froh sein, dass die Engländer unsere Arbeit dulden. Neuerdings spricht man sogar davon, dass sie ihr Protektorat hier aufgeben wollen, dann wird es für uns noch schwieriger. Ich sprach gerade jüngst mit Reverend Meadows darüber.“

„Meadows?“

„Ja“, sagte Gottlieb, „wenn euer Schiff pünktlich gekommen wäre, hättest du ihn sehen können. Die Wesleyaner feierten Ende Dezember ihr Missionsfest in Britisch Accra. Ich glaube, ich habe dir seine Grüße noch gar nicht ausgerichtet."

Meadows – ich schwieg, bestürzt über den Schmerz, der mich in diesem Augenblick überschwemmte.

Gottlieb war stehen geblieben und sah mich an. „Ich verstehe schon, warum du dich so zu ihm hingezogen fühlst", sagte er.

Mir schien, er verstand sehr viel in letzter Zeit.

„Ja", sagte ich einfach, „er ist ein guter Mensch."

„Aber ich wollte dir die Geschichte von Kamura zu Ende erzählen", sagte er nach einer Weile. Ich nickte.

„Es gibt hier viele Bedenken gegen sie, vor allem Schwester Mohr ist schlecht auf sie zu sprechen."

„Wahrhaftig", sagte ich, „das habe ich heute gemerkt."

„Kamura hat einen Bruder, der sich bemühte, sie mit einem begüterten Mann zu verheiraten. Dann wäre sie alle Schulden und die Sklaverei los, aber aus Gründen, die wir nicht kennen, weigert sie sich beharrlich, das zu tun. In den Dörfern munkelt man, sie verdiene sich lieber ein wenig Geld mit Abtreibungen."

Er sah wohl, dass ich rot wurde.

„Es tut mir leid, dass ich so offen spreche", sagte er, „aber du wolltest wissen, was mit ihr los ist."

Ich nickte.

„Aber das ist noch lange nicht die ganze Geschichte", fuhr er fort, „bei Kauf- und Geldgeschäften dieser Art machen uns die eingeborenen Kirchenältesten die meisten Schwierigkeiten. Gerade die schwarzen Christen wachen eifersüchtig darüber, wem wir etwas zukommen lassen. Wird einer freigekauft, verlangen andere auch die Begleichung ihrer Familienschulden. Du siehst, ich kann nicht einfach mit dem Geld meiner Schwester diese Frau freikaufen."

Ich nickte wieder. Ich sah es wohl ein, auch wenn es mir nicht gefiel.

Mit dem Postschiff im April kam wieder kein Brief von meinen Eltern. Ich stellte mir vor, dass Ernst inzwischen seine Mama ganz vergessen hatte.

Wenn ich die Augen schloss und in Gedanken in meinem Elternhaus herumging, konnte ich ihn nicht finden. Von den anderen Kindern erhielten wir regelmäßig Nachrichten aus Basel, sodass wir uns ihren Tageslauf jederzeit vorstellen konnten. Vielleicht hatte meine Mutter einfach keine Ahnung von meinem Heimweh nach Ernst, aber dass auch Vater so beharrlich schwieg, konnte ich nicht recht verstehen.

Hier setzte die Regenzeit ein, und alle Samen, die ich aus Waiblingen mitgebracht hatte, wucherten und gediehen reichlich. Der Rosenstock vor meinem Fenster blühte und blühte, alle zwei oder drei Tage holte ich mir einen frischen Strauß ins Zimmer.

Als schließlich im Mai immer noch keine Nachricht von meinen Eltern kam, war mir schlimm zumute. Ich schrieb ihnen, sie sollten doch, wenn sie so wenig Zeit und so viel Arbeit hätten, das Kind lieber zu Gottliebin nach Gmünd bringen.

Vielleicht war ich ungerecht, und das Ausbleiben eines Briefes hatte ganz andere Gründe als die Saumseligkeit meiner Eltern. Ich war enttäuscht und traurig, weil das Denken an Ernst mir die meisten Schmerzen bereitete und meine Gedankenfäden so ganz ins Leere liefen, und ich war enttäuscht, dass ich nun doch kein Kind haben würde, wie ich gehofft hatte.

Dann kam Unruhe in unsere Station. Jetzt, da ich mich gerade heimisch fühlte in dem täglichen Ablauf meiner Aufgaben und ich sah, wie auch Gottlieb ein inneres und äußeres Gleichgewicht erreicht hatte, kamen Briefe aus Basel, dass er und ich hier das Feld räumen sollten. In September wünschte man ihn zu neuer Arbeit in Kyebi zu sehen, um dort die Unterschiede und Gleichheiten der Dialekte zu erforschen. Zugleich kam Anweisung, das geplante Haus in dieser Station nicht zu bauen, weil einfach kein Geld vorhanden war, sodass wir gar keine Hoffnung auf eine größere Wohnung hatten.

Kyebi war eine einsame kleine Station weit im Nordwesten und ganz am Rande des Gebietes, das Missionare erforscht und besetzt hatten. Ich fürchtete mich nicht, dorthin zu gehen, wenn ich auch Gottlieb bedauerte, der durch diese neue Tätigkeit aus dem Fortgang seiner bisherigen Arbeit herausgerissen wurde.

Wenige Tage nach den neuen Anweisungen aus Basel kam es bei der Abendmahlzeit darüber mit Bruder Mohr zu einem heftigen Wortwechsel.

Bruder Mohr, der den Kindern in der Anstalt und den jungen Katecheten ein gründlicher und begeisterter Lehrer war, der den Umgang mit den schwarzen Menschen liebte, konnte nie ganz verstehen, warum Gottlieb die Arbeit am Schreibtisch den Predigten in den Dörfern vorzog. Ich wusste inzwischen, wie schwer ihm das freie Sprechen und Verkünden seines Glaubens fiel. Er selber wusste es auch, als er nun bei Tisch ganz verzagt sagte: „Ich soll in den Dörfern um Kyebi predigen und dabei die Dialekte studieren. Ich glaube, in Basel wissen sie manchmal nicht, was das bedeutet. Sie meinen, Emilie solle mich dabei begleiten."

„Es wird höchste Zeit, dass du mehr den Kontakt mit den Eingeborenen suchst", sagte Bruder Mohr ganz unverblümt, „dafür sind wir doch schließlich nach Afrika gekommen. Du siehst immer nur die Sprache."

Da waren sie wieder, die alten Vorwürfe, die ich schon aus der Zeit in Akropong kannte. Ich sah den Blitz des Zornes über Gottliebs Gesicht gehen, ich sah gleichzeitig, wie er um Mäßigung kämpfte. Aber dann brach es doch aus ihm heraus:

„Es ist schlimm, wie du redest, Bruder. Du weißt, dass die Sprache der einzige Weg zum Licht ihres Verstandes ist. Warum versucht ihr alle, mir das abzuschneiden, was ich am besten kann?"

Damit warf er seine Gabel neben den Teller und ging hinaus. Ich faltete unter dem Tisch die Hände und blieb ganz still an meinem Platz sitzen. Der Rest der Mahlzeit verlief in betretenem Schweigen, ich gab mir auch gar keine Mühe, etwas zu Gottliebs Verteidigung zu sagen. Ich hatte vielmehr zum ersten Mal die Gewissheit, ich müsse ihn gar nicht verteidigen.

Ich fand ihn auf den Knien, das konnte gar nicht anders sein. Ich kniete mich neben ihn, legte meinen Arm um seine Schultern und sagte nahe an seinem Gesicht:

„Gräm dich doch nicht, mein Lieber. Weißt du nicht, was Paulus den Korinthern schrieb, als sie sich immerfort zankten? ‚Es sind mancherlei Gaben, aber es ist e i n Geist.‘ Wenn Bruder Mohr das vergessen hat, müssen wir ihn eben daran erinnern. Ich werde dir schon helfen in Kyebi.“

Er lehnte den Kopf an meine Schulter, und eine Weile waren wir ganz still zusammen.

Ich war froh, dass es mir so gut ging und das Fieber mich verschonte. Es war nicht zu heiß, abends in der Kühle vermisste ich zuweilen das warme Kleid, das ich in Waiblingen zurückgelassen hatte.

Es war gut, dass in diesen Tagen schwelender Unstimmigkeit David Asante zu uns kam, um mit Gottlieb zu arbeiten. Ich hatte ihn seit meinem letzten Aufenthalt in Akropong nicht mehr gesehen, aus dem begeisterten Jüngling war ein ruhiger, selbstbewusster Mann geworden, europäisch gekleidet und mit dem glatten Schliff höflicher Umgangsformen. Nur seine bedingungslose Verehrung für Gottlieb war gleich geblieben, und ich sah, wie viel Freude sie aneinander hatten. Sie stürzten sich mit ungeheurem Eifer in die Arbeit, oft vergaßen und versäumten sie sogar die Mahlzeiten. Aber Gottliebs Geist und Gemüt blühte auf in diesem fruchtbaren Austausch, der ihn die unausgesprochenen Spannungen vergessen ließ. Wenn Schwester Mohr das Gesicht wegen einer verzögerten Mahlzeit verzog und Bruder Mohr von den eifrigen Bücherwürmern sprach, kümmerte ich mich gar nicht darum. Ich sah, wie Gottlieb mit Riesenschritten und leichten Füßen in dem Reich voraneilte, das ihm ganz und gar zu Eigen war. Ich war vergnügt, ihn so heiter zu sehen und verzichtete leicht auf manche trauliche Abendstunde, wenn zwischen David und ihm die Rede und Diskussion nicht abreißen wollte.

In wenigen Wochen redigierten sie die vier Evangelien für eine zweite Auflage und verfassten eine Gemeindeordnung und einen Teil unserer Liturgie. Manchmal stahl ich mich weg aus der Nähschule und saß ganz still in einer Ecke unseres Zimmers, vor allem als die beiden die Übersetzung der Psalmen aufnahmen. Es hörte sich zu schön an, wenn die geliebten Loblieder in singendem Otschi daherkamen, wenn David in seiner Muttersprache rezitierte, was er für eine gelungene Wendung hielt, oder wenn die Rede hin und her ging in einem Gemisch aus Deutsch, Englisch und Otschi.

Manchmal warf Gottlieb einen zerstreuten Blick in meine Ecke, als müsse er sich besinnen, wer ich sei, dann ging aber meistens doch ein Lächeln über sein Gesicht, das mich in den Kreis seiner Gedanken einschloss.

Nie schickte er mich weg, und nie störte ich die Arbeit durch irgendein Wort.

Nachts allerdings huschten die unruhigen Träume über Gottliebs Gesicht, und sein Stöhnen verriet mir, dass ihn wie so oft der Kopf schmerzte.

In einer Pause dieser rastlosen Arbeit nahmen sie mich mit, um in dem Dorf zu predigen, in dem Kamura lebte. Immer wenn Missionare kamen, liefen die Eingeborenen auf dem Dorfplatz zusammen, die meisten wohl eher aus Neugier und froh über willkommene Unterbrechung ihrer Arbeit. Zuerst sprach Gottlieb, besser und fließender als vor ein paar Jahren, und ich war stolz, dass ich die meisten seiner Worte verstand. Die Zwischenrufe der Neger verstand ich allerdings kaum, auch nicht, worüber sie lachten. Dann, als sie sich schon verlaufen wollten, weil sie meinten, die Vorstellung sei nun zu Ende, fing David an zu reden. Das ging nun geschwinder als bei Gottlieb, und ich verstand so gut wie gar nichts mehr.

Aber die Begeisterung spürte ich und sah, wie er mit großen Gesten seine Worte begleitete. Ich dachte, nun müssten alle noch näher heranrücken und sich von Davids Begeisterung anstecken lassen. Aber so war es nicht. Die Gesichter der Umstehenden wurden mürrisch und abweisend, als erste kehrten die Frauen verstohlen an ihre Mörser zurück oder sammelten mit einem beiläufigen Griff ihre Kinder auf und zogen sie mit sich fort. Ich war sicher, David hatte nichts Falsches gesagt oder sie gar beleidigt, aber wie die abschätzenden Blicke der Männer über seine feinen Kleider liefen, hatten sie ihn schon als Fremdling abgestempelt.

Von diesem Punkt aus gab es keine Umkehr mehr, das stand bei unserem Heimweg auf den Gesichtern beider Männer zu lesen. Der stolze Häuptlingssohn war aus dem Gefüge seines Volkes gefallen, und seine Botschaft mochten sie nicht hören.

An diesem Abend hatte ich Gottlieb für mich allein, David entschuldigte sich nach der Abendmahlzeit mit dringenden Arbeiten.

„Er hat hier keine Heimat mehr", sagte ich auf unserem gewohnten Spazierweg, und Gottlieb brauchte nicht zu fragen, wen ich meinte.

„Ich fürchte, so ist es", sagte er, „und es gibt noch etwas anderes, das mir Sorgen macht."

„Erzählst du es mir?" Er nickte.

„Es gibt in Basel ein Mädchen, das er gerne heiraten würde. Er hat es mir in den Tagen unserer gemeinsamen Überfahrt hierher gesagt. Sie lieben sich, und es gehen Briefe hin und her, aber es hat keine Zukunft."

„Eine Weiße?"

„Ganz richtig, eine Weiße, eine Tochter aus gutem Hause in Basel. Natürlich sind die Eltern dagegen und werden es auch niemals erlauben."

Unwillkürlich gingen meine Gedanken zu Anyama, sie müsste inzwischen achtzehn sein, und ohne Übergang fragte ich:

„Ist Anyama eigentlich noch in Akropong?“

Da lachte Gottlieb leise, ein Laut, den ich selten von ihm hörte: „Es scheint, unsere Gedanken gehen ähnliche Wege“, sagte er, „ja, sie ist in Akropong und hilft dort mit großem Eifer und Erfolg, die Kinder zu unterrichten.“

„Sie liebte ihn damals.“

„Ich weiß“, sagte Gottlieb, „das war nicht zu übersehen.“

„Du würdest eine solche Heirat gerne sehen“, sagte ich.

„Oh ja“, antwortete er, „aber David sträubt sich, sein Herz ist nicht dabei.“

„Ich würde sie so gerne wiedersehen“, sagte ich.

„Wenn wir nach Kyebi reisen, werden wir in Akropong Station machen, das ist sicher.“

Akropong – es schien, dort hatte sich inzwischen viel verändert. Gottlieb erzählte mir von der Schule, die groß geworden war und wo man dringend auf seine Grammatik wartete. Ich wäre am liebsten sofort dorthin aufgebrochen, aber tatsächlich musste ich auf diese Reise noch bis zum nächsten Frühjahr warten.

Endlich im Juni kam ein Brief von meinen Eltern, und mein Herz brannte bei jedem Wort, das sie über Ernst schrieben. Ich sah, sie liebten ihn, aber sie verwöhnten ihn auch und hielten ihn von anderen Kindern fern. Mehr denn je wünschte ich, er wäre bei Gottliebin, seinem Bruder Benoni und seinem Vetter Theodor. Könnte ich doch meine Hand übers Meer strecken und die Figuren ein wenig verschieben.

Aber was ich verschob, war nur das Einvernehmen zwischen Gottliebin und meinen Eltern. Denn ich hatte die Schwägerin gebeten, sie möge doch bei meinen Eltern um Ernst bitten. Aber das war ganz vergeblich gewesen, Vater richtete seine Weigerung direkt nach Gmünd, sie hätten Ernst viel zu lieb, als dass sie ihn von sich lassen könnten.

Bei unserem Abendgebet für die Kinder musste ich weinen. Jetzt erst lernte ich mit unerbittlicher Wucht, was es heißt,

Gott alle Sorge zu übertragen, alle eigene Macht und Befugnis fahren zu lassen. Es tat sehr weh.

Doch zur Erholung meines Gleichgewichtes häuften sich bei uns die Ereignisse, sodass ich gar keine Zeit hatte, an meine eigene Person zu denken. Zum anderen verbesserte, was geschah, mein Verhältnis zu Schwester Mohr, die ganz allmählich in mir eine ebenbürtige Partnerin zu sehen begann. Schwester Dieterle, die sonst in allen Fragen ihre vertraute Freundin war, erwartete ihre Niederkunft, war nervös und gedrückt und hatte, soviel ich sehen konnte, große Angst.

Am 8. Juni, kurz bevor dieses Kind geboren wurde, zeigte Schwester Mohr mir ganz aufgelöst und ratlos einen Brief aus Akropong, in dem sie von Schwester Mader dringend um Hilfe gebeten wurde.

„Emilie", sagte sie, „ich weiß gar nicht, wie das alles gehen soll. Schwester Mader verlangt, ich solle sofort kommen, denn nicht nur sie, auch eine Schwester, die du noch nicht kennst, erwarten in der nächsten Woche fast gleichzeitig ihre Kinder. Ich müsste dir hier die Pflege der Wöchnerin und die Leitung der Nähschule und der Mädchenanstalt überlassen." Sie sah mich zugleich zweifelnd und bittend an, und ich bemerkte, dass es ihr selber gar nicht gut ging. Tiefe Ringe zeigten sich unter ihren Augen, und die sonst so energischen Züge kamen mir schlaff und elend vor.

„Ich werde es schon schaffen", sagte ich, „etwas mehr Arbeit kann mir gar nicht schaden. Bis jetzt bin ich gesund, Gott sei Lob und Dank, aber du solltest dich ein bisschen mehr schonen", und ich wagte es, ihr den Arm um die Schulter zu legen.

„Danke", sagte sie, „ich weiß wirklich nicht, was das Komitee in Basel sich denkt, dass sie euch gerade jetzt nach Kyebi schicken. Das Haus dürfen wir nicht bauen, und deine Hilfe nehmen sie mir auch noch weg."

Ich war ganz erschrocken, sie so aufgebracht zu sehen, wenn mir auch ihre versteckte Anerkennung wohl tat.

In der nächsten Nacht wurden wir laut und unsanft aus

dem Schlaf geweckt, Bruder Dieterle stand im Hemd, fiebernd und krank vor der Tür, er konnte sich kaum auf den Beinen halten.

„Bitte, schnell“, flüsterte er und hielt sich am Türrahmen fest, „das Kind kommt.“

„Leg dich irgendwo hin“, sagte ich schnell, schob ihn von der Tür weg und zog mir ein leichtes Kleid an.

Schwester Mohr kam im gleichen Augenblick aus ihrem Zimmer.

Der Hof war dunkel, und ich hörte die unheimlichen Stimmen der Nacht. Im Vorbeigehen weckten wir Kuru, der stets in der Kochhütte neben der Feuerstelle schlief.

„Mach viel Wasser heiß“, sagte Schwester Mohr, „und bleib wach.“

Wir warteten nicht, bis er sich aufgerichtet hatte.

Zum ersten Mal sollte ich nun ansehen, was ich selbst oft erlitten hatte, aber Zeit zum Denken blieb mir nicht. Schwester Dieterle lag stöhnend und schwitzend auf ihrem Bett, hatte alle Decken von sich geworfen und das Hemd hochgeschoben, als warte sie auf den Vollstrecker, der ihre Not ende. Es ging schneller, als wir hoffen konnten. Es dauerte kaum eine halbe Stunde, während ich die hochgezogenen Knie der Gebärenden stützte und Schwester Mohr Schüsseln und Tücher bereitete, da erschien schon ein dunkler Haarschopf, und dann glitt ein zierliches kleines Mädchen auf das Laken.

Ich sah, wie es Atem holte und hörte den ersten dünnen Schrei, der mir das Wasser in die Augen trieb. Stärker als bei meinen eigenen Kindern erlebte ich das Wunder eines neuen Lebens, und selten habe ich im Stillen dringlicher gebetet, es möge groß werden und nicht sterben.

Die nächsten Tage, ehe Schwester Mohr nach Akropong reiste, kam ich weder zur Ruhe noch zur Besinnung, blieb fast ohne Schlaf und dachte kaum ans Essen. Wir kämpften um zwei Leben, die uns fast unter den Händen verlöschen wollten. Bruder Dieterle lag nun voll unter der Gewalt des Fiebers, das am Abend der Geburt angefangen hatte, und die Wöchnerin lag still, kalt und ohne Lebenskraft in ihrem Bett.

Ich zwang sie, das kleine Mädchen mit seinem hungrigen Mäulchen an die Brust zu legen, aber selbst das Schmatzen und Schnaufen und die winzigen Finger, die sich in ihr Fleisch gruben, konnten den Schatten eines Lächelns auf ihr Gesicht locken. Stumm ließ sie geschehen, was wir mit ihr taten, nur manchmal murmelte sie: „Ich bin so müde."

Ich weiß nicht, ob es richtig war, sie so viel schlafen zu lassen, immer wenn sie die Augen schloss und den Kopf zur Seite drehte, sah ich sie schon sachte aus dem Leben gleiten. Dann saß oder kniete ich neben ihrem Bett, ihre Hände in meinen, allen Willen und alle Kraft darauf gerichtet, sie in diesen armen schwachen Leib fließen zu lassen.

Manchmal kam Gottlieb leise herein, mich zu einer Mahlzeit oder einem kurzen Gang aus der Stube zu locken, aber wenn er mich so versunken sah, kniete er sich zu mir und betete leise. Ich weiß nicht mehr, was er sprach, ich weiß nur, dass mir Ruhe und Frieden daraus zuströmten.

Schwester Mohr pflegte Bruder Dieterle, der nicht die Kraft hatte, aus dem Bett aufzustehen, um seine Frau und sein Töchterchen zu sehen.

Am Abend, ehe Schwester Mohr nach Akropong reiste, saßen wir einen Augenblick auf der Galerie, zu müde für Worte, aber mit der stillen Zuversicht, dass das Leben der beiden Kranken gerettet war.

Wir hatten zuvor Bruder Dieterle zu seiner Frau ins Zimmer getragen, und Gottlieb hatte die kleine Marie getauft. Nun lauschten wir auf das Rauschen und die Stimmen der Nacht. Zum ersten Mal fing Schwester Mohr leise an, von ihrer Tochter Sophie zu sprechen, die wie Martha in Basel ihre ersten Briefe zu schreiben lernte, und zum ersten Mal hörte ich dabei all die Trauer, Bitterkeit und Sehnsucht, die bis jetzt vor mir verborgen geblieben waren. Ich legte meine Hand auf ihre, und wir wussten unsere Gedanken auf dem gleichen Weg ins ferne, ferne Basel.

Unter der Last der Arbeit, der Verantwortung der ruhelos ausgefüllten Tage seit Schwester Mohrs Abreise musste ich mich zwingen, Zeit für Briefe in die Heimat zu finden. Dieser Zwang war allerdings nötig, den Eltern, Constantia Scholtz oder Gottliebin wenigstens einen entfernten Schimmer von dem zu geben, was wir hier taten. Mir selbst kam es oft genug vor, ich stünde an einem tiefen, dunklen Brunnenschacht, den wir mit Wasser füllen sollten. Jeder Tropfen, den wir hineinfallen ließen, verschwand in der Tiefe, ohne dass wir den Aufprall auf dem Grund hören konnten. Alle die Beschränkungen, die wir nun von Basel erfuhren, waren wie Löcher in den Eimern, mit denen wir das Wasser heranzutragen suchten. Das dachte ich, als unvermutet Bruder Meier starb. Er war kein Prediger, er war unser Mechaniker, den wir jeden Tag so sehr nötig brauchten.

Es fiel Gottlieb zu, die Rede an seinem Grab zu halten. Inzwischen reihten sich hier wie auf den anderen Stationen die schmalen Ruhestätten der Brüder und Schwestern. Gottliebs Gedanken mochten ähnliche Wege gehen wie meine eigenen, als er davon sprach, wie der Herr oft Querstriche mache, um unser eigenes Feuer und unseren Enthusiasmus zu vertreiben.

„Wir wähnen für andere und an anderen zu arbeiten“, sagte Gottlieb in die Gesichter derer, die traurig am Rande der frisch ausgehobenen Grube standen, „aber der Hirte sorgt mit jedem Rückschlag, dass wir nicht selbstgefällig werden und etwa den richtigen Fortgang unseres inneren Lebens vergessen. Mit dem Tod Bruder Meiers hat Gott uns, wie es scheint, einen Strich durch unsere Rechnung gemacht. Aber seine Wege sind nicht unsere Wege, dieses Land des vielfachen Todes lehrt uns bedenken, dass wir sterben müssen. Amen.“

Für den inneren Menschen sicher eine heilsame Lehre, für den äußeren Menschen allerdings ein hartes Brot.

Schon nach wenigen Tagen erfuhren wir deutlich genug, wo überall Bruder Meiers lenkende und kundige Hand fehlte.

Denn im Laufe dieses Sommers füllte sich unsere Station mit Brüdern und Schwestern, die bei uns Erholung suchten. Schwester Mohr selbst war müde und krank aus Akropong zurückgekommen, nun wohnten Lochers bei ihr, und ich sah, wie ihre Kraft mit jedem Tag mehr verzehrt wurde.

Schwester Dieterle hatte sich inzwischen gut erholt, bei ihr war Schwester Maurer zu Gast, ein Besuch, der meinen eigenen Alltag auf seltsame Weise verstörte.

Zuerst fiel mir Gottliebs Verlegenheit auf, wenn wir Wilhelmine Maurer begegneten oder wenn von ihr gesprochen wurde. Sie war eine der wenigen Frauen, die als ledige Schwester nach Afrika gekommen war, um der Mission zu dienen. Aber weder war sie eine besondere Erscheinung, noch war Gottlieb ein Mann, der etwa anderen Frauen nachsah oder sich besonders für sie interessierte.

Ich selber konnte Schwester Maurer gut leiden, sie war trotz ihrer zarten kleinen Figur energisch und tatkräftig und fasste überall zu, wo sie unerledigte Arbeit sah. Besonders die schwarzen Kinder liefen ihr nach, wo sie konnten, und Schwester Maurer ging fröhlich und unbekümmert mit ihnen um, aber niemals erlaubte sie ihnen eine zu große Nähe oder gar körperliche Berührung. Wenn so ein kleiner Schwarm zu übermütig werden wollte, dirigierte sie ihn mit einer energischen Handbewegung, dass alle sich auf die Erde hockten und gespannt warteten, was nun käme. Dann sang sie ihnen lustige oder schwermütige Lieder, bis allmählich die Melodie auf die Kinder übersprang und viele von ihnen laut oder leise mitsummten. Mir gefiel das und mir gefiel, wie sie mit Dieterles kleiner Marie umging, diesem süßen Kind, das auch ich brennend in mein Herz geschlossen hatte.

Ich wunderte mich über Gottliebs Verlegenheit und seine Versuche, ihr möglichst auszuweichen oder die Rede von ihr abzulenken.

Es war Schwester Maurer selbst, die mich mit einer verblüffenden Frage auf die richtige und völlig unerwartete Spur brachte.

Nach einem Besuch in der Nähschule, für die sie großes Interesse zeigte, fragte sie mich mit einem offenen und arglosen Blick ihrer großen blauen Augen: „Und wie bist du mit deinem Missionar zufrieden?“

Ich starrte sie verwundert an und musste dann lachen, denn es war hier ganz und gar nicht üblich, dass wir Frauen in dieser Weise über unsere Männer sprachen.

„Meinst du Gottlieb?“, fragte ich zurück, um einer direkten Antwort auszuweichen.

„Natürlich meine ich Gottlieb“, sagte sie, „weißt du denn nicht, dass ich ihn beinahe selbst geheiratet hätte?“

Ich schüttelte nur stumm den Kopf, das wurde wirklich immer besser. Ich musste wieder lachen und fragte: „Was für ein Roman war das, ist er deshalb so verlegen?“

Da lachte auch sie so hell und unbekümmert wie mit den Kindern.

„Oh nein, kein Roman, ich kannte ihn ja gar nicht. Bevor du seinen Antrag annahmst, hatte er mich zu seiner Ehekandidatin auserwählt. Er wusste von meiner Begeisterung für die Mission und schickte Inspektor Josenhans zu meinem Vater und mir nach Strümpfelbach. Mein Vater ist dort Apotheker, musst du wissen.“

Wieder eine Apothekerstochter, die mir in wenigen Tagen zur Freundin wurde.

„Und du, warum wolltest du ihn nicht?“

„Das ist nicht so leicht zu beantworten,“ sagte Wilhelmine, „und es hat nichts mit Gottliebs Person zu tun. Ich war damals schon fest entschlossen, nach Afrika zu gehen, aber nicht als die Gehilfin eines Mannes, sondern allein. Überhaupt, ich wollte nicht heiraten und will es auch jetzt nicht. Du hast Kinder, nicht wahr?“

Sie sah wohl den Schatten über mein Gesicht gehen, als ich nickte und leise sagte: „Ja, fünf.“

„Siehst du“, sagte sie, „genau das wollte ich nicht, ich

wollte frei sein für meine Arbeit und kein geteiltes oder trauriges Herz hierher tragen. Ich unterrichte gern in meiner Schule in Kumase, auch wenn sie in Basel die Zähne knirschen über meinen ledigen Stand."

„Du bist mutig," sagte ich und bewunderte sie in diesem Augenblick sehr.

„Ach nein", antwortete sie, „ich bin nicht besonders mutig, aber mein Vater hat mich gelehrt, klar und ordentlich zu denken und das zu tun, was ich für richtig und ausführbar halte."

Allmählich konnte ich Gottliebs Verlegenheit ganz gut verstehen.

Seinem männlichen Selbstgefühl konnte eine solche Haltung sicher nicht schmeicheln, schon gar nicht, wenn er sich dadurch einen Korb eingehandelt hatte.

Ich lächelte Wilhelmine an und dachte, wieviel doch inzwischen geschehen war und wie nichtig solche Gedanken geworden waren.

Bei unserem gewohnten Abendspaziergang brachte ich das Gespräch auf Schwester Maurer und sah die Röte in Gottliebs Stirn steigen.

„Sie hat mir einiges von sich erzählt", sagte ich einfach, „ich mag sie sehr gern, aber ich hoffe, mit mir hast du keine so schlechte Wahl getroffen."

„Nein, wahrhaftig nicht", sagte er und hielt mich an den Armen fest, „die Zeit hat uns vieles gelehrt."

Die letzte noch gestundete Zeit verrann. Unter der senkrechten Sonne des Mittags waren für einen Augenblick alle Laute verstummt. Gottlieb saß reglos neben ihrem Bett, den Blick versenkt in ihre groß aufgeschlagenen dunklen Augen. Er wusste nicht, ob sie ihn noch sah oder ob andere Gesichte das Lächeln auf ihre Lippen legten.

Schwester Eisenschmid kauerte stumm am Fußende des Bettes, die Negerfrauen hatten sich eine nach der anderen leise entfernt. Nun waren auch seine Gebete verstummt unter der Wucht von Gottes gewaltigem Hammerschlag. Er lauschte auf jeden Atemzug, ob er der letzte wäre. Manchmal schien ihr Mund noch Worte zu formen, deren Sinn er nicht mehr erhaschte. Das Haus seiner Liebe stürzte zusammen, dahinter sah er kahle Fluren der Einsamkeit sich erstrecken.

Sie sah ihn wohl mit ihren Augen, auch wenn alle Glieder reglos blieben. Sie sah die Trauer seiner Seele und hinter seiner langsam entschwindenden Gestalt Jerusalem, die hochgebaute Stadt.

Ich träumte von Martha, sie war groß geworden und ging ernst und verständig unter ihren Freundinnen herum. Als ich in der Kühle des Morgens erwachte, hatte ich Tränen auf dem Gesicht. Jeder neue Tag erlegte mir das auf, die Hände zu lassen vom Steuer ihres Lebens, dem ich nun keine sichere Richtung mehr geben konnte.

Jetzt im August hatten wir eine kühle Zeit, ich suchte die wärmsten Schuhe und mein großes wollenes Tuch hervor, in das ich mich bei unserem Abendspaziergang einhüllte. Dann sprachen wir über die Ungewissheit, in der wir immer noch schwebten, denn bis jetzt hatten wir keine weiteren Anweisungen erhalten, wann wir nach Kyebi gehen sollten. Ich bekam einen Brief von meiner Reisegefährtin Catrina, die mich dringlich herbeisehnte. Nun hieß sie Schwester Kromer und fühlte sich in Kyebi als einzige weiße Frau sehr einsam.

Hier in Aburi dagegen baute Schwester Mohr immer fester auf meine Hilfe und wünschte, wir möchten wenigstens noch bis Dezember bleiben. Seltsame Gefühle überkamen mich, die ich eigentlich gar nicht haben sollte, denn Stolz auf meine Unentbehrlichkeit war sicher das letzte, was Gott von mir verlangte.

Aber mein Stolz wurde schnell gedämpft, wenn ich las, was meine Eltern über Ernst schrieben. Hier zitterten meine Hände tatsächlich, dass ich sie nicht auf ihn und sein Geschick legen konnte, denn er entfaltete sich so, wie er nicht sollte. Meine Eltern belustigten sich zwar darüber, dass er nach ihnen mit allem warf, auf das er die Finger legen konnte, das Nachtgeschirr nicht ausgenommen. Ich aber sorgte mich, was in seinem kleinen Kopf vorging, dass er glaubte, er müsse sich gegen alle Welt zur Wehr setzen. Wenn ich mit Gottlieb darüber sprach, so meinte er, das seien Ungezogenheiten, die man ihm schon austreiben würde. Von Gottreich kamen kurze liebe Briefchen, die ich hütete wie einen kostbaren Schatz. Gottlieb dagegen war nie damit zufrieden, er meinte, unser großer Sohn könne schon viel ausführlichere Nachrichten über sich schreiben. Ich sagte nichts dazu, mir zitterten beim Lesen die Lippen, und jedes Wort hätte meine Tränen hervorgelockt.

Es war gut, dass bis in den September unsere Station von tätiger Unruhe erfüllt war, in der ich weder viel an meine Kinder noch an Kyebi denken konnte, sonst hätte mich sicher oft das Unbehagen überwältigt, das ich inzwischen bei diesem Namen empfand, obgleich wir dort ein schönes großes Haus und ganz eigenständige Arbeit bekommen sollten. Das hing auch mit dem letzten Brief von Constantia Scholtz zusammen, die ihr besorgtes Vorgefühl für diesen Ort nicht unterdrücken konnte. Ich lächelte nicht darüber wie Gottlieb, weil ich wusste, ihr kam so etwas nicht von ungefähr zu.

Wir hatten in den ersten Septembertagen in unserer Station ein großes Krankenlager, denn alle unsere schwarzen Zöglinge wurden gegen die Pocken geimpft. Es war ein Segen, dass die Engländer uns den Impfstoff von Accra schickten, gerade in diesem Jahr starben hier viele Eingeborene an der schrecklichen Krankheit. Wenn die Impfung zu wirken begann und die Kinder fieberten, meinten manche voller Angst, sie müssten nun sterben. Später dann lachten sie darüber voller Stolz, dass sie diesen Zauber unbeschadet überstanden hatten. Weder Gottlieb noch die anderen Brüder oder wir Frauen konnten ihnen begreiflich machen, dass dies kein Zauber, sondern eine wirksame Medizin sei. Vor allem die Älteren schüttelten mit wissendem Lächeln den Kopf und glaubten es einfach nicht.

Dann konnte Gottlieb richtig zornig werden über den ganzen Aberglauben, wie er es nannte. Ich mochte dazu nicht viel sagen, denn ich sah hier manche schwarze Christen, die noch fester am Urgrund ihrer Herkunft hafteten, als die Missionare es wahrhaben wollten. Vielleicht hätte ich mich früher darüber genauso ereifert wie Gottlieb, wenn ich nicht inzwischen gelernt hätte, wie viele und wie starke Kräfte in diesem Land walteten, von denen wir nichts wussten oder nichts wissen wollten. Mir rückte Gott dadurch nicht ferner, ganz und gar nicht, ich konnte mit Freuden seine Allmacht und Größe bewundern, auch wenn sie Dinge geschaffen hatte, die wir nicht verstanden.

Seit ich dieses Land zum zweiten Mal betreten hatte, rückten mir viele Sorgen in der fernen Heimat in ein anderes Licht. Ich verstand gar nicht mehr, wie mein Vater sich über Julius ärgerte, der in seinem Beruf mit wenig Geld auskommen musste, weil er eine arme und keine reiche Frau geheiratet hatte. Auch mir warf er vor, ich hätte keinen Sinn für Geld und Vermögen. Das mochte schon sein, wenn auch in einem anderen Sinne als mein Vater dachte.

Im Oktober wussten wir immer noch nicht, ob und wann wir nach Kyebi gehen sollten. Gottlieb und mich erfasste eine gewisse Unruhe, wenn auch aus ganz verschiedenen Gründen. Schon zum dritten Mal war meine Regel ausgeblieben, und ich rechnete, dass wir wohl im Mai ein Kind haben würden. Deshalb wäre ich gerne vorher und möglichst bald an unseren neuen Wohnort gezogen, auch wenn ich Gottlieb noch nichts gesagt hatte, weil ich diesmal sonst gar keine Anzeichen einer Schwangerschaft spürte.

Gottlieb wäre gerne weggegangen, weil sich hier schon wieder zu viele widerstreitende Strömungen unter den Missionaren kreuzten und weil unter der Negerbevölkerung große Angst herrschte. Mit der Pockenepidemie, die von jenseits des Volta in unsere Gegend gekommen war, verbreiteten sich die unsinnigsten Gerüchte, was die Ursache dieser Krankheit sei. Jetzt schoss wirklich der Aberglaube in ein fürchterliches Kraut, von dem auch unsere eingeborenen Christen berührt wurden. Jener König in Akropong, den ich damals mit Gottlieb besucht hatte, befahl nun, zur Sühnung und Beruhigung der Krankheit alle roten Geißen und alle krähenden Hähne zu töten. Ich wollte es nicht glauben, bis sich aus zwei oder drei Dörfern verängstigte Menschen zu uns flüchteten, ihre Geißen an Stricken und ihre Hähne in Käfigen. Es dauerte keine drei Tage, da war jeder freie Platz zwischen unseren Häusern besetzt mit Eingeborenen, die lautstark von Gottlieb und den anderen Brüdern Hilfe verlangten. Wir konnten nicht viel tun, sie zu beruhigen oder sie wenigstens zu ernähren, wir konnten nur hoffen, alles würde sich im Sande verlaufen. Aber diese Hoffnung trog. König Aburo hatte in der Tat eine Menge Krieger ausgeschickt, seine Befehle zu vollstrecken, und sie machten vor unserer Station nicht Halt. Ich erwachte nachts von dem Geschrei und den lauten Stimmen der Brüder, aber da waren die Geißen unseres Katecheten Clerk schon verschwunden und die Eingeborenen wie weggefegt. Wir fanden morgens nur noch die Blutspuren und eine bedrückende Stille. Aber das war noch nicht alles. Man ließ uns und vor allem die schwarzen Christen nicht mehr zu den Wasserstellen. Zum Glück regnete es in den nächsten Tagen, so dass wir das Wasser aus den Dachtraufen auffangen konnten, aber wir waren von Angst und Gewalt belagert. Die Mädchen in der Nähschule wagten kaum noch zu flüstern und wollten die Choräle nicht mitsingen, die Schwester Mohr energisch anstimmte.

Gottlieb war um mich sehr besorgt und meinte, wir sollten nun unsere Abendspaziergänge lieber einstellen und im Haus bleiben. Er lobte mich, dass ich so wenig Angst zeigte, aber ein Lob hatte ich gar nicht verdient. Einsamkeit und Ungewissheit in der Heimat waren schlimm gewesen, aber jetzt glaubte ich einfach nicht, dass Aburos Krieger uns etwas tun könnten. Tatsächlich schien es so, als ob wir einem ganz anderen Feind gegenüber stünden.

Zuerst aber wurden wir aus unserer misslichen Lage durch die Engländer befreit, die mit einem Trupp Soldaten die alte Ordnung wieder herstellten, sodass wir ungehindert Wasser holen konnten. Aber auch auf diese Sicherheit konnten wir uns nicht allzu sehr verlassen. Die englischen Soldaten, die nach ihrem Eingreifen noch einen halben Tag in unserer Station blieben, machten uns das Herz nicht gerade leichter.

„Wir werden bald alle in die Heimat segeln“, meinte der junge Corporal, der die Truppe führte, „diese ganzen Heiden sind der Mühe nicht wert.“

„Wir werden bleiben“, sagten Gottlieb und Bruder Mohr fast gleichzeitig. Der Corporal zuckte die Achseln, ihm schien wohl seine und vor allem unsere ganze Unternehmung recht fragwürdig, auch wollte er nicht mit uns über die Mission diskutieren.

Als die Soldaten schließlich abgezogen waren, herrschte in der ganzen Station eine beklommene Ruhe, als warte jeder auf einen neuen Angriff der Krieger.

Gottlieb hatte allerdings mit der Kommission und mit Bruder Mader in Akropong einen eigenen Krieg auszutragen und ich mit meinem Vater. Widmanns wollten endgültig heimgehen, und nun auf einmal suchte Mader alle Pläne umzustoßen und wollte Gottlieb als Seelsorger der Gemeinde in Akropong haben. Gottlieb zeigte mir den Brief und sagte ganz ratlos:

„Er hat mich nicht einmal nach meinen eigenen Wünschen gefragt.“

„Ich weiß“, sagte ich, „aber vielleicht sollen wir hier lernen, dass unsere Wünsche gar nichts zählen.“

Gottlieb seufzte. „Du hast sicher recht, meine Liebe“, sagte er leise, „aber es steckt in diesem ewigen Hin und Her so wenig Vernunft.“

Wir fühlten uns beide wie der Vogel auf dem Zweig, dem keine bleibende Stadt zugewiesen ist. Und ich hatte mit meinem Vater den Zwist über Geld und irdische Sicherheit auszufechten, die er als Grundlage unseres Lebens betrachtete. Aber das mochte ich angesichts des vielfältigen Todes, der uns umringte, nicht zugeben. Mich mahnte jedes zurückgelegte Jahr, jede Woche und jeder Tag an die ernste Stunde, in der wir vor Gottes Thron treten mussten. Wer von uns war dann ein wirklicher Erbe des Reiches, welche Taten oder welche Fürbitte rechtfertigten uns?

Keine Krieger kamen, die Hühner, Hähne und Geißen lebten in Frieden, auf den Plantagen wuchs der Kaffee, wir lehrten die Kinder nähen, lesen, schreiben, beten und singen, jedermann ging ungestört seiner Arbeit nach. So dachten wir eine Weile. Dann aber drangen erst leise, dann immer dringlicher die geflüsterten Gerüchte aus dem Busch, es sei aus dem Kroboland die alte mächtige Fetischpriesterin in unsere Gegend gekommen.

„Eine Frau?“, fragte ich Gottlieb. „Irren sich die Menschen nicht?“

„Oh nein“, antwortete er mir, „es gibt bei den Stämmen mächtige Priestergeschlechter, die ihre Vollmacht auch an Frauen weitergeben, wenn man sie für geeignet hält.“

„Und diese hier, warum kommt sie?“

„Ich weiß nicht“, sagte er, „vielleicht möchte sie der Mission in den Weg treten.“

„Fürchtest du dich?“ fragte ich Gottlieb ganz direkt.

„Fürchten – ? Ich weiß nicht. Ich befehle uns jeden Tag in Gottes Hand.“

Mehr sprachen wir darüber nicht.

Und dann eines Tages rückte uns ihre Macht ganz nahe. Sie störte Gottliebs Unterricht für die jungen Männer, die getauft werden wollten. Zwei verschwanden eines Tages, ließen ihre Kleidung zurück, die sie von uns bekommen hatten, und ein dritter sagte, er kenne einen stärkeren Zauber als die Taufe, wir sollten sie ruhig für uns behalten. Dann ging er mitten aus dem Unterricht weg. Ich sah ihn an der Nähschule vorbeigehen, ein Grinsen auf dem Gesicht, im Ohr einen goldenen Ring, der in der Sonne blitzte. Die Missionare duldeten keinen Schmuck an ihren Zöglingen, und so war auch dieses ein Zeichen seines Abfalles.

Die schwarzen Könige hatten Gold, das sie vor den Weißen zu verbergen suchten, und sie hatten eine feine Art, es zu verarbeiten. Ich sah damals selbst an Aburos Frauen die schönen Ringe und Armreifen, mit denen sie klirrten. Schließlich hatten die Weißen dieses Land Goldküste genannt, ein Name, der mir noch nie so ins Bewusstsein gekommen war wie jetzt.

Aber die alte Priesterin köderte die Menschen nicht mit Gold, sie hatte stärkere Zauber, von denen der größte die Furcht vor ihr war. Wenn die Brüder ausgingen, in den Dörfern zu predigen, kamen sie mit ernsten oder verwirrten Gesichtern zurück und berichteten, dass kaum jemand ihnen zuhören mochte. Die Schwarzen verschwanden scheu in ihren Hütten und machten abwehrende und seltsame Zeichen mit den Händen. Eines Tages hieß es, immer nur geflüstert, die alte Priesterin liege im Sterben. Wir erfuhren nie, wo sie sich aufhielt, aber es lag über dem Umkreis unserer Station eine unheimliche Stille, als wenn auch Tiere und Pflanzen von diesem Sterben wüssten. Wir beteten für ihre Seele, Gottlieb und ich, jeden Abend war sie in unsere Fürbitte eingeschlossen. Mir war, als spüre auch Gottlieb nun die starken Kräfte dieses Landes, denen man mehr entgegensetzen musste als das Wort vom Kreuz.

Am nächsten Abend während unseres Gebetes lärmte der Busch um uns herum lauter als je zuvor, da ahnten wir, dass die Seele der alten Priesterin entflohen war aus dem Leib.

Jetzt erst erzählte ich Gottlieb von meinen Begegnungen mit dem Fetischpriester in Akropong, und er nahm das hin, schweigend und mit einem Neigen des Kopfes.

November – ein Jahr war seit meiner Ausreise vergangen, ein Jahr voll süßer und bitterer Früchte. Ich dachte an meinen Sohn Ernst, der nun drei Jahre alt war, der sprach, lief, mit seinen Großeltern lachte und der keine Erinnerung mehr an mich hatte. Ich dachte an Paul, meinen fröhlichen und unbekümmerten Sohn, der nun zu den Hauseltern in Basel Papa und Mama sagte, ich dachte an Gottreich, der in der Trennung von den Eltern Trauer und Heimweh sammelte. Und

Martha, mein kleines Mädchen, das alle liebten um des Zaubers ihrer schönen Augen willen, Martha, die jeden Abend betete, wir möchten bald nach Hause zurückkommen. Ich dachte an Benni, der bei seinem Vetter Theodor sprechen lernte, Benni, seinem Vater noch ganz unbekannt.

Die Früchte des Gehorsams unter Gottes Willen waren nicht immer sanft und lieblich, ich hoffte jeden Tag, er möge mir den bitteren Geschmack meiner Trauer verzeihen.

> Was Gott tut, das ist wohl getan,
> es bleibt gerecht sein Wille,
> wie er fängt seine Sachen an,
> will ich ihm halten stille.

Vom Klang dieser Worte bis zum Einklang im Herzen war ein weiter Weg.

Gegen das Ende des Jahres 1864 war unsere Lage verwickelter und unsere Zukunft verhüllter als zuvor. Bruder Widmann wurde ausgewählt, mit einem Gesandten unserer Handelskompanie nach England zu reisen. Er sollte endlich Gewissheit darüber einholen, ob die Engländer ihre Besitzungen hier behalten wollten oder nicht. Nach wie vor ging die Rede, Gottlieb solle dann an Widmanns Stelle nach Akropong gehen. Nun hieß es, wir müssten wenigstens noch bis Februar auf eine Entscheidung warten.

Warten, ich wusste nicht, wie oft schon dieses Wort mein Leben bestimmt hatte, warten auf das Kind, warten auf die Regenzeit, warten auf eine feste und ruhige Heimstatt, warten auf Weihnachten, dessen Botschaft wir mit freudigem Herzen weitertragen sollten. Zum zweiten Mal Weihnachten ohne die Kinder, ich versuchte, Herz und Gedanken nur auf die Geburt des Gottessohnes zu richten.

Kyebi 1865-1866

Im Januar wurde ich krank. Heftiger und schmerzhafter Durchfall hielt mich tagelang auf dem Bett fest, sodass Gottlieb eine geplante Reise nach Akropong fallen ließ. Wieder wurden wir beide gezwungen, Vorhaben aufzugeben und Wünsche zurückzustellen. Vom neuen Jahr konnte ich nur erbitten, dass wir vor allem Übel und aller Gefahr bewahrt blieben. Während wir in unserer gewohnten Arbeit fortfuhren, lebte in mir ständig die Ahnung von Gefahr und Verlust, der ich doch keinen realen Grund zuordnen konnte. Ich schalt mich selber töricht und mochte mit keinem darüber sprechen, doch lehrte mich dieses Land jeden Tag, wie meine Sinne geschärft wurden und wie meine Ahnungen sich allzu oft erfüllten. So war es auch jetzt. Benni war schwer krank und dem Tode nahe gewesen. Gottliebins Brief, der uns im Februar erreichte, konnte zugleich von seiner Genesung berichten, ich aber wusste, dass keine Entfernung über Land und Meer die Fäden zu meinem Jüngsten zerrissen hatte. Die andere Erschütterung, verbunden mit Trauer und Erleichterung, kam fast gleichzeitig mit diesem Brief – kein Kind würde uns im Mai geboren werden, mein Körper ging ohne besondere Anzeichen zu seiner alten Ordnung über.

Und jetzt im Februar kam genauso plötzlich und ohne Übergang die Anweisung, nach Kyebi aufzubrechen. Beim Packen bemerkte ich, dass verschiedene Sachen seit meiner Ankunft noch gar nicht hervorgeholt worden waren. Ich wäre gerne mit kleinem und leichtem Gepäck gereist. Man brauchte hier nicht viel zum Leben, auch konnte ich immer weniger das Gefühl abschütteln, gar nicht mehr wiederzukehren.

So nahm ich, was seit dem vergangenen Jahr in Kisten ruhte, und trug es zu Schwester Mohr.

„Vielleicht hast du Verwendung für diese Kleider", sagte ich zu ihr, „sonst heb sie einfach auf, bis wir einmal wiederkommen."

„Du bist traurig", sagte sie und umarmte mich, „du wirst mir fehlen. Gott behüte dich."

Die Morgendämmerung war gerade angebrochen, als die Träger unsere Hängematten aufhoben und die Kisten schulterten. Wir winkten denen zu, die sich zum Abschied versammelt hatten, und dann suchte ich mich in den wiegenden Rhythmus der Träger zu fügen.

Allmählich wuchs die Freude, Akropong und Anyama wiederzusehen, während meine Augen nach altbekannten Wegmarken suchten. Aber der Busch wuchert schnell, und die Trampelpfade sahen anders aus, als ich sie in Erinnerung hatte. Nur den Wasserfall gab es noch und daneben einen breiteren Weg, der das Steigen erleichterte. Den brodelnden Sumpf sah ich nicht mehr, aber wieder musste ich die schlagenden Zweige von meinen Augen abhalten.

Diesmal sangen keine Negerkinder zu unserem Empfang, fast unbemerkt langten wir in dem alltäglichen Getriebe der Station Akropong an. Ich fürchtete schon, Bruder Mader möchte unwillig sein, dass seine Pläne sich nun nicht erfüllt hatten. Doch kam er mit freundlich wohlwollendem Gesicht und hieß uns willkommen. Die Träger verschwanden wie Rauch zu ihren schwarzen Brüdern, und ich wurde von Schwester Mader mit überschwänglicher Freude in die Arme geschlossen.

„Emilie", sagte sie mit Tränen in den Augen, „wie lange ist das her, seit wir uns gesehen haben."

Ich dachte an den Tag ihres Besuches in Waiblingen, dessen schmerzliche Wahrheiten sich inzwischen aufgelöst hatten. Ich fragte nach ihrem Kind, das nun ein halbes Jahr alt sein musste, da verdunkelte sich ihr Gesicht in Schmerz und Trauer.

„Es kann hier nicht gedeihen", sagte sie leise, „ein so zartes kleines Mädchen ...", sie schluckte und kämpfte mit dem Weinen.

Unser Gastzimmer war behaglich und sauber, der Blick durch das Fenster ging auf die neue Schule und die Kapelle. Ich spürte wie Gottlieb hinter mich trat und mir eine Hand auf die Schulter legte.

„So lange Zeit", sagte er leise, und ich wusste, dass wir beide nicht nur an unseren Hochzeitstag dachten.

Die Station war verändert, man konnte es sehen, hören, riechen und fühlen, selbst in dieser ersten Stunde unserer Ankunft.

„Das Werk gedeiht", sagte Gottlieb, „auch wenn wir oft daran verzweifeln wollten."

Ich nickte und bedauerte zugleich, wie alles Vertraute so fremd geworden war.

„Wie ist es in Kyebi?", fragte ich in der Hoffnung, dort so etwas wie eine Heimat für uns zu bauen.

„Ich weiß nicht", sagte Gottlieb, „ich war noch nie dort."

Schwester Kromer hatte Kyebi inzwischen mit ihrem Mann verlassen, das Ehepaar Eisenschmid wartete dort auf uns. Ich versuchte in Gedanken, das Haus erstehen zu lassen, in dem wir wohnen würden, aber mir gelang kein Bild des Kommenden.

„David Asante wird uns nach Kyebi begleiten und mir dort bei der Arbeit helfen", sagte Gottlieb in meine Gedanken.

„Und Anyama?"

„Anyama bleibt hier", sagte er.

Ich sah sie vor der Abendmahlzeit. Sie stand am Tisch in dem so vertrauten Wohnzimmer, eine hochgewachsene junge Frau, die mir gespannt und fragend entgegenblickte. Wir sahen uns einen Augenbick reglos an, dann lachte sie, und da war wieder die alte Anyama. Sie sah der ähnlich, die ich verloren hatte und erschien mir in diesem Land, das nicht meines war, gleichsam neu geboren, sicher, in sich ruhend. Die kindliche Stimme gab es nicht mehr, als sie mich in Otschi begrüßte. In dem dunklen, strengen Kleid und mit den auf dem Kopf verschlungenen Haaren sah sie aus wie eine Königin. Wie ein Blitz schoss es mir durch den Kopf, dass sie schön sein müsste in den farbigen Gewändern des Landes.

„Erzählst du mir von deiner Arbeit?“, fragte ich, um eine Welle der Verlegenheit zu überbrücken, die sich zwischen uns legte.

„Ja, gerne“, sagte sie, „nach der Abendmahlzeit“, und mit einem Nicken verschwand sie nach draußen.

So hatte sich auch hier die Sitte noch nicht geändert, dass die Schwarzen nicht mit uns aßen.

Sie standen zusammen im Hof und warteten auf uns. David begrüßte mich mit vollendeter Höflichkeit, Gottlieb und er dagegen umarmten sich in herzlicher brüderlicher Freude. Ich sah Anyamas Blicke, die ihren Landsmann recht kühl und kritisch streiften. Keine Spur von einem verliebten Schmachten tat sich darin kund, Heiratspläne ließen sich mit den beiden offenbar nicht mehr schmieden.

Ich sah, wie die Männer darauf brannten, über ihre künftige Arbeit zu beraten, und so zog ich Anyama auf die Galerie, wo wir so oft zusammen gesessen hatten. Erst hier küsste ich sie, und erst hier sagte sie: „Es ist schön, dass du gekommen bist.“

Sie sprach nun in einem fließenden Englisch und erzählte mir voll Witz und Begeisterung vom Unterricht in der Schule, die ihr Leben ganz erfüllte.

„Und die Nähschule?“, fragte ich.

Anyama lachte und sagte: „Oh nein, mit der Nähschule habe ich nichts zu tun. Ich habe es immer noch nicht gelernt.“

Anyama, kleines, großes Mädchen, ohne mich erwachsen geworden. Unsere Leben deckten sich nicht mehr, aber ich liebte sie wie früher und auch wieder ganz neu.

„Was magst du an der Schule?“, fragte ich.

„Die Kinder“, sagte sie schnell, „ich mag, wie ihr Verstand aufwacht und wie sie sich selber darüber wundern.“

„Und David?“

„David ist ein Heuchler“, sagte sie verächtlich.

„Anyama, das ist eine schwere Beschuldigung.“

„Ja, ich weiß“, sagte sie, „es ist nicht gut und nicht christlich, aber es ist die Wahrheit. Er spricht anders als er handelt, wie würdest du das nennen?“

„Ich würde es auch so nennen“, sagte ich, „aber tun wir nicht alle manchmal so?“

Sie schüttelte den Kopf.

„Du nicht“, sagte sie dann, „und ich will es auch nicht.“

Dabei blieb sie, und ich bekam nicht heraus, was er nun getan oder gesagt hatte. Ich sah nur mein innerstes Gefühl bestätigt, das mich seit jeher gegen David beschlich.

Wir sagten uns spät gute Nacht, und sie verschwand leise und schnell in der Dunkelheit zwischen den Häusern.

In aller Morgenfrühe brachen wir auf, die Träger schulterten mürrisch und verschlafen unsere Hängematten. Nur David lief neben ihnen her, seine Hautfarbe ließ nicht zu, dass er getragen wurde, mochte der Abstand zu seinen Brüdern in anderen Dingen noch so groß sein.

Akropong liegt hoch in den Bergen und Kyebi weit davon entfernt auf einem anderen Bergrücken. Dazwischen erstreckt sich ein weites Tal, bewachsen mit Buschwerk, Ölpalmen und Pisangstauden, deren Blätter so groß sind, dass leicht ein Kind darunter verschwindet.

Zwei Tage brauchten wir noch, ehe wir endlich Kyebi erreichten. Der erste Teil des Weges ging steil bergab. Der Pfad war schmal, Steine und Felsen machten es den Trägern schwer, gleichmäßig zu gehen, sodass ich mehr geschaukelt wurde, als mir lieb war. Die harten, dornigen Büsche peitschten mich, und mancher Zweig blieb an meinen Haaren und Kleidern hängen.

Unten im Tal öffnete sich der Busch, wir mussten den ersten Fluss überqueren. Er führte ziemlich viel Wasser, dennoch wurde ich hinübergetragen, während die Männer zu Fuß gingen. Aber auch dieses Tal war durchaus keine Ebene, sondern bestand aus kleineren und größeren Erhebungen. Das Buschwerk ging allmählich in Wald über, der den Pfad von beiden Seiten beengte und verdunkelte. So viele Stunden durch ein Land ohne Menschen, die fremden Bäume belebt mit fremden Tierstimmen, Afrika bedrängte und erdrückte mich. Ich fürchtete schon, wir hätten das Dorf verfehlt, in dem wir übernachten sollten, da uns keine menschlichen Laute, sondern nur das stärker werdende Grollen des Donners erreichte. Doch endlich tauchten wie aus dem Erdboden gewachsen vier schäbige kleine, mit Schilf bedeckte Hütten vor uns auf, Rauch wehte zu uns herüber.

„Hier?", fragte ich Gottlieb, nachdem die Träger uns abgesetzt hatten.

„Hier", sagte er, „es ist leider die einzige Möglichkeit, das nächste größere Dorf ist noch viele Stunden entfernt."

Nicht mehr als ein Dutzend Menschen umringten uns, dennoch gab es ein lautes Stimmengewirr. Zum Essen hockten wir genau wie die Eingeborenen um das Feuer, aber ich war inzwischen so müde, dass ich kaum merkte, was ich zu mir nahm.

Ab und zu streiften mich Davids forschende Blicke, er wollte sicher wissen, ob ich mit Anyama über ihn geredet hatte.

Unser Nachtlager bot uns nicht die geringste Bequemlichkeit. Erst jetzt sah ich, dass die Hütten statt vier nur drei Wände hatten, wir zwar unter ein Dach kamen, aber sonst so gut wie im Freien schliefen. Ich war froh, dass die Bewohner überhaupt eine ihrer Behausungen für uns abtraten. Gottlieb ließ unsere Hängematten zwischen den Wänden aufhängen, spannte selbst ein Tuch vor die Öffnung und sagte ganz vergnügt: „So sind wir wenigstens für uns."

Ein Hauch weniger Abenteuer wäre mir lieber gewesen, aber die Nacht lehrte mich, auch für dieses geringe Obdach dankbar zu sein.

Als das Gewitter mit aller Gewalt losbrach, zitterten die dünnen Wände bei jedem Donner, und das Rauschen des Regens auf dem Wald und unserem Dach verschluckte alle anderen Geräusche.

„Morgen sind wir in Kukurantumi", hörte ich Gottlieb durch die Dunkelheit sagen, „dort bekommst du ganz sicher ein richtiges Bett."

Gottliebs Fürsorge tat mir wohl mitten in dieser unbehaglichen Umgebung, dann löschte eine Welle von Müdigkeit alle Gedanken aus.

Am Morgen glitzerte und gleißte jedes einzelne Blatt in der Sonne, bis die Wärme alle Farben in Dampf auflöste und hinwegnahm. So erging es auch meiner Energie. Viele mühsame Stunden dehnten sich bis zum nächsten Dorf, meistens getragen, manchmal ein Stück zu Fuß, damit die Glieder nicht steif wurden, endlich zwang die Hitze uns zur Mittagsrast.

Dieses Land dehnte sich mit jedem Schritt weiter aus, ohne Ende.

Am Nachmittag dauerte die Reise noch einmal vier Stunden durch den Busch, über die Flüsse, dann öffnete sich vor uns die Lichtung der Station Kukurantumi.

Das Muster einer geordneten Welt umfing mich, ausgestanzt aus der Wildnis des Landes. Nach den Tagen der Wanderung durch den Busch erschienen mir die hölzernen Häuser mit ihren Galerien wie eine Stadt Gottes.

Ich bedauerte, dass wir nur eine Nacht bleiben konnten, denn hier traf ich meine Reisegefährtin Catrina wieder. Im ersten Moment erschrak ich, denn aus dem lustigen Mädchen vom Schiff war eine ernste Schwester Kromer geworden. Ich wusste nicht, ob das nun an der ernsten Art ihres Mannes lag oder ob das Leben in den einsamen Stationen ihr den Mut und die Freude geraubt hatte.

In unserem abendlichen Gespräch schien es mir, als hätte sie Angst, dem Anspruch ihres Mannes nicht zu genügen.

Sieben Stunden waren wir am anderen Tag unterwegs, durch die Ebene, über drei Flüsse, bis sich zum Schluss der Bergrücken vor uns erhob, auf dem Kyebi liegt. Auf dieser letzten Strecke musste ich mich oft mit den anderen zu Fuß voran-kämpfen, wenn große Bäume über den Pfad gestürzt waren oder sich das Gebüsch zu Knäueln verdichtete. Dann schritt David beherzt voraus und hackte mit einem großen Messer den Weg frei.

Nach der Mittagsrast in einem der Dörfer, die verstreut im Wald lagen, ging er eine Weile neben meiner Hängematte her und fragte dann:

„Was hat Anyama über mich gesagt?"

Ich hatte schon lange gedacht, dass da eine Rechnung offen sei, aber ich hatte nicht die Absicht, hier auf dem Weg mit ihm darüber zu reden. Ich musste nicht einmal lügen, als ich ihm antwortete:

„Nichts, sie hat nichts über dich gesagt."

Er glaubte mir nicht, aber er ging ohne weitere Fragen bis an die Spitze der Gruppe.

Am Abend des dritten Tages tauchte endlich die Station Kyebi vor uns auf, einsam und durch den Busch getrennt von der Ansiedlung, die man hier eine Stadt nannte. Das Ehepaar Eisenschmid schloss uns in die Arme und segnete den Eingang in unser neues Haus, das mir vorkam wie ein Palast. Vier Zimmer in einer Reihe, hoch und kühl, jedes von außen über eine Galerie zu erreichen, auf die man über eine Treppe von acht Stufen gelangte.

Platz für Gottliebs Papiere, Platz für Gäste, Freude mischte sich mit leisem Unbehagen, dass ich nun unser Hauswesen ganz allein besorgen musste.

David wohnte nicht bei uns, er bezog ein Zimmer im Schulhaus.

In den ersten Tagen wanderte ich beständig zwischen dem

Haus und der Kochhütte hin und her, um weder hier noch dort etwas zu versäumen. Wie überall auf den Stationen gab es auch hier schwarze Dienstknaben, die von den Missionaren unterrichtet wurden und gleichzeitig im Garten, im Haus oder in der Kochhütte halfen. Sie trugen mir Jams, Geflügel oder Bohnen zu, doch kochen musste ich nun selbst. Nicht immer schien die Sonne auf das Essen, das ich zum Wohnhaus trug; wenn die Regengüsse kamen, lief ich unter einem Schirm über den Hof.

Eisenschmids wohnten neben dem Schulhaus auf der anderen Seite des Hofes und hatten eine eigene Kochhütte.

Es war beruhigend zu sehen, wie gut die beiden Männer sich vertrugen, vielleicht deshalb, weil keiner sich in die Arbeit des anderen einmischte und sie dennoch viel und angeregt miteinander sprachen. Bruder Eisenschmid war ruhig und gelassen, freundlich und offen und brachte uns beiden eine warme und herzliche Freundschaft entgegen. Und sie, seine Frau, wurde mir eine Schwester im tiefsten und wahrsten Sinne des Wortes. Sie war jünger als ich, voll Energie, Heiterkeit und Lebensfreude, von der sie gerne abzugeben bereit war. Ihre Frömmigkeit sprudelte als ein natürlicher Quell aus ihr hervor, und wenn wir zusammen beteten, fühlte man sich mit ihr Gott ganz nahe.

In vielen dunklen Stunden meines Lebens hatte ich früher vergeblich bei Menschen nach Hilfe gesucht und hatte sie nur selten gefunden. Jetzt floss mir durch Schwester Eisenschmid diese Gabe reichlich zu.

Zu unserem Haus gehörte ein Garten, der seit Kromers Weggang schon recht verwildert war und den ich gerne bearbeiten wollte. Mit der Hilfe der Dienstknaben grub ich Beete, setzte die Bohnenstangen und ließ mir den Zaun reparieren.

Wie in Akropong wucherten Bohnen, Rettiche und Gurken in kurzer Zeit so üppig, dass ich bald den Überfluss in Steintöpfe einsalzen konnte.

Mit der Sprache hatte ich hier allerdings einige Schwierigkeiten. Sie sangen und betonten die Sätze ganz anders, sodass die Worte einen neuen Sinn ergaben und daraus bei der Arbeit manche Missverständnisse erwuchsen.

Gottlieb lächelte, als ich ihm davon erzählte.

„Jetzt siehst du einmal, wie wichtig es ist, die feinen Unterschiede in der Sprache zu verstehen", sagte er, „du kommst mit Gurken und Bohnen nicht zurecht, ich aber muss ihnen die Geheimnisse der Bibel verständlich machen."

In unserer ersten Zeit in Kyebi ließ er mich oft allein, um mit einem seiner Gehilfen oder mit David in den Dörfern zu predigen und mit den Menschen zu reden. Kaum war er von diesen Ausflügen zurück, verbrachte er die Tage damit, alle neu gelernten Ausdrücke und Abweichungen der Aussprache aufzuzeichnen und mit den grammatischen Regeln zu vergleichen. In solchen Stunden konnte ich gar nicht mit ihm reden, im Eifer des Forschens verlor er mich ganz aus den Augen. Manchmal ging er ruhelos und murmelnd im Zimmer auf und ab, bis David kam und beide gemeinsam die Arbeit fortführten.

Bei diesem fast täglichen Zusammentreffen musste es Gottlieb bald auffallen, wie zwischen David und mir Kühle und Abstand herrschten.

„Hat David dir irgend etwas getan?", fragte Gottlieb mich eines Abends, als wir beide schlaflos auf unseren Betten lagen, weil draußen der Regen niederrauschte und ich unter einem beginnenden Fieberanfall zitterte.

„Nein", sagte ich, „gar nichts", und mir schlugen beim Reden schon die Zähne aufeinander.

„Aber etwas ist doch zwischen euch", sagte Gottlieb und stützte sich auf einen Ellenbogen.

„Anyama nennt ihn einen Heuchler, und ich mochte ihn noch nie."

Jetzt war es heraus, und mehr wollte ich wirklich nicht sagen. Außerdem war mir schlecht und elend, mir wäre es lieber gewesen, dieses Thema gar nicht zu berühren.

„Du bist ungerecht", hörte ich von ferne Gottliebs Stimme

durch die Hitzewellen in meinem Kopf und meinem Körper. Es schien, ich fantasierte in dieser Nacht, ich hörte meine eigene Stimme ganz fremd nach Gottreich und Martha rufen, sah zuweilen neben Gottliebs Gesicht das von Schwester Eisenschmid auftauchen. Am Morgen wusste ich nicht mehr viel davon, lag noch tagelang von immer neuen Fieberwellen geschüttelt, nicht fähig, mich auch nur im Bett aufzurichten.

Endlich nach einer Woche schwankte ich zittrig und schwach durchs Haus und versuchte, die Fäden meiner Arbeit wieder aufzunehmen.

Zu dieser Arbeit gehörten neben dem Garten Hühner, Glucken, Schafe und eine Ziege, deren Milch Gottlieb so gerne trank.

Das schnelle Wachstum der Pflanzen und Tiere war mir hier genauso unheimlich wie in Akropong. Selbst als die Ziege in den Garten einbrach und alle Bohnen abfraß, waren sie in kurzer Zeit zu ihrer alten Größe nachgewachsen. Mir kam es vor, als ob die Natur die Zeit zusammenraffte, um Überfluss hervorzubringen, der in der Hitze doch ebenso schnell wieder verging.

Nicht nur die Hitze und der Regen machten mich schlapp und unlustig, schlimmer noch war der tägliche Morgennebel, der sich wie ein dichter, stickiger Teppich über alles breitete und sogar bis ins Haus kroch. Ich konnte spüren, wie er durch alle Ritzen drang und die Räume mit modrigem Geruch erfüllte.

Ich weiß nicht, ob es dieser Nebel war, der mich im Abstand von wenigen Wochen immer wieder mit Fieber heimsuchte.

Gottlieb ermahnte mich, regelmäßig Chinin einzunehmen, aber mein Körper kümmerte sich nicht darum. Es gab Nächte, in denen Gottlieb sorgenvoll und selber schweißgebadet an meinem Bett wachte.

Von allen Briefschreibern in der Heimat war Constantia Scholtz die treueste, auch wenn ihre Briefe viele Klagen über die Unzulänglichkeiten der Mission enthielten.

Von Martha wusste sie stets Gutes zu berichten, die Fröhlichkeit meiner Tochter tat meiner Seele ebenso gut wie weh. Wenn ich im fiebrigen Halbschlaf lag, sah ich, wie die Buben ihre Schwester am Sonntag im Mädchenhaus besuchten, sah, wie Paul lustig und ausgelassen um den Tisch jagte, und sah meinen ernsten, in sich gekehrten Gottreich seiner Schwester die Bilderbücher vorlesen.

Im August war ich nicht in der Lage, rechtzeitig für das Postschiff die Briefe in die Heimat zu schreiben. Nun musste Gottlieb trotz seiner vielen Arbeit noch diese Bürde auf sich nehmen. Auch er wurde nicht vom Fieber verschont, beklagte die Stunden, die ihm für die Arbeit fehlten, wurde aber nie müde, für mich zu sorgen, wenn ich krank war.

Kyebi war noch gar nicht meine neue Heimat geworden. Ich war oft so niedergeschlagen, und der Mut wollte mich verlassen, wenn Gottlieb und ich abwechselnd Fieber bekamen und gleichzeitig Schwester Eisenschmid mit schweren Anfällen im Bett lag.

Nach solchen Krankheitstagen im August sagte sie nach der Abendmahlzeit, die wir nun oft zusammen einnahmen:

„Emilie, du müsstest hier eine richtige Aufgabe haben. Ich kann nicht glauben, dass es dir genügt, nur für euren Haushalt, den Garten und die Tiere zu sorgen."

Ich konnte mir schon denken, was sie wollte. Zu ihr kamen jeden Nachmittag etliche ältere Mädchen, mit denen sie Lese- und Schreibübungen machte oder denen sie in Otschi und Englisch biblische Geschichten erzählte.

„Willst du mir nicht helfen bei den Mädchen?", fragte sie.

Ich zögerte und merkte zugleich, wie wenig sie das verstand.

„Wenn du möchtest, unterrichte ich die Mädchen in Englisch", sagte ich, „ich denke, sie werden es brauchen können. Wir können auch die schönen Lieder singen, die ich in England gelernt habe."

Sie freute sich so, meine liebe Schwester, und wusste doch nicht, wie sehr mich in diesen Monaten der eigenen Schwäche und Hinfälligkeit die Zweifel überkamen, ob ich denn fähig sei, die Heiden einen neuen Glauben zu lehren.

Ich sah, wie Gottlieb trotz vieler Krankheit mit großen Schritten in seiner Arbeit vorwärts kam, gerade in diesen Tagen beendete er die Reinschrift der Psalmen-Übersetzung. Ich dagegen hatte zunehmend das Gefühl, ich könne mir nie und nimmer durch viele äußere Tätigkeiten Gewissheit über Gottes Führung und Willen verschaffen.

Mit Gottliebs Zustimmung saß ich nun jeden Nachmittag bei Schwester Eisenschmid, anwesend und abwesend zugleich, denn während wir sangen und englische Sätze übten, suchte ich die Zeichen, Wege und Irrungen meines Lebens zu ergründen.

Abends sprach ich manchmal mit Gottlieb darüber, meistens saßen wir dabei auf der Galerie, denn die abendlichen Gänge hatten wir aus Mangel an Energie bald aufgegeben. Aber in dem, was ich ihm erklären wollte, verstand er mich so schwer. Nie verließ ihn die Gewissheit von der unbedingten Notwendigkeit seines Tuns, die Dringlichkeit der vielen Briefe, die er schrieb, oder der Wanderungen in die Dörfer zur Predigt auf Wegen und Plätzen. Handeln für Gott war sein erstes und letztes Gebot.

Dann warf er mir wohl mangelnde Zuversicht und zu kleinen Glauben vor.

„Gottlieb“, antwortete ich darauf, „ich finde Gott nicht in der ruhelosen Jagd nach äußeren Dingen. Ich muss nach innen sehen und in den Toren meiner eigenen Wohnung nach ihm suchen.“

Dann wurde mein lieber Mann traurig und dachte, ich hätte den Sinn der Mission überhaupt nicht begriffen. Aber vielleicht hatte ich ihn besser begriffen als er, nur stellte ich mir die Wege anders vor, oder sie waren für mich verschlungener und steiniger.

Das sah ich auch an meiner lieben Freundin Constantia Scholtz, die oft unter der Last ihrer Verantwortung und der unzähligen Aufgaben schier zusammenbrach. Ihr letzter

Brief kam aus einem Kurbad, das der Arzt ihr deshalb verordnet hatte.

Und dennoch wurde ich gerade jetzt zu entschiedenem äußeren Handeln aufgerufen.

Von Schwester Kromer und ihrem Mann kam aus Kukurantumi eine dringende Bitte um Hilfe. Sie schrieb mir, ich möge ihr doch um Gottes Willen bei der Geburt ihres Kindes beistehen, das sie Anfang September erwartete.

„Es gibt hier sonst keine weiße Frau,“, schrieb sie, „die anderen sind noch weiter entfernt als du, und mein Mann weiß gar nicht, was er machen soll. Du bist meine einzige Hoffnung.“

Bruder Kromer dagegen schrieb an Gottlieb von den Unruhen, die sich um Kukurantumi zusammenbrauten.

„Man plant hier eine größere Volksversammlung“, schrieb er, „die zu dem einzigen Zwecke zusammengerufen wird, unsere Mission zu bekämpfen und die Taufbewerber daran zu hindern, zu uns zu kommen.“

Er versprach, uns Träger zu schicken, damit wir bestimmt vor dieser Versammlung bei ihm sein könnten.

Das waren zwei gewichtige Ansprüche, denen wir uns nicht entziehen konnten, immer in der Hoffnung, wir möchten kräftig genug und frei von Fieber sein.

Die Träger kamen am 22. August, noch bevor ich unsere Sachen für die Reise gepackt hatte. Meine Kiste, die mich schon auf dem Schiff und hierher begleitet hatte, fasste leicht Kleider und Wäsche, Gottlieb dagegen häufte Papiere, die er unbedingt zum Arbeiten brauchte, sodass noch ein großer Koffer nötig wurde.

Am letzten Abend entdeckten wir hinter dem Büchergestell eine Menge weißer Ameisen, die wir ausräuchern mussten, bis das ganze Haus nach Schwefel stank.

Unsere Hühner, Ziegen und Schafe übergab ich der Pflege der Dienstknaben und hoffte, sie alle lebend wiederzusehen.

Wie ich allein eine Geburt leiten sollte, wusste ich selber noch nicht so genau, den ganzen Tag in der Hängematte stellte ich mir Schritt für Schritt vor und hoffte inständig, alles möge seinen normalen Gang gehen.

Es war noch dunkel, als wir morgens um vier aufbrachen in die Einsamkeit der Flüsse, Berge und Wälder. Da wir zehn Träger hatten, die sich abwechselten, kamen wir schon um zwei Uhr in Kukurantumi an. Selten habe ich soviel Erleichterung auf einem Gesicht gesehen wie bei Schwester Kromer, die sich in meine Arme warf, kaum war ich aus der Hängematte gestiegen. Ihr Mann stand daneben und sah diesen Ausbruch ohne rechtes Verständnis an, es schien, er begriff die Bedeutung ihrer Tränen nicht. Ich versuchte gar nicht, sie ihm zu erklären, ich streichelte Catrina und sagte: „Nun zeig mir, wo wir schlafen sollen."

Sie nickte, wischte sich die Augen und zog mich an der Hand ins Haus.

Sie hatten nicht viel Platz, denn die Station war nur klein. Ihr Schlafzimmer war durch zwei Schränke geteilt worden, auf unserer Seite hatten gerade zwei schmale Bettstellen Platz, die Kleiderkiste passte mit Mühe in eine Ecke. Jeder Schritt, jedes Geräusch, jedes Wort waren wechselseitig zu hören, und in der ersten Nacht wälzte Gottlieb sich unruhig von einer Seite auf die andere. Ich konnte nicht anders, als Catrinas leises Weinen zu hören und seine murmelnde Stimme.

Ich blickte am Morgen in ihr blasses, angespanntes Gesicht und die müden, von dunklen Schatten umgebenen Augen. Sie hatte große Angst, und das machte mir meine Aufgabe nicht gerade leichter.

Beim Frühstück sprach Bruder Kromer über seine Arbeit, erzählte von den Knaben, jungen Männern und Taufbewerbern, die er unterrichtete, und bat Gottlieb, am Nachmittag eine Andacht und Predigt zu halten.

„Zu meinem großen Bedauern haben wir in unserer kleinen Gemeinde noch gar keine Frauen oder Mädchen, die sich taufen lassen wollen", sagte er, „meine liebe Catrina versteht es leider gar nicht, sich ihnen zu nähern."

Sie senkte erschrocken den Kopf und tastete unter dem Tisch nach meiner Hand. Ich legte ihr einen Arm um die Schulter und sagte: „Sie wird es sicher noch lernen, lieber Bruder."

Es war besser, meinen Zorn über seine Worte nicht auszusprechen, möglich, dass er ihn in meinen Augen sah.

Die nächsten Tage lebten wir Frauen wie auf einer Insel, in flüsternde Gespräche vertieft über die nötigen Vorbereitungen zur Geburt. Ich erinnerte Catrina an die Späße, die wir auf der Schiffsreise zusammen gemacht hatten, bis ab und zu wieder ein Lächeln über ihr Gesicht ging. Sie brauchte so nötig alle Kräfte der Seele, um ein gesundes Kind zu gebären, denn nie ist eine Frau einsamer als in diesen Stunden.

Was wir so sorgsam geplant hatten, wäre fast wieder zunichte gemacht worden. In der Nacht zum 1. September bekam ich heftiges Fieber, das wir mit Chinin zu dämpfen suchten. Ich schlief und erwachte, schrie auf in Träumen von hässlichen Wesen, die mich durch den Urwald verfolgten, und klammerte mich voll Angst an Gottlieb, der in dieser Nacht fast keinen Schlaf bekam. Es mochte schon drei Uhr sein, bis wir beide ermattet und dicht aneinander geschmiegt einschliefen. Aber diese Wohltat währte nur eine Stunde. Nicht das Klopfen weckte mich, schon Minuten vorher ließ mich eine innere Unruhe lauschend den Kopf heben. Gottliebs Atemzüge gingen ruhig und gleichmäßig. Die Geräusche von nebenan ließen keinen Zweifel darüber, dass die Wehen begonnen hatten. Ich musste mich beim Anziehen gegen den Schrank lehnen, bis sich die Welt um mich nicht mehr drehte. Dann schlich ich auf Strümpfen hinaus und pochte an Kromers Tür. Er kam mir verwirrt und notdürftig bekleidet entgegen.

„Bitte, lass mich mit Catrina allein", sagte ich, „sie braucht jetzt Ruhe. Schick mir bitte eine der Negerfrauen mit Wasser und etwas zu trinken."

Ich schob den Zögernden sachte zur Tür hinaus. Catrina drehte stöhnend den Kopf hin und her.

Ich setzte mich zu ihr und sprach leise und beruhigend auf sie ein, schließlich konnte sie wieder ganz ruhig atmen.

Nach einer Weile kam eine ältere Negerin herein und brachte Wasser, Tücher und einen duftenden Tee. Die krausen Haare der Frau waren schon mit Grau gemischt, aber Stirn und Wangen waren noch glatt, nur über der Nase stand eine steile Falte. Ihre klugen, wissenden Augen gingen über Catrina hin, und ich war auf einmal ganz sicher, dass ich ihre Hilfe brauchen könnte. Ganz langsam fragte ich sie in ihrer Sprache, aber sie hatte mich schon ohne Worte verstanden. Sie kniete sich neben das Bett und ihre Hände machten sanfte, kreisende Bewegungen über Catrinas Bauch.

„Wie heißt du?“, fragte ich.

„Bota.“

„Bitte, bleib hier, ich komme gleich zurück.“

Ich lief zur Kochhütte und holte Fladenbrot zu unserem Tee. Auf dem Hof begegnete mir ein aufgeregter Bruder Kromer.

„Hat Bota Tee gebracht? Wo ist sie? Kann sie mir Frühstück machen?“

„Sie ist bei Catrina“, sagte ich, „sie hilft mir.“

„Eine Negerin – bei einer Geburt? Das kann ich nicht zulassen.“

Ich musste tief Atem holen, um die Geduld mit ihm nicht zu verlieren.

„Bota bleibt“, sagte ich. „Sind das die Menschen, die du bekehren willst, und du hältst sie noch nicht einmal für wert, deiner Frau zu helfen? Ich bin froh, wenn sie bei uns bleibt.“

Er wollte etwas sagen, aber dann machte er den Mund wieder zu und ging ins Haus.

Es wurde ein langer, mühsamer Tag, an dem Bota getreulich bei mir aushielt und freundlich und ruhig alles tat, um Catrina die Schmerzen zu erleichtern. Endlich, abends um sieben, drängte sich das Kind hervor, ein Mädchen, das kräftig und aus vollem Halse schrie. Bota schob mich sanft beiseite, durchtrennte geschickt und schnell die Nabelschnur, und ich konnte sehen, dass sie in diesen Verrichtungen eine große Erfahrung besaß.

Viel später, als Bruder Kromer zu seiner glückstrahlenden Frau hereinkam, war Bota längst verschwunden. Ich ließ die beiden allein und schlief tief und traumlos bis zum Morgen.

Es regnete. In grauen geraden Strichen schienen sich Himmel und Erde verbinden zu wollen. Die ganze Natur war aufgelöst in ein fortwährendes Gluckern und Rauschen. Ich war frisch und ohne Fieber aufgewacht, die regenschweren Geräusche von draußen drangen als erstes in mein Bewusstsein. Das Bett neben mir war schon leer, und von nebenan hörte ich Bruder Kromers Stimme und das Quäken des Säuglings. Freude über die glückliche Geburt schoss in mir hoch, und ich wünschte mit allen Kräften, Mutter und Kind möchten gesund bleiben.

Ich wartete, bis Bruder Kromer durch den Regen über den Hof ging, und schlüpfte zu Catrina hinüber. Zu meiner größten Freude sah ich, wie sie das Kind stillte und wie die Farbe in ihr Gesicht zurückgekehrt war. Ich setzte mich zu ihr auf das Bett, und wir sahen schweigend dem trinkenden Kind zu. Ruhe und Frieden kamen in mein Herz. Nach einer langen Weile flüsterte ich über das kahle Köpfchen hinweg: „Wie soll sie heißen?"

„Emilie, wie denn sonst?"

In diesem Moment erlebte ich, durch wie viele Augen das Leben sich uns aufdrängt. Hier erfüllte sich im engsten Kreis der Traum von Glück und Liebe, durch die dünnste aller Wände getrennt von einer unerbittlichen Welt zerstörerischer Kräfte. Ich sah das winzige Kind und das friedliche Gesicht der Mutter in leiblicher Gegenwart, daneben oder dahinter in enger, bedrängender Folge schwarze Gesichter, Sturm, Getier und einen Herzschlag lang den Tod.

„Emilie?", fragte ich und hörte meine Stimme, als ob sie nicht mir gehörte.

In diesem Augenblick kam Bota mit frischer Wäsche herein und hinter ihr Bruder Kromer, der mich sehr verlegen anlächelte.

„Ich danke dir, Schwester Emilie“, sagte er, nachdem die Negerin gegangen war, „ich freue mich über unsere Tochter. Wir wollen sie Emilie nennen, und ich bitte dich, ihre Patin zu sein.“

Welch eine sanfte Rede aus seinem Mund, er hatte sich seit dem Tage unserer Ankunft sehr verändert.

„Ich will gern Emilies Patin sein“, sagte ich, „aber du solltest Bota danken, Bruder, ohne sie wäre es viel schwerer gegangen.“

Catrina nickte.

„Ich habe ihr gedankt“, sagte Bruder Kromer sehr ernst. Mir schien, er wollte noch mehr sagen, dann aber schwieg er und ließ uns allein.

Ein paar Tage später tauften wir das Kind in einem kleinen Raum der Schule, der als Kapelle diente. Wieder war es Gottlieb, der das Wasser auf ein kleines Köpfchen träufelte, während ich mein Patenkind auf dem Arm hielt. Die kleine schwarze Gemeinde der Zöglinge und Helfer war gekommen, hinten an der Tür sah ich Bota stehen. Ich winkte ihr, zu uns zu kommen und legte ihr das Kind in die Arme, dann hielt Gottlieb eine kurze Ansprache. Zum Schluss sangen wir auf meinen besonderen Wunsch:

„Ach bleib mit deiner Gnade
bei uns Herr Jesu Christ,
dass uns hinfort nicht schade
des bösen Feindes List.“

Wir sangen alle Strophen mit den Bitten um sein Wort, seinen Glanz, seinen Segen, seinen Schutz und seine Treue, und Bota wiegte dabei das Kind sanft hin und her, bis es einschlief.

Bruder Kromer schaute mich die ganze Zeit mit schwer deutbaren Blicken an.

Am Ende des Gottesdienstes übergab Bota den Täufling nicht seiner Mutter oder mir, sondern Bruder Kromer und murmelte dabei ein paar Worte, die niemand außer ihm hören konnte.

Wir feierten die Taufe mit einem Mittagsmahl, das die schwarzen Frauen uns bereitet hatten, Catrina wurde dabei in einen Schaukelstuhl gebettet. Ich sah, wie Bruder Kromer ihr sorgsam eine Decke über die Knie breitete und sie leise fragte, ob sie es auch bequem habe. Sogleich füllten sich ihre Augen mit Tränen, denn solche Freundlichkeit war sie nicht gewohnt.

„Du sollst nicht weinen, Catrina", sagte Bruder Kromer und wandte sich dann an uns: „Ich weiß wohl, dass es sich für einen Christen ziemt, seine Brüder und Schwestern um Vergebung zu bitten, wenn er Unrecht getan hat. In den letzten Tagen habe ich viel gelernt, wofür ich dem Herrn danke – und dir, Schwester Emilie. Du hast meinen Stolz gekränkt und offen deine Meinung gesagt. Heute hat Bota mich gebeten, ihr Taufunterricht zu erteilen. Ich glaube, sie tat das, weil du ihr mit Taten und nicht mit Worten gepredigt hast, Emilie. Wir wollen beten."

Wenn ich verlegen war, so vergaß ich das bei der gemeinsamen Bitte für Wohl und Leben des Kindes und der Mutter.

Wir blieben fast drei Wochen in Kukurantumi, bis ich sicher war, dass Catrina wieder allein ihre Arbeit verrichten konnte.

Allmählich sehnte ich mich nach unserem ruhigen und geräumigen Haus in Kyebi zurück. Vor allem Gottlieb hatte unter der Enge und Unruhe gelitten, auch wenn er viel mit Bruder Kromer über den Unterricht und die Predigt gesprochen hatte.

Der Abschied von Catrina und der kleinen Emilie fiel mir schwer. Sie umarmte mich und flüsterte an meinem Ohr:

„Mein Mann trägt sogar nachts das Kind herum, wenn es weint." Ich hatte es gehört, denn auch wir schliefen wenig in diesen Nächten.

Nicht nur der Regen machte uns auf dem Rückweg nach Kyebi das Fortkommen schwer. Wir hatten nur sechs Träger bekommen können, und sie waren entgegen der sonstigen Gewohnheit dieser Menschen recht schweigsam. Wenn sie sich beim Tragen der Hängematten abwechselten, besprachen sie sich kurz und schnell und blickten dabei ängstlich um sich. Jetzt fiel mir wieder ein, was Bruder Kromer über die Volksversammlung geschrieben hatte, bei allen Erlebnissen in Kukurantumi hatte ich das ganz vergessen.

„Was ist es, was haben sie?", fragte ich Gottlieb während der einzigen längeren Rast in einem Dorf, wo wir Schutz vor einem heftigen Regenguss suchten.

„Ich wollte dich nicht ängstigen", sagte er, „die Fetischpriester hetzen in der Tat die Leute auf, ich wusste das schon in Kukurantumi. Es scheint, unsere Träger fürchten sich vor irgendeinem Fluch, wenn sie uns dienen und von uns Geld für ihre Arbeit nehmen."

Er sagte das ganz gelassen und schien keinerlei Angst zu haben. So schluckte ich mein eigenes Unbehagen hinunter und tröstete mich mit dem Gedanken, dass wir die Hälfte der Strecke schon hinter uns hatten.

Aber als wir aufbrechen wollten, fehlten zwei der Träger, und die vier, die uns noch geblieben waren, weigerten sich weiterzugehen. Eine Stunde lang verhandelte Gottlieb mit ihnen, und ich sah, dass er allmählich zornig wurde. Die Bilder meiner ersten Buschreise tauchten vor mir auf, damals war es gar keine Frage gewesen, wer die Oberhand hatte. Nun aber waren wir diesen störrischen Leuten ausgeliefert, die uns einfach hier sitzen lassen wollten. Allmählich beschlich mich Angst, auch wenn ich noch nicht an Gewalt dachte. Da saßen wir mitten in der afrikanischen Wildnis, hergekommen aus dem fernen Europa, um ein riesiges Volk zu bekehren und zu belehren, jetzt wurden wir nicht einmal mit ein paar Trägern fertig.

Ich stand neben meiner Hängematte und sah, wie zwei weitere Träger im Busch verschwanden. Die Leute des Dorfes beobachteten seit einer Stunde das Geschehen wie ein interessantes Schauspiel, das ihnen sehr merkwürdig vorkommen musste. Die beiden verbliebenen Träger hockten neben Gottliebs Hängematte, unschlüssig, ob sie gehen oder bleiben sollten. Gottlieb machte keinen Versuch mehr, auf sie einzureden. Ich sah an seinem Gesicht, dass ihm bessere Argumente als Worte eingefallen waren. Er stellte sich zu den Leuten des Dorfes, zog aus einer inneren Tasche seines Rockes ein Beutelchen mit Goldstaub hervor, den die Eingeborenen als bestes Zahlungsmittel ansehen, und sagte laut und langsam: „Wer uns nach Kyebi trägt, verdient hiervon."

Ich hatte Angst, denn was würde geschehen, wenn sie Gewalt anwendeten. Aber davon konnte gar keine Rede sein. Etliche der Männer steckten die Köpfe zusammen, und bald waren sechs bereit, uns vollends nach Kyebi zu tragen. Auch die beiden letzten Träger neben Gottliebs Hängematte standen auf und wollten ihre Arbeit wieder aufnehmen. Aber Gottlieb sagte nur kurz und bestimmt: „Ihr könnt gehen."

Den anderen befahl er, das Gepäck und die Hängematten aufzunehmen. Wir sahen uns nicht mehr um.

Kyebi kam mir endlich vor wie eine wiedergefundene Heimat. Meine Haushaltung erschien mir als ein Kinderspiel, das ich leicht am Vormittag erledigen konnte. Nachmittags dehnten Schwester Eisenschmid und ich die Unterrichtsstunden mit den schwarzen Mädchen aus. Nach und nach fanden sich zu diesen Stunden auch etliche Frauen ein, die zwar weder lesen noch schreiben konnten, die aber, durch das Beispiel der jüngeren Mädchen angeregt, ganz begierig darauf waren, Englisch zu lernen. Schwester Eisenschmid und mir machte diese Arbeit großen Spaß, ich hatte das Gefühl, endlich einmal selbstständig meine geistigen Gaben weiterzugeben.

Abends sprach ich manchmal mit Gottlieb darüber, ob er mir nicht Ratschläge geben könne, die Sache systematisch und ordentlich voranzubringen. Ich wusste, er verfolgte unsere Bemühungen mit Interesse und Freude. Aber er lachte nur und sagte:

„Nein, nein, Emilie, da die Frauen alles nur vom Gehör lernen, lass es besser so, wie es ist. Dein eigenes Ohr für ihre Sprache wird geschärft, und dein Englisch ist inzwischen ganz gut."

Welch ein Lob aus seinem Munde, ich wurde ganz rot vor Freude und Verlegenheit.

Aber im gleichen Moment wurde er wieder ernst und sagte:

„Wir müssen noch über David sprechen. Ich kann deine Meinung über ihn nicht einfach so stehen lassen."

Da hatte ich wieder einen Dämpfer, aber vielleicht war ich wirklich ungerecht. Gleichzeitig wusste ich genau, dass ein Gefühl tief im Innern selten geändert werden kann, darüber halfen mir keine Spielregeln der Gerechtigkeit oder der Religion hinweg.

„David ist in einer schwierigen Lage", sagte Gottlieb, „er ist intelligent, hat viel gelernt, ist in einer europäischen Gesellschaft gewesen und ist doch ein Angehöriger seines Volkes geblieben – und er ist schwarz geblieben."

Noch nie hatte er so offen zu mir über diese schwierigen Punkte unserer Mission gesprochen, ich hatte vielmehr gedacht, sie seien ihm gar nicht bewusst.

„Aber was war zwischen Anyama und ihm?" fragte ich.

„Nichts", sagte er, „das ist es ja gerade. Da er ihre Liebe nicht erwiderte, begann sie ihn nach und nach mit kritischen Augen zu sehen. Soviel David mir sagte, versteht sie nicht, dass er so an Basel hängt, schon gar nicht, dass er eine Weiße zur Frau begehrt."

„Sie weiß davon?"

„Ja, ja", sagte Gottlieb, „so etwas bleibt nie verborgen. Anyama ist stolz, sie begreift nicht, dass seine eigene Hautfarbe ihm nicht gut genug ist."

„Ich begreife es schon", sagte ich, „schließlich haben wir ihnen das beigebracht."

Gottlieb sah mich nachdenklich an.

„Ich sehe, du hast viel nachgedacht“, sagte er, „aber du hast mir noch nicht gesagt, warum du David nicht magst.“

„Vielleicht deshalb“, sagte ich, „weil er nicht das geblieben ist, was er war.“

„Natürlich ist er nicht das geblieben, was er war, er ist ein Christ geworden. Meinst du vielleicht, wir hätten alles so lassen sollen wie es war?“

„Es ist sicher richtig, die Menschen zu unserem Glauben bekehren zu wollen“, sagte ich, „aber Zwiespalt in ein Leben zu tragen, ist nicht gut. Es ist oft schwer zu wissen, was richtig ist. Aber ich werde mich bemühen, David mit aller Liebe entgegenzukommen.“

Gottlieb beendete das Gespräch ohne weitere Argumente, und ich entnahm daraus, dass er mit mir zufrieden war.

Nun konnte auch Martha kleine Briefe schreiben, liebe fehlerhafte Zeilen, die stets mit dem Satz endeten: „Liebe Mama, kommst du bald?“

Zwei Jahre hatte ich sie nicht mehr gesehen, zwei Jahre, in denen ihr Geist sich entfaltete und ihr Körper wuchs. ‚Liebe Mama, kommst du bald?‘, dieser Satz war mit jedem Tag wie ein scharfes Messer, das mich schnitt. Ich hätte eine Heilige sein müssen, um im Gebet alle menschlichen Bande von mir abzutun oder wie Luther Gut, Ehr, Kind und Mann dahinfahren zu lassen. Solche überirdischen Kräfte besaß ich leider nicht. Ich hatte genug damit zu tun, meine irdischen Kräfte einzuteilen, um Afrikas Alltag und Anspruch zu genügen.

Briefe – die Welt war aufgeteilt in zwei Pole, es erreichte den einen vom anderen immer nur ein fernes Echo. Was meine Eltern über August und Julius schrieben, betrübte mich oft. Den einen, der anfing, Geld und Gut anzuhäufen durch eine reiche Heirat, lobten sie in den höchsten Tönen, Julius dagegen konnte ihnen gar nichts recht machen, denn er betrachtete die Welt mit nüchternen und kritischen Augen. Das mochten meine Eltern nicht, August aber war ihre Herzensfreude. Ich wünschte ihnen, diese Freude möge nicht vergänglich und baufällig sein.

Bertha und Sophie antworteten gar nicht auf meine Bitten, sich um Ernst zu kümmern und ihn zur Kinderschule zu begleiten. Es war so schwer, sich vorzustellen, wie groß und selbstständig er inzwischen war oder wie sein Gesicht jetzt aussah.

Briefe – ich versuchte meine eigenen mit dem zu füllen, was uns hier umgab, außen und innen, Ereignisse, Zuversicht oder Verzagtheit, keines durfte in meinen Schreiben zu gewichtig sein. Auf mir lagen andere Lasten als auf Constantia Scholtz, die mir schrieb, wie sie ständig von der Arbeit gejagt werde und wie viele Übungen in der Trübsal des Lebens sie auszufechten habe. Manche der Kinder seien so schwer zu erziehen und zu ertragen, dass es eine rechte Not sei. Aber ich wusste nur zu gut, wie viel Not und Trübsal die Kinder zu ertragen hatten. ‚Liebe Mama, kommst du bald?' Martha war sicher nicht die einzige, die das fühlte oder schrieb.

Immer wenn meine Gedanken die Kinder suchten, schweiften meine Sorgen zu ganz praktischen Dingen wie Kleidern, Schuhen und Hemden oder zu dem Kostgeld, das meine Eltern für Ernst nicht von der Mission nehmen wollten. Wenn sich meine Hände in hilflosem Grübeln ballten, zwang ich sie, sich zum Gebet zu falten, um zugleich mit dieser Geste den Aufruhr in meinem Innern zu beschwichtigen.

Briefe – meine praktische gute Schwägerin Gottliebin fragte mich, was wir zu essen hätten, auch aus der Ferne hingen diese Fragen mit dem Ergehen ihres so viel geliebten Bruders zusammen.

Meine Antwort darauf war sicher nicht befriedigend. Unsere Hühnchen waren mager und zäh, mir schmeckte davon nur die Brühe. Kauften wir Fleisch, war es teuer und verdarb sehr schnell. Mehl, Gerste, Reis und Grieß kamen von England her und waren oft kaum zu bezahlen, genauso wie Wein oder Bier. Nur Jams war reichlich vorhanden, mein Widerwille dagegen wurde allerdings immer größer. Unsere Schafe hatten wir nicht schlachten können, sie waren an einer Krankheit eingegangen, von der wir nichts wussten.

Der November kam und mit ihm meines Vaters und Ernsts Geburtstag, aber keine Post aus Waiblingen. Nur auf dem vagen und weiten Umweg über Gottliebin erfuhr ich etwas über meinen Sohn. Er ging nun in die Kinderschule, aber offenbar nicht gern. Die Neigung meiner Eltern, ihn zu verwöhnen und von anderen Kindern fernzuhalten, trug jetzt harte und bittere Früchte.

Hier ging die Regenzeit zu Ende, im Garten konnte ich nichts mehr pflanzen, und wir zehrten von dem Gemüse, das ich eingesalzen hatte.

Unsere Unterrichtsstunden mit den schwarzen Mädchen weiteten sich auf ein neues Gebiet aus. Wir fingen an, kleine Handarbeiten mit ihnen zu machen, so waren ihre und unsere Hände nicht müßig, wenn wir ihnen Geschichten erzählten und mit ihnen sangen. Die Gedanken an meine Kinder brachten mich darauf, Puppen und Tiere aus bunten Stoffresten anzufertigen. Als meine erste Puppe fertig war, die ich aus einem alten Unterrock genäht hatte, waren die Mädchen und Frauen so entzückt, dass uns von allen Seiten farbige Stoffstreifen und Tücher zugetragen wurden. Aber den Mädchen das Nähen beizubringen, war eine schwierige Arbeit, vor allem wenn die Stiche fein und fast unsichtbar sein sollten.

Mir fiel in diesen Stunden auf, wie unselbstständig die meisten Eingeborenen waren, wie wenig sie es verstanden, ohne unsere Hilfe fertig zu werden.

Eines Tages erschreckte ich sie ganz ohne Absicht, als eine wunderschöne lange grüne Schlange ins Spiel kam, die ich bei der Erzählung vom Paradiesgarten aus den Falten meines Rockes hervorkommen ließ. Sie schrien und dann lachten sie, und ich musste die Geschichte noch dreimal erzählen, wobei jedesmal die Schlange das gleiche Spiel vollführen sollte.

Wir packten für das nächste Postschiff ein Körbchen mit kleinen Tieren und Puppen, damit die Kinder in der Heimat Weihnachten eine Freude hätten.

Doch meine Gedanken kreisten dabei um die Negermädchen, die eine Geschichte erst wirklich begriffen und im Gedächtnis behielten, wenn sie etwas vor Augen sehen konnten.

So fertigte ich nach und nach einen bärtigen Abraham, einen Jakob mit vielen kleinen Schäfchen, zu denen ich die Wolle nahm, die mir noch von unseren Schafen geblieben war. Ich versuchte mich an einem ungeschlachten Goliath und einem kleinen David.

Da Weihnachten nicht mehr fern war, nähten Schwester Eisenschmid und ich einen blauen Mantel für Maria, einen braunen für Josef, und Jakobs Schafe waren nun bei den Hirten auf dem Felde. Ich stellte mir die kümmerlichen Hütten vor, in denen wir auf dem Weg hierher übernachtet hatten, und aus ein paar Hölzern und dünnen Zweigen brachten wir tatsächlich eine solche Behausung zustande, in der Maria und Josef Unterschlupf fanden. Diesen Aufbau hielten wir noch geheim, nur fragte ich Gottlieb, ob wir Weihnachten damit den Gottesdienst verschönen dürften. Bei der Fülle seiner Arbeiten nickte er nur beiläufig, und wir gaben uns damit zufrieden.

Nur Jesus und seine Jünger wagte ich nicht als Puppen darzustellen, wohl aber Jairus' Töchterlein oder den armen Lazarus in seinen weißen Tüchern. Bei jeder Geschichte ließen Schwester Eisenschmid und ich sie in unseren Händen lebendig werden, während die Mädchen gebannt den Erzählungen lauschten. Sie wagten allerdings nie, unsere biblischen Puppen anzufassen.

Natürlich blieben diese Dinge unseren Männern nicht verborgen. Während Bruder Eisenschmid herzlich lachte und uns ermunterte, schüttelte Gottlieb bedenklich den Kopf.

„Ihr solltet wirklich nicht die heiligen Geschichten durch solches Spielwerk herabwürdigen", sagte er zu mir, „das reine Wort muss zur Verkündigung genug sein."

Ich hatte inzwischen keine Scheu mehr, meine eigene Meinung gegen ihn zu verteidigen, auch spürte ich, dass er mir nie wirklich böse war.

„Gottlieb", sagte ich, „das reine Wort, wie du es nennst, begreifen unsere Mädchen sowieso nicht, wie könnten sie auch. Ich setze bestimmt die biblischen Begebenheiten nicht herab mit meinen Figuren. Die Mädchen verstehen besser, was sie vor Augen sehen. Du weißt doch, wie das mit Kindern ist, auch sie lernen vieles durch Bilder."

Wieder sah er mich nachdenklich an wie schon einmal und nickte dann.

Weihnachten – dem Kind zu Ehren stellten wir die Krippe neben den Altar, Hirten und Schafe, einen Engel mit Flügeln aus den zarten Federn eines bunten Vogels. Nicht mit großen Worten wollte ich mich Gott nahen, mir stand der Sinn nach den weihnachtlichen Wiegenliedern meiner Kinderzeit: Oh Jesulein zart, dein Kripplein ist hart. Mit den Mädchen sang ich: „Auf dem Berge da gehet der Wind, da wiegt die Maria ihr Kind." Ein Mädchen mit einer süßen Stimme lernte mit mir den Wechselgesang: „Josef, lieber Josef mein, hilf mir wiegen mein Kindelein." Ich lehrte sie die deutschen Worte, und als der Heilige Abend kam, flochten wir unsere Melodien in die Geschichte von der wunderbaren Geburt des göttlichen Kindes. Ich hörte die brausenden Stimmen der Engel und fühlte Marias demütiges Herz im dunklen Stall.

Der schwarze tropische Nachthimmel war besetzt mit riesigen Sternen, die wir in der Heimat nicht sahen. Es war heiß, und selbst die Lieder von Krippe, Stall und Jesuskind konnten keinen Hauch von winterlicher Kälte oder den Gedanken an Schnee hervorzaubern.

Die Stimmen der Engel wollten mich durchaus nicht ins neue Jahr 1866 begleiten. Dumpf lauerten hinter jeder Arbeit und Verrichtung die Fieberwellen, die Gottlieb ebenso schwächten wie mich und denen auch Schwester Eisenschmid unterworfen war.

Ich konnte wohl mit den Mädchen und Frauen singen und lachen, ich war froh über die Liebe und Zuneigung, die sie mir allmählich entgegen brachten, und noch besser tat es mir, wenn Gottlieb meine Arbeit anerkannte. Die vielen schwarzen Gesichter um mich herum waren nun keine gleichartige Menge mehr, die ich nicht unterscheiden konnte. Jedes ihrer Gesichter hatte seine eigenen Merkmale, genau wie sich im Wesen die eine von der anderen unterschied. Ich verwechselte inzwischen weder ihre Namen noch ihre Stimmen, auch nicht bei den Frauen, die aus den Dörfern zu uns kamen und die keine Zöglinge der Station waren. Ich erlebte, wie das, was wir sie lehrten, seine Spuren hinterließ, langsam und zögernd zwar, aber in manchen Augenblicken beglückend und einfach. Ein solcher Augenblick erhellte die Trauer am Geburtstag meines jüngsten Sohnes Benoni, es war der 2. Januar und er inzwischen drei Jahre alt. Er sagte Mama zu seiner Tante Gottliebin und wusste nichts mehr von mir. Ich saß zwischen den Mädchen und war so viele tausend Meilen entfernt in der Sehnsucht, einmal seine Stimme zu hören. Stattdessen hörte ich streitende Stimmen im Hof, ich erkannte die von Judith, dem Mädchen mit der schönen Singstimme, und die einer Frau aus dem nächsten Dorf. Sie kam ab und zu, setzte sich zu den Mädchen, hörte zu, wenn wir sangen, und manchmal versuchte sie ein englisches Wort nachzuahmen. Judith hatte nicht nur eine schöne Stimme, sie hatte leider auch ein zorniges Temperament, das so gar nicht zu dem Wohllaut aus ihrer Kehle passte.

Ich verstand ihre Worte nicht, nur dass sie erbittert gegeneinander waren. Judith kam mit zornigem und finsterem Gesicht zu uns herein, setzte sich an ihren Platz und hörte, wie ich von Jesus erzählte, der solche Menschen seine Brüder und Schwestern nannte, die den Willen des Vaters im Himmel tun. Und ich erzählte das Gleichnis vom Sämann, das mir schon als Kind so gut gefallen hatte, weil diese Arbeit mit Samen, Erdreich und dem Kampf gegen Dornen und Steine aus eigener Anschauung mir nahe und verständlich war. Auch diese Mädchen wussten von Saat und Ernte ebenso wie von den unfruchtbaren oder feindlichen Seiten der Natur. Sie wussten, wie ein Regen alles überschwemmt oder die Dürre das Saatgut zerstört oder Ungeziefer es verzehrt. Sie hörten mir gespannt zu, aber am Ende musste ich erkennen, dass sie gar nichts begriffen hatten.

Sie sahen die Bilder, aber nicht den Sinn. Sie fragten mich nach dem Sämann, ob er nun arm sei, da doch soviel von seiner Saat nicht aufgegangen sei, ob ich ihn kenne und wo er denn lebe. Judiths Zorn hatte sich geglättet, und sie war die Erste, die zaghaft lächelte. Geschichten waren handgreiflich und nah, sie waren diese und jene Seite des Lebens, und jeder konnte sich früher oder später darin wiederfinden. Ein Gleichnis zu erklären, hatte ich wahrhaftig noch nie unternommen.

„Jesus ist der Sämann", sagte ich, „er sät seine Worte und Gebote. Ihr seid der Acker, ihr hört und tut, was er sagt, oder ihr macht eure Ohren zu, und statt Herzen habt ihr Steine. Ihr streitet euch oder ihr seid lieb, freundlich und milde. Ihr schenkt nicht nur denen, die ihr lieb habt, sondern auch denen, die ihr nicht leiden mögt. So ungefähr ist diese Geschichte."

Ich musste langsam und stockend reden, nach Worten suchen und mich verbessern, aber ich kam doch irgendwie mit dem zu Ende, was ich sagen wollte.

Großartig, dachte ich, wie gut, dass Gottlieb dich nicht gehört hat. Neben mir lachte Schwester Eisenschmid leise.

„Eine schönere Predigt habe ich noch nie gehört", sagte sie. Jetzt lachte ich auch, und wir umarmten uns. Die Mädchen klatschten, obgleich sie nicht verstanden, worüber wir sprachen oder lachten.

Dennoch hinterließ diese so schwer begriffene Geschichte ihre Spur. Die steile Falte über Judiths Nase wollte nicht mehr verschwinden, und sie, die sonst am meisten von allen redete und lachte, war ganz verstummt.

Als der Abend kam und wir auseinander gingen, hielt sie mich am Arm fest, bis alle anderen fort waren.

„Ich höre" sagte sie, „ich habe keinen Stein", und legte sich eine Hand auf die Brust.

Ich strich ihr übers Haar und sagte freundlich gute Nacht, sie musste nun alleine das bedenken, was sie gehört hatte.

Wo waren die Stimmen der Engel, jener Gesang voll Jubel und Verheißung? Jeder Tag in diesem Januar war mühsam und mit Sorgen beladen. Das bezog sich nicht nur auf die Wellenbewegung von Gesundheit und Fieber, das an unseren Kräften zehrte, es hing ebenso mit den Nachrichten aus der Heimat zusammen. Es kamen Briefe von Bertha und Julius, die beide schonungslos die Mängel in der Erziehung unseres Sohnes Ernst bloßlegten, aber selber keine Heilmittel dagegen wussten. Bertha in ihrer ernsten Art sah sich inzwischen als zum rechten Glauben bekehrt an, wenn ich auch diesen Versicherungen nicht so recht vertrauen mochte. Sie schwankte zu sehr in dem, was sie wollte und für recht hielt. Ihr jüngster Brief war voll von einer gewissen Schwärmerei für die in Waiblingen und Winnenden wachsende methodistische Gemeinde, mit der sie durch ihr Spiel am Klavier und Harmonium in Kontakt gekommen war. Sie schrieb ausführlich und in gewisser Weise geschmeichelt, wie man ihre Dienste für den Gottesdienst begehre und wie viel Freude sie daran habe. Im gleichen Atem aber brachte sie die Kritik an unseren Eltern ins Spiel, die zwar Ernst mit Geschenken überhäuften, aber seine Seele im Leeren ließen und ihn weder Gebete noch die Wege des Heilands lehrten. Mir war das dreifach bitter, für Bertha, für meine Eltern und am meisten für Ernst.

Gottlieb und ich wünschten dringend, ihn bald bei seinen Geschwistern in Basel zu sehen, aber ebenso machtlos mussten wir auf diesen Wunsch verzichten. Meine Eltern weigerten sich, ihn herzugeben und Basel forderte ihn nicht ein. Mit vier Jahren war er nicht schulpflichtig und für die Anstalt eher eine Belastung.

Und Julius schnitt mit dem Messer eines Chirurgen in alle faulen Stellen der Erziehung, soweit er das bei seinen wenigen Besuchen von Tübingen aus beurteilen konnte. Er ließ sich nicht wie Bertha zu irgendeiner Schwärmerei hinreißen, sondern schilderte nüchtern und unbestechlich alle Unarten des Kindes, die aus der schädlichen Nachgiebigkeit meines Vaters erwuchsen. Ich weinte, das muss ich gestehen, weil die Wucht meiner Hilflosigkeit mich überwältigte und weil ich meinen Eltern ihre Fehler nicht aufrechnen durfte. Sie meinten das Rechte zu tun und waren gegen jede noch so sachte Kritik überaus empfindlich.

Ich hätte viel lieber noch einmal Schiffbruch erlitten und die unbarmherzige Gewalt der Wellen erduldet als dieses ohnmächtige Warten auf die nächste Nachricht über Ernst.

Aber auch die Briefe aus Basel beruhigten mich nicht. Die Knaben hatten einen neuen Hausvater, einen noch unverheirateten jungen Pfarrer, von dem wir wenig wussten, außer dass er in Schmieden zur Schule gegangen war. Und Constantia Scholtz war nach ständig zu großer Arbeitslast an Typhus erkrankt und konnte in ihrem Amt nur notdürftig vertreten werden.

Ich wünschte oft, ich könne als flüchtiger Geist schnell die Erde umfliegen, um alle zerstreuten Glieder der Familie zu sammeln oder zu sehen, denn auch von meinen Brüdern in Amerika wusste ich gar nichts. Albert gar galt als verschollen, von ihm war schon seit Jahren kein Lebenszeichen mehr gekommen. Die Erde ist zu groß, dachte ich, oder wir zu begierig, Fremdes zu sehen. Fremd war mir inzwischen die eigene Familie, ich kannte keines von Paulines oder Maries Kindern, noch kannte ich Augusts Frau oder die Töchter, die ihnen geboren wurden.

Nur Theodor Benoni wusste ich in guter Hut, wenn auch Gottliebins Briefe zunehmend melancholischer und düsterer im Ton wurden. Ich wusste nicht einmal, warum sie sich im Leben so grämte, wenn sie mir schrieb, sie wolle gerne ihre Erdenwallfahrt beenden, sobald sie alle Pflichten an unserem Sohn getan habe. Von ihrem eigenen Kind sprach sie dabei noch nicht einmal.

Ich hatte inzwischen gelernt, dass jedes Jahr eine geschenkte Gnadenzeit ist, dazu gegeben, unseren Geist zu entwickeln und auf die Ewigkeit auszurichten. Hätte man mich dieser Gewissheit beraubt, wäre ich blind und stumm geworden.

Sonst gab es nicht viel Gewissheit für uns in Kyebi. Gottlieb schrieb an einem großen Bericht, wie weit die Abweichungen des hiesigen Dialektes in die Übersetzungsarbeiten einbezogen werden sollten. War das abgeschlossen, konnten wir von hier wieder abmarschieren. Aber wohin? Es schien, für Gottliebs Art der Arbeit war nirgends ein fester Platz, und alles, was ich tat, konnte hier oder dort getan werden. Wie so oft mussten wir warten, was man über uns bestimmte.

Bald wurde diese Art der Rechnung und Planung für mich völlig bedeutungslos. Im Februar und März war ich mit Krankheit geschlagen, Fieber, Gastritis, Durchfall, eine Kette der Schwäche. Kam ich an helleren Tagen aus dem Bett und wollte ein paar Zeilen in die Heimat schreiben, fiel mir der Federhalter aus der Hand und machte Kleckse auf das kostbare Papier. Ich gab es auf. Gottlieb rieb sich auf mit der Fülle der Pflichten, seiner eigenen Arbeit, dem Haushalt und der Krankenpflege.

Ich lebte von den so rar gewordenen Almosen der Gesundheit, deren unschätzbarer Wert sich so schwer verteidigen ließ.

Afrika brannte uns an Leib und Seele. Wohl kaum einer von denen, die im Drang ihres Glaubens hierher gekommen waren, hatte mit der unbarmherzigen Kraft dieses Landes gerechnet, Fremdes abzustoßen und in dem Tiegel seiner Hitze zu schmelzen. Sie hatten alle die Hoffnung auf eine himmlische Heimat, aber auf dieser Erde starben sie oder kehrten siech und für immer gezeichnet nach Europa zurück.

Ich wehrte mich mit allen Kräften, denn Ende März wusste ich, dass ich wieder schwanger war. Wir freuten uns auf das Kind, Gottlieb ebenso wie ich, und mehr denn je betete ich um Gesundheit und Leben, das jetzt so kostbar geworden war. Vielleicht konnten wir bis zum September schon wieder in Akropong sein, damit das Kind dem mörderischen Klima von Kyebi entging.

In diesen Wochen meiner Hinfälligkeit konnte ich Schwester Eisenschmid gar nicht beim Unterrichten der Mädchen helfen, nur Judith kam manchmal zu mir herein. Obgleich Gottlieb es gar nicht gern hatte, brachte sie die eine oder andere Frau aus dem Dorf mit. Sie waren mir so zugetan und taten mir viele kleine Dienste, an die Gottlieb nicht dachte oder nicht denken konnte. Ich zweifelte keinen Augenblick an seiner Liebe zu mir, aber was eine Frau empfand und brauchte in Zeiten großer Schwäche, konnten sie einfach besser verstehen. Ohne sie wäre ich oft sehr allein gewesen, denn Mitte März ging Schwester Eisenschnmid mit ihrem Mann zur Erholung fort, auch sie war nach wiederholtem Fieber am Ende ihrer Kräfte.

Unsere Puppen lagen verwaist in einem Kasten neben der Bank im Wohnzimmer, aber für Judith hatten sie ihre Anziehungskraft nicht verloren. Für sie mochten diese Figuren Zeugnisse einer fremden Welt sein, in die sie mit neugierigem Verlangen einzudringen suchte.

Vielleicht war dies die wichtigste Lehre meiner afrikanischen Zeit, wie fremd wir einander begegneten, wie schwer die Brücken und Wege zu bauen waren, die nicht nur in eine Richtung führten. Wenn Judith die Kiste an mein Bett brachte oder an den Liegestuhl auf der Galerie, vermied sie es sorgfältig, eine der Puppen zu berühren. Ich sollte ihr und den Frauen Geschichten erzählen, wenn meine Kräfte dazu ausreichten, und sie hörten mir mit unverminderter Spannung zu. Wie es kaum anders sein konnte, war die grüne Schlange besonders beliebt, schon deshalb, weil offenbar ein gewisses Gruseln oder Grauen mit ihr verbunden war. Ich selbst mochte sie nicht so gern aus dem Kasten holen, denn ich merkte schnell, wie diesem unschuldigen Ding aus Stoff gewisse zauberische Kräfte angehängt wurden. Wenn Larzarus aus seiner ruhenden Stellung aufstand, sah ich an ihren Augen, dass sie meinen Händen und nicht Gott die Kraft

Auferweckung zutrauten. Ich dachte an die Fetischpriester, die ihre Macht und ihren Zauber mit Kesseln, Federwischen oder vertrockneten Händen verbanden, und sah mit Schrecken, auf welchen Irrweg mich mein Eifer geführt hatte. Gottlieb behielt wahrhaftig recht.

Wie dünn und schmal war der Grat, auf dem wir balancierten in dem Bemühen, unsere verschiedenen Welten zu verbinden, genauso schmal wie der Grat zwischen Leben und Tod.

Ich las mit doppelter Anteilnahme Bruder Maders Brief aus Akropong, in dem er uns die Geburt eines Knaben anzeigte, der seine Frau fast das Leben gekostet hätte. Verkehrt herum sei er zur Welt gekommen, und Bruder Mader schrieb den glücklichen Ausgang allein der Hilfe Gottes zu. Ich hatte daran so meine Zweifel, denn ich wusste nur zu gut, dass Schwester Mader sicher nicht ohne menschlichen Beistand ausgekommen war.

Endlich, Anfang April, konnten Schwester Eisenschmid und ich wieder unseren gewohnten Unterricht aufnehmen. Mir ging es besser, Leichtigkeit und Zuversicht strömten in mein Leben zurück. Daran änderte auch Gottliebs Fieber nichts, das nun ihn im Bett festhielt. Ich war so froh, selbst auf den Beinen zu sein und ihm zu helfen, der in den letzten Wochen meinetwegen zu viel auf sich genommen hatte.

Ich trug unsere Puppen in die Schule und schüttete alle samt Schäfchen, Maria und Joseph vor den Augen der Frauen und Mädchen auf einen Haufen. Sie seufzten erschrocken, aber wir lachten nur, und ich sagte:

„Ihr seht, sie können nichts tun, es sind nur Dinge aus Stoff. Schade, wenn ihr meint, sie hätten irgendeine Kraft. Wenn ihr mir nicht glaubt, werfen wir sie alle miteinander in der Kochhütte ins Feuer. Ihr könnt selber mithelfen, dann merkt ihr, dass nur Rauch entsteht und sonst gar nichts. Oder wir führen unsere Geschichten fort und die Puppen machen dazu in euren Händen die Bewegungen“, und ich warf Judith die grüne Schlange in den Schoß. Sie zuckte zusammen, aber dann zwang sie sich und fuhr mit vorsichtigem Finger an ihrem Leib entlang.

„Siehst du“, sagte ich, „wenn du sie nicht bewegst, ist sie tot.“

Sie saßen schweigend im Kreis und hielten ihren Atem an, und ich dachte, wenn sie uns jetzt nicht glauben, war unsere ganze Arbeit umsonst.

Da bückte sich die Frau mit Namen Burunda, mit der Judith den Streit gehabt hatte, und zog Maria an ihrem blauen Mantel aus dem Haufen. Sie strich vorsichtig die Falten glatt und das Kopftuch und setzte die Puppe auf ihren Schoß. Schwester Eisenschmid nickte den anderen ermunternd zu, und bald hatte jede eine Puppe in der Hand, und wer keine mehr bekam, nahm ein wolliges Schäfchen.

Und ich sprach langsam und vorsichtig zu ihnen vom Geist Gottes, der Pfingsten über die Jünger kam und aus dem allein Leben und Gnade erwächst.

„Dinge haben keine Macht“, sagte ich, „man muss sie nicht fürchten und nicht zu sehr lieben.“

Dann sangen Schwester Eisenschmid und ich:

„Nun bitten wir den heiligen Geist
um den rechten Glauben allermeist“,

was wir langsam Wort für Wort, stockend zwar, aber doch ungefähr richtig ins Otschi übersetzten.

Am Ende saßen sie alle ganz still, die Puppen und Schäfchen in der Hand oder auf dem Schoß, und ich betete, es möchten nun vielleicht doch ein oder zwei Samenkörner in ihre Herzen gefallen sein.

Ich erzählte Gottlieb von dieser Unterredung und von meiner Einsicht, wie recht er gehabt habe. Aber er lächelte nur und sagte:

„Du bist ein besserer Prediger als ich, Emilie“, und das war das schönste Lob, das ich je von ihm bekommen hatte.

Sonst überschatteten viele Sorgen um den Fortgang der Mission unsere Tage. Zu viele unserer Brüder und Schwestern waren krank oder verlangten dringend, in die Heimat zurückzukehren.

Immer gingen wir zugleich zwei Wege, einen inneren und einen äußeren, wobei der eine dazu diente, den anderen fortschreitend zu erleuchten. Nie im Leben war ich so dankbar gewesen für die Gabe der Gesundheit, wenn wir sie denn hatten.

Der April leuchtete mir in allen Farben des neuen Lebensmutes und der Freude an meiner und unserer Arbeit, wenn auch der Besuch Bruder Maders aus Akropong einen gewissen Wermutstropfen da hineinschüttete. Natürlich freuten wir uns, denn der Austausch der Gedanken und Erfahrungen war doch das Salz in unserem Leben. Warum gerade dieser Besuch mich in mancher Hinsicht ärgerte, wurde mir erst nach und nach richtig klar. Mader suchte eine gewisse Erholung und Entlastung von der eigenen Arbeit bei uns, wenn wir auch nicht wussten, warum er sich gerade unser schlechtes Klima dazu aussuchte. Ich muss gestehen, dass ich bei aller Freude ihm gegenüber besonders auf der Hut war, wahrscheinlich wegen seiner früheren Streitgespräche mit Gottlieb und der Art, wie er mir in Waiblingen begegnet war. Ich hatte mir schon lange angewöhnt, Menschen genau zu beobachten, um in meinen Urteilen nicht fehlzugehen. Im Umgang mit Bruder Mader wunderte ich mich allerdings sehr über die Schlangengänge des Herzens, die den Mund mit frommen Reden anders sprechen ließen, als seine Gedanken waren. In seiner trockenen Art wusste er so wenig von Liebe und predigte doch fortwährend, wir sollten sie üben. Er erzählte uns noch einmal von der Geburt seines Kindes.

„Ich habe geweint, als es glücklich da war“, sagte er, „was sonst gar nicht meine Art ist.“

Dass ein Mann weinte, mochte noch angehen, dass er es in meiner Gegenwart erzählte, um die Tiefe seines Gemütes hervorzuheben, widerstrebte mir sehr. So kam es denn, dass Gottlieb und ich an zwei verschiedenen Punkten mit ihm aneinander gerieten, jeder auf dem Gebiet, das ihm am nächsten lag. Gottlieb hatte gerade in diesen Wochen einen Kommentar zur Schöpfungsgeschichte fertig gestellt, aus dem er mir einige Abschnitte vorlas, die mich sehr bewegten. Wie er da sprach vom Überfluss der Früchte, von den sanftmütigen Tieren, der Harmonie der Farben und Gottes unsichtbarer Gegenwart, die alles zusammenhielt und lenkte, war mir ein Gedicht, das Gottlieb von einer ganz neuen Seite zeigte. Bruder Mader nun begann als eifersüchtiger Nörgler einen sehr spitzen theologischen Finger hineinzustecken, um Gottlieb diese oder jene Freiheiten nachzuweisen, die doch gar nicht in der Bibel stünden. Wenn Gottlieb seine Darstellung verteidigte, fuhr Mader ihm ungeduldig ins Wort und wollte nichts gelten lassen. Liebe? Ach Gott, Liebe war nicht darin, die konnte man wirklich nirgends finden.

„Diskutiere nicht mit ihm“, sagte ich zu Gottlieb, „was du geschrieben hast, wird seine Anerkennung finden, da bin ich ganz sicher.“ Er nickte und lenkte von da an das Gespräch auf die praktischen Fragen, den Unterricht oder die Landwirtschaft betreffend. Ich war froh, wenn Bruder Eisenschmid in seiner ruhigen Art mehr als einmal die Wogen glättete.

Ich allerdings wurde richtig böse, als Bruder Mader sich in ein Gespräch einmischte, das meine liebe Caroline anging, die seit meiner Abreise bei Gottliebin geblieben war. Nun hatte sie sich mit einem Mann eingelassen, der sie nicht heiraten konnte oder wollte, und war deshalb bei den Leuten ins Gerede gekommen.

„Es ist schrecklich“, sagte Bruder Mader mit einem Unterton von Empörung in der Stimme, „wie tief der moralische Standpunkt solcher Mädchen ist, du tätest gut daran, Gottlieb, deiner Schwester zu empfehlen, diese Person möglichst gleich zu entlassen.“

Er wollte antworten, aber diesmal kam ich ihm zuvor.

„Meine liebe Schwägerin wird nichts dergleichen tun“,

sagte ich, „im Gegenteil, sie wird voll Liebe und Verständnis zu Caroline sprechen. Glaubst du etwa, Bruder, Zorn und Verachtung führen einen Menschen auf den rechten Weg zurück?"

Ich wartete nicht auf seine Antwort, ich konnte es einfach nicht. Tränen kamen mir in dieser Zeit leicht in die Augen, und die sollte er nun wirklich nicht sehen. Als er ein paar Tage später wieder abreiste, war ich herzlich froh, auch wenn das sicher nicht recht war. Aber fromme Redensarten und Rechthaberei konnte ich ganz und gar nicht mehr ertragen.

Das Kind in mir bewegte sich und verlieh uns Freude auf neues Leben, das wir, als der Juni herankam, mehr denn je brauchen konnten. Ich stellte mir vor, wie hübsch das wäre, ein Einzelkind zu haben, ganz wie eine junge Familie, und ihm alle Aufmerksamkeit und Fürsorge zu schenken, ein Kind, das auch seinen Vater immer um sich hatte.

Gerade dies war keinem von den anderen so richtig zuteil geworden, und mehr denn je machte ich mir Sorgen um Gottreich. Ihm bekam das Anstaltsleben anscheinend gar nicht gut, in dem mehr Strenge als Liebe herrschte, da man nicht auf jedes Kindes besondere Eigenschaften eingehen konnte.

Unser Ältester war im Charakter wie sein Vater, er sagte, wenn er denn aus seiner Zurückhaltung herauskam, jedem seine Meinung offen ins Gesicht, ohne Rücksicht auf dessen Gefühle. Wenn ich nicht meinen lieben Mann so gut gekannt hätte, so hätte ich Gottreich in meinen Briefen dafür getadelt, aber so brachte ich es nicht über mich, seine verletzliche Seele noch mehr zu verletzen. Vielleicht würde dieses, mein jüngstes Kind das Leben einmal mit anderen Augen ansehen. Meine Wünsche und Gebete waren oft so dringend, dass ich meinte, die Welt müsse davon bewegt werden.

In unserer Welt bewegten sich traurige Dinge, um die ich sicher nicht gebetet hatte. Uns erreichte die Nachricht vom Tode meines Reisegefährten Bruder Heck, der seinen Traum von der Bekehrung aller Heiden nun nicht mehr vollenden konnte.

Schwester Mohr schrieb mir aus Aburi: „Liebe Schwester, ich habe im Augenblick eine mehr als traurige und schwere Aufgabe zu erfüllen. Nach Bruder Hecks Heimgang ist seine junge zweite Frau bei mir, sie ist gerade neunzehn und das reine Kind. In den nächsten Tagen soll sie mit ihrem ersten Kind niederkommen, und ich frage mich, was wird dann aus den beiden? Sie sitzt und weint und ist so elend, dass man sie gar nicht trösten kann. Ich weiß, Du bist verschwiegen, liebe Emilie, Dir kann ich es sagen. Du weißt, ich mache meine Arbeit in der Mission gern, aber gerade jetzt frage ich Gott, was er sich bei all dem Elend gedacht hat. Müssen wir alle zum Hiob werden, mit Plagen, Tod und Krankheit übersät? Ich kann meine Gedanken keinem sagen außer Dir, denn ich weiß, dass auch Du über mehr Dinge nachdenkst als die meisten anderen." Dann schrieb sie noch von der Nähschule und den Mädchen, die mich grüßen ließen. Ich wäre am liebsten gleich aufgebrochen, um mein Kind in ihrer Obhut zur Welt zu bringen.

Mit diesem Brief aber tat ich, was ich sonst noch mit keinem getan hatte, ich steckte ihn in der Kochhütte ins Feuer. Gott allein wusste, wie sehr ich ihre Fragen und Anklagen verstand, aber auch Gottlieb sollte diese Zeilen nicht lesen. Bei allen schlimmen Nachrichten, die uns erreichten, wollte ich so gern meinen Lebensmut behalten, ich wollte so gern gesund bleiben. Aber fast alle, die ich kannte, waren in diesen Wochen krank, mein Reisegefährte Zimmermann mit seiner Frau lag darnieder, Lochers und Bruder Schall wollten nach Hause. Wer sollte all die Lücken ausfüllen? Am schlimmsten traf mich der Brief von meiner lieben Catrina Kromer aus Kukurantumi, die mit ihrer kleinen Emilie ganz verzweifelt und hilflos war. Ihr Mann war so schwer krank, dass er gar nichts mehr tun konnte, und die Arbeit in der Station brach lag. Catrina hatte nur den einen Wunsch, mit ihrer Tochter dieses unbarmherzige Land zu verlassen und nie mehr hierher zurückzukommen.

Aber welches Land war schon barmherzig. Hiobs geschundener Leib war allgegenwärtig, ob nun als Versuchung oder Strafe für Hochmut, wer konnte das wissen.

In der Heimat rüsteten sie zum Bruderkrieg mit Österreich, Gottliebin schrieb von den Landwehrmännern, die durch die Straßen zogen, von dem Jammer des Abschieds und der Störung aller Verhältnisse. Wie sollten wir die kriegerischen Stämme der Asante verurteilen, die sich gegenseitig verdrängten und bekämpften, ich hatte nicht den Eindruck, dass es in Europa einen Deut besser war. Es schien, dass Gott uns hier Krankheit schickte und in der Heimat Unwetter, Hagel und Frost, der die Weinberge ersterben ließ. Wir hörten von den riesigen Hagelkörnern, die in Gmünd fast alle Fensterscheiben zerschlagen hatten, auch die Kirche war nicht verschont worden. Von den Glashäusern der Gärtnereien blieben nur noch Scherbenhaufen, die alle Pflanzen unter sich begruben.

Wir brauchten Geld, die Mission brauchte Geld, und in der Heimat wuchs die Arbeitslosigkeit, dieser Brief bedrängte wirklich mein Herz. Erst ganz zum Schluss schrieb Gottliebin von unserem Sohn und ihrem eigenen, die zusammen lachten und schäkerten und ihre Possen trieben. Er vermisste mich nicht, mein Kleiner, wie sollte er auch, er fragte seine Tante viele Male am Tag: „Du, Mama, magst du mich auch?“

Ach Gott, die Gnadenzeit ist vorbei. Du schlägst mich mit Krankheit und jeden Tag schickst du neue Plagen über mich. Ich huste, und mein Leib bedeckt sich mit Ausschlag. Was ich esse, kann ich nicht bei mir behalten, und das Kind in mir kämpft vergeblich um seine Nahrung. Ach Gott, was tust du mit uns. Gottlieb weint und ich kann ihn nicht trösten. Nimm meine Seele, aber warte, bis das Kind lebt.

Lieber Gott, wenn ich bete, verwirren sich die Tage, und die Nächte dehnen sich in qualvollen Träumen. Manchmal schickst du mir schöne Tage, da ruhe ich aus von den Schmerzen, da hoffe ich auf das Leben. Ach Gott, deine Hand ist stark und schwer, sie drückt mich zu Boden und nimmt mir den Atem.

Du weißt, ich danke dir auch, wenn ich kann, wenn ich das Gesicht meiner weißen Schwester sehe, die kommt und mich tröstet. Ich danke dir, wenn ich die Gesichter meiner schwarzen Schwestern sehe, die kommen, mir zu helfen.

Ach Gott, nun hast du doch nicht gewartet. Die Schmerzen sind da, und sie umringen mich. Tot, flüstern sie, er ist tot. Jetzt brauche ich meinen Leib nicht mehr. Nimm ihn. Lass mich ein in deine leuchtende Stadt.

„Jerusalem“, flüsterte sie, „gib mir Jerusalem“, dann löschte der Schatten des Todes das Leuchten auf ihrem Gesicht.

„Amen“, sagte Schwester Eisenschmid über Gottliebs gebeugten Rücken.

Die Sonne hatte ihren Zenit überschritten, der Lärm der Zikaden wurde vom aufkommenden Wind übertönt.

Die Stille im Zimmer währte lange Zeit. Es war Gottlieb, als habe er seine Sprache verloren, alte Worte wollten auf nichts mehr passen. Er sah noch einmal in Emilies stilles Gesicht und faltete ihre Hände. Dann richtete er sich auf wie unter einer großen Last.

„Wir müssen es den anderen sagen.“

Sie kamen mit lautem Klagen und Jammern, die schwarzen Frauen und umringten das Bett. Sie wollten sie waschen und kleiden wie eine Braut. Gottlieb stolperte hinaus in Bruder Eisenschmids Arme, blind vor Erschöpfung und Trauer.

Sie standen am Fenster und starrten in den hellen Tag, die Stimmen der Frauen wurden allmählich leiser.

„Wir müssen sie heute noch begraben.“

Gottlieb nickte.

„Ich weiß“, sagte er, „ich werde selber die Totenfeier halten.“

Neben dem Garten unter einer jungen Palme hatten sie die Grube gemacht. Der bretterne Sarg war mit grünen Zweigen und Blüten bedeckt. Der Abend warf seine ersten Schatten, als Emilie in Afrikas Erde hinabsank.

Sie ruht dort bis heute. Die Palme ist groß und alt geworden.

Aber sie ist nicht tot, sie steht neben mir und redet mit mir. Es ist keine Zeit vergangen, seit ihre Seele zu Gott ging.

Zeittafel zur Biografie Emilie Christallers, geb. Ziegler

19. 11. 1827	Johann Gottlieb Christaller in Winnenden geboren
11. 2. 1829	Emilie Ziegler in Waiblingen geboren
1848-1852	Christallers Ausbildung bei der Basler Mission
1853	G. Christallers Ankunft an der Goldküste
August 1856	Eheversprechen der Braut Emilie Ziegler
24. 11.-29. 12. 56	Emilies erste Seereise nach Afrika
27. 1. 1857	Hochzeit in Akropong
10. 12. 1857	Sohn Gottreich Erdmann geboren
Frühjahr 1858	Rückkehr nach Europa (Basel)
21. 1. 1859	Tochter Martha in Basel geboren
21. 8. 1860	Sohn Paul in Basel geboren
1861	Umzug der Familie nach Winnenden
11. 11. 1861	Sohn Ernst in Winnenden geboren
1862	Umzug nach Waiblingen ins Haus der Zieglers
Juni 1862	Gottlieb Christaller zurück aufs Missionsfeld
2. 1. 1863	Sohn Theodor in Waiblingen geboren

23.10.1863	Emilie bricht von Basel aus nach Afrika auf
2.2.1864	Ihre Ankunft in Aburi
18.2.1865	Ankunft der Eheleute Christaller in Kyebi
13.8.1866	Tod Emilie Christallers in Kyebi
16.12.1895	Tod Gottlieb Christallers in Stuttgart

KWAWU
Abameso
Tumfa
Asiakwa
Adadentam
Nyebi
Akropon
Apapam
Apedwa
Kukurantumi
Tutiman
Apinamang
Dense Forest
Osenase
R. Densu
Akwapim
Adawso
Obosomase
Mamfe
Late
Abonse
Aseseso
Odumase
Mt. Yogaga
Abomiya
Shai
Kpong
R. Bomponso
Limit of Dense Forest
Abuoi
Dodowa
Agyamang
Berekuso
Pampram
Akra Plains
Aburaso
Nsaba
Asikuma
Nyapa
Bobikuma
Kwaman
AGONA
Odoben
Brakwa
Agona Swedru
Adeiso
Amanfro
Obutu Mt Cockaloaf
R. Sakum
Nyanyano
Mampon
GOMOA
Gomoa Assen
Manfwade Hill
Winebah
Apam
Senia
Bereku
Fete
ANYAN
AKRA
CHRISTIANSBORG
Little Ningo
Tema
Prampram
Poni
Adgumako
Abasee
Okyeso
Bonin
Meridian v. Greenwich